VIDAS Cruzadas

Uma história de amor

VIDAS *Cruzadas*

Uma história de amor

R. A. Nassber

1ª Edição

CPAD

Rio de Janeiro
2013

Preparação dos originais: Daniele Pereira
Capa: Lidiane Arsenio
Projeto gráfico e editoração: Fagner Machado

CDD: 813 – Romance
ISBN: 978-85-263-1081-0

As citações bíblicas foram extraídas da *edição Revista e Corrigida*, de João Ferreira de Almeida, da Sociedade Bíblica do Brasil (Edição de 1955) e da *Bíblia Viva,* Publicada pela Associação Religiosa Editora Mundo Cristão para a Cruzada Estudantil e Profissional para Cristo da América Latina.

Para maiores informações sobre livros, revistas, periódicos e os últimos lançamentos da CPAD, visite nosso site: http://www.cpad.com.br.

SAC — Serviço de Atendimento ao Cliente: 0800-021-7373

Casa Publicadora das Assembleias de Deus
Av. Brasil, 34.401, Bangu, Rio de Janeiro – RJ
CEP 21.852-002

1ª edição: junho/2013 Tiragem: 5.000

Ao Criador eterno, lindo e perfeito, meu amado Redentor, e à sua noiva preciosa — a Igreja — que em breve não sentirá mais saudades.

Ó profundidade das riquezas,
tanto da sabedoria, como da ciência de Deus!
Quão insondáveis são os seus juízos,
e quão inescrutáveis, os seus caminhos!
Porque quem compreendeu o intento do Senhor?
Ou quem foi seu conselheiro?
Ou quem lhe deu primeiro a ele,
para que lhe seja recompensado?
Porque dele, e por ele, e para ele são todas as coisas;
glória, pois, a ele eternamente. Amém!
(Romanos 11.33-36)

Prólogo

Cidade de Beit Hanoun, nordeste da
Faixa de Gaza, a 6 km de Sderot, Israel.
Dezembro, 21h35 — horário de Jerusalém.

Imersos em um profundo e lúgubre silêncio, Hassan e seu filho Amin colocavam algumas coisas de primeira necessidade dentro de uma mala velha e desbotada. Amin tinha apenas uma pergunta a seu pai, sobre o futuro que o aguardava, mas naquele dia ainda não conseguira encontrar coragem suficiente para olhá-lo nos olhos.

Hassan caminhou até uma pequena janela e espiou para fora, pensativo, enquanto alisava a longa barba grisalha. Era uma tranquila e gelada noite de inverno em Beit Hanoun. Ao que tudo indicava, a retaliação pelo ataque suicida ocorrido pela manhã na sinagoga de Sderot (que resultou na morte de vinte e um judeus e outros tantos feridos) seria postergada. Até aquele momento não houvera nenhum sinal das tropas israelenses, e quando havia um atentado terrorista durante o dia contra Israel, seu exército costumava contra-atacar ao entardecer.

— Para onde eles vão me levar? — perguntou enfim o rapaz de 16 anos. Ele sentia como se tivesse uma faca entalada em sua garganta.

— Amin — disse o senhor alto e magro, passando da meia idade —, já deixei claro que não quero indagações! Quando o helicóptero do médico chegar, apenas corra para dentro. Não olhe para trás e não faça perguntas! Será mais fácil para você se não souber seu destino.

— Pai, não posso deixar o senhor aqui! — disse o rapaz com lágrimas nos olhos.

O jovem parecia temer mais pela segurança do pai do que pela sua. O pai, emocionado com a separação que se daria dali a alguns instantes — e com dúvidas se veria o filho novamente — abraçou-o com força e beijou-lhe os dois lados da face. Tentando parecer firme, afastou-se um pouco e levantou o dedo indicador para o rapaz, que inclinou a cabeça para que o pai não visse as lágrimas que teimavam em fluir de seus olhos abatidos. Com a voz embargada, o homem disse:

— Seja forte e não chore! Depois que minha situação estiver resolvida, eu e sua irmã procuraremos por você. A vida é menos complicada no país para onde você vai. E se tudo der certo, poderemos ser uma família novamente.

— E Luloah? — perguntou o jovem.

— Não se preocupe com sua irmã. Ela estará segura no orfanato católico até eu conseguir outra carona para nós.

Amin sabia que quando o pai falara "carona" não era exatamente isso o que queria dizer, pois pagaria seu transporte até outro país com um diamante caríssimo. Uma vez, em um venturoso passado não tão distante, seu velho pai fora um joalheiro muito rico em Tel Aviv — cidade onde eles viveram durante doze anos. Aquele diamante era o único bem material de valor que lhe restara.

Pai e filho saíram da pequena casa de pedra, que fora sua morada nos dois últimos anos, e sentaram-se em frente a uma oliveira, à espera do médico estrangeiro (que Hassan subornou para salvar Amin do terror que assolava a Faixa de Gaza e suas circunvizinhanças).

Hassan Zayid e seu filho Amin tinham o fado infortúnio de morarem justamente ao lado da residência do terrorista suicida, que se explodira na sinagoga naquela manhã. Hassan ficara sabendo, dias antes, que aquela casa também era o ponto de encontro entre os integrantes de uma facção terrorista. Hassan já havia perdido três filhos em combates entre palestinos e israelenses. Não podia arriscar perder Amin e Luloah. Eles eram tudo o que restara da sua querida família. E ele preferia viver afastado deles, sabendo que estavam em segurança, do que correr o risco de perdê-los para sempre.

O céu estrelado estampava uma lua amarela e redonda, que refletia sua luz nas pedras brancas, formando nelas sombras pitorescas da silhueta das árvores. A noite estava fria, porém, a umidade atmosférica era negativa. Amin cruzou os braços, tentando proteger-se do frio, e ouviu um ronco alto, que fez com que seu pai estremecesse assustado. Mas era apenas o seu estômago. Desde a noite anterior, Amin não comera nada além de um pão seco e um pedaço de queijo. Porém, mais do que fome, ele tinha sede. Encontrava-se há muitas horas sem se hidratar, e sua boca estava tão ressequida que tinha a estranha sensação de haver areia grudada na língua. Pela segunda vez naquela semana, o fornecimento de água fora cortado pelos israelenses.

Amin olhou para o céu, contemplando a beleza da lua, e imaginou se algum dia sua vida teria paz. Ele já perdera sua mãe, seus irmãos mais velhos e muitos parentes e amigos a quem amara. E as coisas terríveis que vira naqueles dois anos em Beit Hanoun deixaram-no cauterizado, sem nenhuma esperança ou objetivos para o futuro. Mas agora seu pai pretendia comprometer ainda mais sua vida com aquele plano descabido de mandá-lo para outro país. Se já era difícil viver em meio ao seu próprio povo, como ele conseguiria sobreviver em uma região completamente desconhecida?

Um ruído estrondoso fez com que Hassan e seu filho Amin levantassem rapidamente. Dessa vez, era o helicóptero que eles aguardavam. O helicóptero pousou a cerca de 50 metros de distância de Hassan e Amin, que se apressaram para encontrá-lo.

Mesmo pousado, o helicóptero continuava com os motores ligados, tornando difícil a aproximação. Quando Hassan e Amin conseguiram chegar até a aeronave, uma mão forte puxou Amin para dentro. Era o médico estrangeiro, que há alguns dias fizera um acordo com Hassan, prometendo levar Amin para longe da Palestina e cuidar dele. Sob o pretexto de ajuda humanitária, o médico inescrupuloso vinha há tempos subornando o povo palestino. Em troca de uma gorda remuneração, conseguia levar clandestinamente qualquer pessoa para outro país.

— Meu pagamento! — disse o médico em um árabe terrível, estendendo a mão para Hassan. Hassan entregou-lhe um embrulho de pano escuro. O médico abriu-o e sorriu ao ver o diamante reluzente.

O helicóptero levantou voo, distanciando-se de Hassan que acenava despedindo-se do filho, quando uma tropa de soldados israelenses surgiu repentinamente no local, atirando em tudo que se movia. Ao ser alvejado pelas costas, Hassan caiu de joelhos, enquanto sentia que o sangue escapava-lhe rapidamente através dos orifícios feitos pelos projéteis em seu corpo.

Antes de render-se a morte, Hassan ainda conseguiu olhar para o helicóptero que partia. Viu que os tripulantes agarravam Amin que gritava, tentando saltar, e em um último suspiro, Hassan tombou ao chão, já sem vida.

— *Uálde... La! Hadza uálde! Hadza uálde!*[1] — o rapaz gritava e chorava depois que a porta fora fechada.

Dentro do helicóptero Amin sentara-se no chão, ao lado de outros palestinos. Com as pernas cruzadas e a cabeça sobre os joelhos, o rapaz inclinava-se para frente e para trás, gemendo e tremendo. Além da dor indizível que seu coração recém-enlutado sentia, estava apavorado. O médico forasteiro falou com ele, tentando acalmá-lo, mas ele não respondeu.

Meia hora depois, quando o jovem parou de chorar, o médico novamente tentou uma comunicação:

— Você está bem? — o médico perguntou em um árabe muito ruim.

Amin não respondeu.

— Está ferido?

Amin fez sinal de negativo com a cabeça. Apesar de o médico ter falado em árabe, Amin não conseguiu decifrar de onde era seu sotaque, que ele achou feio e esquisito.

— Para onde vocês vão me levar? — perguntou Amin em árabe.

O médico não entendeu a pergunta, pois o rapaz falara muito rapidamente — e o barulho que o helicóptero fazia tornava a comunicação quase impossível. Um dos tripulantes, que também era palestino e falava português — o idioma do médico — traduziu para ele.

— Ah, você está indo para o Brasil, rapaz! — respondeu o médico.

Amin finalmente cedeu ao imenso desespero e ao cansaço acumulado, e adormeceu.

[1] "Pai... Não! Meu pai, meu pai!"

1 Capítulo

Cidade de São Paulo — Brasil
Dezembro, 16h35 — horário de Brasília

Acomodado em uma confortável poltrona giratória de couro marrom (provavelmente o único móvel que não pertencia ao século passado naquela modesta residência), Lorenzo fechou sua Bíblia e suspirou ao meditar nas palavras que o Rei Davi registrara em Salmos 37.4,5: *"Deleita-te também no Senhor, e Ele te concederá o que deseja o teu coração. Entrega o teu caminho ao Senhor; confia nEle, e Ele tudo fará"*. Deleitar-se no Senhor ou "fazer dEle a sua grande alegria", como dizia em uma outra tradução, não havia sido nada fácil para Lorenzo nos últimos anos.

Ele olhou consternado para a desgastada escrivaninha à sua frente, pintada artesanalmente pelas talentosas mãos de sua falecida esposa, quando lembranças de um passado venturoso invadiram seus pensamentos. Como sua vida parecia opaca sem a presença e o apoio de Giúlia! Alguma coisa que caiu no seu pé direito descalço, causando um leve comichão, levou o homem de meia idade a olhar para baixo. Lorenzo sentiu o sangue ferver ao perceber que eram detritos de cupim. Teve vontade de pronunciar o palavrão obsceno que pensou, mas dominou seus impulsos — como vinha fazendo desde que se convertera ao protestantismo. Palavras torpes não faziam mais parte do seu vocabulário há quase vinte anos, embora, em muitas ocasiões, a vontade de proferi-las era imensa.

Apalpando a parte de baixo da mesa, ele percebeu que algumas regiões estavam praticamente ocas. Aquele ainda belo e estimado móvel tornara-se o habitat de insaciáveis cupins, e Lorenzo sabia que, se não tomasse providências, em breve o restante da sua mobília padeceria semelhante destino. Puxou com força uma gaveta emperrada e apanhou o mesmo envelope amarelo pela terceira vez naquela tarde. Retirou de dentro alguns documentos pendentes, que levaria ao novo advogado para mais uma vez tentar obter sua merecida aposentadoria, e, examinando-os minuciosamente, certificou-se de que todos estavam ali.

Lorenzo gostava do seu trabalho. Conduzia há tantos anos um ônibus pelas ruas de São Paulo — a grande capital do Estado que acolhera amavelmente os seus pais (e demais imigrantes italianos vindos com eles de Vêneto, nos primórdios do século XX) — que só de pensar em se aposentar já sentia saudades do volante. Mas Juliana acabara de completar 13 anos, e ele sabia que a filha careceria de sua atenção constante para enfrentar a adolescência — período mais tenebroso na vida de qualquer ser humano.

Mesmo ciente de que sua filha já entrara na puberdade, Lorenzo continuamente tentava ignorar esse fato. Para ele, Juliana ainda era — e sempre seria — a sua garotinha. A doce menina de longos cabelos loiros, encaracolados como os da mãe, florescia a cada dia. Em breve uma formosa mulher estaria sendo disputada por rapazes pretensiosos, abarrotados de hormônios turbulentos e ávidos para aplacarem todo o seu furor varonil. O coração de Lorenzo quase enfartava só de imaginar a filha aparecendo em casa com um namorado.

Quando Juliana completou 5 anos, ele começou a orar de modo específico por seu futuro emocional, pedindo insistentemente a Deus que a guardasse em pureza e santidade, livrando-a de toda a concupiscência desse mundo.

O homem de cabelos grisalhos fechou a porta do pequeno escritório improvisado (onde antes fora uma despensa que Giúlia utilizava para guardar seu material de artesanato) e, com o envelope em mãos, ajoelhou-se a fim de pedir o favor do Pai Celeste sobre a emaranhada questão da sua aposentadoria. Terminada a oração, lembrou-se de dar uma olhada em Juliana e Helena, que brincavam na sala de estar. Passou primeiramente na cozinha e colocou em uma bandeja dois iogurtes, um pacote de biscoitos e alguns pêssegos perfumados que colhera pela manhã de seu pequeno horto, composto por apenas duas árvores e pouco mais de meia dúzia de folhagens mal cuidadas — afortunadas sobreviventes do que um dia fora um belo jardim.

— Papai, o senhor é um amor — disse Juliana —, mas estou sem fome agora.

Sentada no chão sobre uma almofada, a menina escovava a cabeleira de uma esquálida boneca, trajada com um elegante vestido dourado que reluzia conforme o brinquedo era manuseado.

— Hum, tio Lorenzo... Eu tomei a liberdade de pegar umas frutinhas na cozinha, mas vou ter que aceitar esse lanchinho — ponderou Helena, que estava sempre a mordiscar algum alimento.

— Helena querida — disse Lorenzo —, como é que você não engorda?

Lorenzo sempre se admirou da magreza da menina, que não correspondia a tudo o que ela comia.

— Não faço ideia. — Helena sorriu, cobrindo a boca cheia de biscoitos. — Eu bem que gostaria de ser mais fofinha!

— Pai, eu posso dormir na casa da Helena hoje? — perguntou Juliana, com os enormes olhos verdes brilhando de expectativa.

— Se os pais da Helena concordarem, mas eu gostaria que...

— Eles concordam! — Helena atropelou-o, sorridente e petulante como sempre. — Eu liguei para eles e eles deixam sim!

Lorenzo apreciava a amizade de sua filha com Helena, a magricela e comprida mocinha de negros cabelos lisos e admiráveis olhos azuis, que lembravam um límpido céu ensolarado. Aquela garota sempre fora uma criança excessivamente ativa e bastante peralta, porém, era retentora de um coração puro e boa índole, sendo uma excelente companhia para Juliana. Ao contrário da maior parte das meninas da sua idade, que já se vestiam como adultas e só falavam do famigerado "ficar", as inseparáveis amigas ainda brincavam com suas bonecas e não gostavam sequer de mencionar a palavra namoro. Isso deixava Lorenzo feliz. Ele costumava dizer para Juliana que havia um tempo para tudo na vida. Ela ainda era uma criança, e deveria aproveitar ao máximo o encanto dessa fase com atividades que condiziam à sua tenra idade.

Lorenzo congregava na mesma igreja de Jader Santanna, pai de Helena, um bem-sucedido engenheiro da área civil. Os dois incentivavam a amizade de suas filhas, que cresceram como irmãs. Quando Giúlia morreu ao dar à luz, os pais de Helena apoiaram-no imensamente, tanto na área emocional e espiritual quanto na financeira. Juliana já tinha um mês de vida quando Helena nasceu, e como Beatriz, sua mãe, produzia leite fartamente, de boa vontade ofereceu-se para amamentar a pequena órfã, fazendo esse ato sublime até que seu leite secou. Lorenzo era imensamente grato a Deus por ter colocado aquela família abençoada em seu caminho.

Uma algazarra procedente da rua fez com que Lorenzo verificasse o que acontecia. Pela janela da porta da sala observou que Rafael acabara de chegar, acompanhado por um grupo de rapazes aparentemente tão desmiolados quanto ele.

Lorenzo nunca soube lidar com a rebeldia do primogênito, que se acentuou de forma irrefreável a partir de seus 10 anos, com o falecimento da mãe. Sentia-se arrependido pela branda educação que dera ao filho na infância, e já não sabia mais o que fazer para consertar seu erro. Ele e Giúlia jamais negaram nenhum desejo de Rafael, e agora sabia que merecidamente colhia os frutos tortuosos de uma árvore a qual não soubera dar o cultivo adequado para o seu pleno desenvolvimento.

Rafael entrou na sala, tropeçando nos próprios pés e cheirando a álcool barato. A camisa aberta exibia um tórax bronzeado e musculoso, moldado em alguma academia provavelmente tão ordinária quanto a aguardente que havia bebido. Pegou uma fruta da bandeja que estava sobre uma mesinha de centro e sentou-se descompostamente no sofá, ignorando a carranca do pai.

— Vocês já não são grandinhas o suficiente para ainda brincarem com essas coisas? — balbuciou Rafael, olhando para as meninas, que estavam em meio a uma quantidade enorme de brinquedos espalhados pelo chão.

Helena ignorou a presença de Rafael e Juliana limitou-se a fazer uma careta para o irmão, voltando sua atenção às bonecas.

— Deixe-as quietas, Rafael! — ralhou Lorenzo.

— Eu preciso de cem reais — disse o rapaz com uma voz gélida que exalava rancor. — Pedi dinheiro emprestado a um amigo para pagar a última prestação do meu curso, e ele está lá fora esperando que eu o pague. Se eu não pagar, terei problemas!

— Filho, o que você faz com o seu salário? — murmurou Lorenzo abatido, esforçando-se para não levantar a voz. — Eu nunca vejo você trazer nada para casa! Não é capaz de ajudar a pagar uma conta sequer...

— Tá, tá. Sem sermão! — Rafael interrompeu-o. — Ou me dá a grana ou eu consigo de outra maneira.

Lorenzo teve vontade de gritar com o filho, mas dirigiu-se ao quarto para buscar o dinheiro. Havia financiado diversos cursos para o garoto na sua adolescência, vindo a descobrir posteriormente que durante o período em que deveria estar aprendendo, Rafael divertia-se em uma loja de fliperama. Na última vez que Lorenzo tentou corrigi-lo, por pouco não foi ele quem apanhou. Mas agora Rafael estava inexplicavelmente interessado no curso de fotografia que fazia já há alguns meses. Não faltava a nenhuma aula, e mostrava-se empolgado com a futura profissão e a formatura que se aproximava.

Lorenzo não compreendia a mudança repentina no filho, que sempre apreciou a vida ociosa, mas tinha de admitir que estava contente com isso. Fora uma verdadeira batalha para ele conseguir persuadir Rafael a permanecer empregado como empacotador em um supermercado. Envergonhava-se desse fato, e não sabia de quem o garoto herdara o frívolo caráter.

Lorenzo tinha apenas 8 anos quando começou a ajudar seus pais na lavoura. Ainda sentia uma pequena mágoa por ter tido que abandonar, juntamente com os estudos, o sonho de tornar-se piloto de caça da Força Aérea Brasileira. Quando casou, sempre trabalhou arduamente para que sua família tivesse uma vida cômoda e digna. Atuou em dois serviços até que Giúlia engravidou de Juliana. Como a gravidez fora diagnosticada como sendo de alto risco, desistiu do emprego noturno para ficar mais tempo com a esposa. Sua querida Giúlia começou a trabalhar ainda mais cedo que ele, auxiliando a mãe a lavar e a passar roupas para fora. Quando casaram, ela sempre o ajudou com as finanças, produzindo belos materiais de artesanato que comercializava numa feirinha ao ar livre, organizada em sociedade com algumas amigas artesãs. Mas Rafael era impossível! Largou os estudos antes de completar o Ensino Médio para vadiar nas ruas.

Quando Juliana nasceu, Lorenzo prometeu a si mesmo que agiria diferente na criação da filha. Seu coração ficava em pedaços todas as vezes que, diante de alguma desobediência, via-se incumbido a corrigi-la. Mas sabia que a rigorosa educação que desse a ela no presente repercutiria fortemente em seu futuro para beneficiá-la. Um dia ela iria lhe agradecer.

Rafael aproveitou a ausência do pai para provocar a irmã. Puxou rudemente a presilha que prendia o cabelo de Juliana e arremessou-a com força pela janela.

— Rafael, seu atrevido, eu vou contar para o papai!

— Conta, pirralha! O que você acha que ele vai fazer: me bater? — Rafael deu uma risadinha cínica.

Juliana estava visivelmente furiosa. Seu rosto cândido começou a ficar da cor de um tomate maduro. Ela e o irmão nunca tiveram uma relação muito afetuosa. Nas raras vezes em que Rafael se encontrava em casa, tratava-a com indiferença e desprezo.

Helena olhou timidamente para o atraente rapaz estirado no sofá. Com 23 anos, Rafael esbanjava sedução; era loiro, alto, esbelto e com um par de grandes e misteriosos olhos verdes, tão intensos como os de Juliana. Helena ficava estranhamente quieta quando o irmão da amiga estava por perto.

— O que foi, lombriga esticada? — indagou Rafael, percebendo que Helena observava-o com o canto dos olhos. — Se continuar a crescer desse jeito, daqui a alguns dias não vai mais passar pela porta! Garota esquisita!

Juliana já se erguia com a intenção de dar um tapa no inconsequente e bêbado irmão, quando Lorenzo surgiu. Entregou o dinheiro ao filho, que deu as costas e saiu pela porta da sala sem dizer nenhuma palavra.

— Meninas — disse Lorenzo com o envelope amarelo em mãos —, tenho que resolver alguns problemas e quero que vão brincar na casa da Helena. Arrumem essa bagunça e entrem no carro. Eu levo vocês até lá.

As duas imediatamente começaram a guardar os brinquedos, rindo e papagueando, demonstrando que os atos incivis de Rafael não surtiram efeito sobre o seu estado de espírito.

Helena morava a menos de duas quadras dali. Elas poderiam tranquilamente ir a pé mais tarde, mas Lorenzo queria garantir que não ficariam sozinhas em casa enquanto ele estivesse ausente. Rafael poderia voltar, trazendo algum amigo, e ele não confiava naqueles malandros arruaceiros.

Helena e Juliana entraram no carro, conversando animadamente. O conservado Fusca azul-celeste era o xodó de Juliana, que adorava passear com o pai no automóvel apelidado por ela carinhosamente de "besouro azul" (em alusão ao seu formato, que lembrava a silhueta do inseto cascudo).

— Filha, eu quero você em casa amanhã para o almoço — disse Lorenzo, sentado no banco do motorista. Já estava prevendo que com as férias de verão que iniciavam, Juliana passaria a maior parte do tempo na casa de Helena, como era de costume. Sabia que a menina ficava em boas mãos, mas conseguindo sua aposentadoria queria que ela permanecesse mais tempo em sua companhia.

Juliana, acomodada no assento ao lado do pai, abriu a boca para falar, quando a impetuosa Helena, que estava no banco traseiro, respondeu em seu lugar:

— Pode deixar, tio Lorenzo! Nós vamos à Escola Dominical e na volta eu acompanho a Ju até em casa.

Lorenzo e Juliana entreolharam-se, com um sorriso sutil no canto dos lábios que denotava já estarem acostumados com aquele tipo de "espontaneidade".

Fizeram uma breve oração e partiram.

O Fusca de Lorenzo parou em frente a uma suntuosa casa de esquina de dois andares, projetada em estilo germânico e equipada com um moderno sistema eletrônico de segurança.

Juliana ainda no carro despedia-se do pai, e com uma singeleza que lhe era peculiar ouvia as tradicionais recomendações. Helena, sempre precipitada, já estava em frente à casa e falava no interfone, solicitando que alguém viesse abrir o portão.

Dois abissais cães da raça dogue alemão, de pêlo luzidio azul aço, corriam de um lado a outro e ladravam estrondosamente recepcionando sua dona. Uma senhora de estatura baixa e atarracada dirigiu-se em passo acelerado rumo ao portão. Aparentava ter pouco mais de 50 anos e vestia um cômico avental florido, que quase lhe alcançava os pés.

Ao destrancar o portão, a mulher sorriu para Helena, que a enlaçou pela ampla cintura e inclinou-se para beijar sua face morena cor de cuia. Mesmo só tendo 13 anos, Helena tinha que olhar para baixo para falar com a senhora, que ficava na altura de seus ombros.

— Voltou cedo hoje, minha menina! — falou a mulher, com um sorriso capaz de transmitir alegria a alma mais infeliz desse mundo. — Florzinha, teu pai e tua mãe foram ao supermercado. Não faz nem dez minutos que saíram!

— Está bem, Belinha — disse Helena, com o braço esquerdo ainda enlaçado em sua cintura. — A Ju vai dormir aqui em casa hoje.

Helena apontou para a garotinha que surgiu atrás dela.

— Oi, loirinha! — exclamou Belinha, abrindo os braços e com aquele sorriso que era só dela. Juliana abraçou-a carinhosamente, aconchegando o rosto no ombro da mulher. Belinha, a bondosa empregada que Juliana conhecia desde que se entendia por gente, era a figura mais próxima de uma avó que ela possuía.

— Belinha, você pode prender o Duque e o Barão para mim? — solicitou Helena. — Vamos brincar no pátio depois, e não quero que eles sujem nossas roupas.

Belinha ia dizer alguma coisa, quando Helena puxou Juliana pelo braço e as duas entraram correndo dentro de casa, gritando entre risos que quem chegasse por último no quarto dormiria na bicama.

Com muito esforço, a pequena senhora conseguiu prender Duque no canil. Porém, ainda restava Barão, que com um olhar travesso previu que seria o próximo a perder a liberdade, e com o seu corpanzil cruzou por ela como um raio, quase a arremessando ao chão.

Depois de alguns minutos perseguindo o irrequieto cão pelo pátio, Belinha, com a respiração ofegante e transpirando muito, pensou em desistir daquela difícil tarefa. Viu, entretanto, o cão aproximar-se dela, a um metro de distância do canil e deitar no gramado fofo com as patas para cima, pedindo um afago na barriga — o que ela não se recusou a fazer, soltando uma estrondosa gargalhada.

Enquanto isso, Lorenzo, que observava tudo atentamente, sorriu, dando partida no "Besouro Azul". Estava certo de que sua filha ficaria bem naquele lugar.

Na sala de espera de um pequeno escritório, sentado defronte à escrivaninha de uma simpática secretária loira que digitava alguma coisa no teclado do computador, Lorenzo refletia. Por qual motivo o sindicato teria trocado o advogado que há tantos anos cuidava das questões previdenciárias da empresa por aquele outro, que aparentava ser tão novo e inexperiente? Preocupado e duvidoso, Lorenzo curvou-se, segurou o rosto entre as mãos e orou a Deus em pensamento, solicitando sua ajuda.

— Senhor Lorenzo — anunciou a secretária —, o Dr. Marcelo irá atendê-lo agora.

Lorenzo assentiu com a cabeça e entrou pela porta da salinha ao lado.

— Tudo bem? — o rapaz, que não devia ter 25 anos, olhou rapidamente para Lorenzo, e após um cordial aperto de mãos, indicou-lhe uma poltrona para que sentasse.

Lorenzo sentiu-se um tanto inseguro diante daquele jovem e não pôde deixar de imaginar Rafael em seu lugar, vestido socialmente, com uma profissão digna e bem-sucedido na vida.

— Pois bem, seu Lorenzo... Analisei sua questão, e concluí que tenho pouca coisa a fazer pelo senhor — disse ele enquanto assinava alguns documentos, provindos de uma grande pilha disposta sobre a mesa. O rapaz pegou o envelope amarelo que Lorenzo acabara de lhe entregar e devolveu-o, sem ao menos levantar a cabeça.

— Como assim? — indagou Lorenzo, imaginando que não viria coisa boa pela frente. — O outro advogado que cuidava do meu caso garantiu-me que dentro de alguns meses eu estaria aposentado!

— É, mas isso não será mais possível — finalmente o jovem largou a papelada e olhou para Lorenzo, que já estava se sentindo humilhado com todo aquele descaso. Depois de uma pequena pausa, que Lorenzo pensou ser proposital para deixá-lo ainda mais angustiado, o advogado continuou:

— Porque o senhor já está aposentado há um ano e meio.

Lorenzo quase caiu da poltrona. Será que aquele projetinho de advogado estava a fim de brincar com ele? Já começava a sentir o sangue ferver (algo que sempre acontecia todas as vezes que tinha que reprimir a raiva), quando o advogado, percebendo o descontentamento no semblante do seu cliente, resolveu ir direto ao assunto.

— Calma, seu Lorenzo! — o rapaz sorriu. (*Coisa rara para um profissional da área jurídica*, pensou Lorenzo) — O outro advogado foi preso na semana passada, acusado de extorquir diversos clientes que já tinham idade para obter suas aposentadorias, mas que não possuíam um conhecimento pleno da ocorrência dos procedimentos legais.

Lorenzo mal conseguia acreditar em seus ouvidos! O jovem continuou explicando que aquele advogado lograva seus clientes incautos, dizendo-lhes que deveriam esperar mais algum tempo, enquanto que a justiça já havia reconhecido o seu direito à aposentadoria. Ele sacava para si os benefícios, sem o conhecimento dos aposentados. Todos os ludibriados receberiam o devido ressarcimento, incluindo Lorenzo, que faturaria um valor aproximado em 20 mil reais.

Lorenzo saiu vibrando daquele lugar.

— Graças a Deus! — exclamou em voz alta, sem se importar com algumas pessoas que passavam pela rua, observando-o curiosas.

Com aquele dinheiro inesperado poderia trocar a precária forração da casa, comprar alguns móveis novos e pagar o curso de inglês que Juliana tanto desejava. Com o restante, iniciaria uma poupança para a faculdade da filha.

Chegando ao estacionamento e avistando de longe o seu fusquinha, lembrou-se de que precisava destinar algum dinheiro para pintá-lo, pois o capô estava começando a ficar com marcas de oxidação. Não queria que acontecesse com o pequenino o mesmo que ocorrera com o seu penúltimo carro, uma velha Brasília branca tão coberta de ferrugem que Lorenzo, não podendo pagar uma reforma, teve que se conformar em tapar os inúmeros buracos com massa do tipo epóxi. Seus colegas de trabalho, e até mesmo alguns irmãos da igreja, que sabiam que ele era filho de imigrantes italianos, caçoavam e divertiam-se dizendo que ele possuía um carro importado, mais especificamente italiano — pois estava todo coberto de "massa". Embora esse assunto fosse motivo para muitas chacotas, Lorenzo era o único que não conseguia rir daquela situação.

Partiu dali repleto de planos e com o ânimo revigorado.

As paredes e os objetos que compunham o espaçoso quarto de Helena, em tons de rosa pink, fúcsia e lilás, davam ao ambiente um toque moderno, mas ao mesmo tempo feminino e delicado. Um tapete branco, felpudo e macio cobria parte do piso laminado de madeira em tonalidade marrom, e do teto pendia um lustre de cristal, com pequenos coraçõezinhos cintilantes dispostos ao redor. Prateleiras acopladas por todos os lados estavam repletas de bonecas, bibelôs e ursos de pelúcia dos mais diversos modelos e tamanhos, e em uma das paredes, que fazia divisória com o banheiro, havia uma bonita textura com a pintura de borboletas coloridas, que esvoaçavam sobre um jardim de petúnias multicores. Quadros com fotos de Helena em diversas fases da vida completavam o visual. Podia-se dizer que aquele aposento era digno da realeza!

Enquanto segurava seu patinete, Helena retirou um par de patins de baixo da cama e alcançou-o a Juliana. As duas se retiravam do quarto quando um rugido estranho fez com que gritassem assustadas. De trás da porta surgiu um rapaz de aproximadamente dois metros de altura, rosto fino, cabelos negros penteados para o lado e um sorriso que quase lhe alcançava as orelhas, evidenciando rugas precoces ao redor dos belos olhos azuis.

— Mano! — exclamou Helena, pulando no pescoço do homenzarrão, enquanto enchia seu rosto de beijos.

— Oi, Eduardo! — saudou Juliana um tanto acanhada. Eduardo agachou-se, puxou a menina para perto de si e abraçou as duas. — Que saudade eu estava das minhas princesinhas! — disse ele, apertando-as mais ainda. — Consegui assustar vocês direitinho, não é? — Helena deu um soquinho na barriga do irmão, que encenou ter sido atingido por um golpe fatal.

— Mano, quando é que você chegou? Pensei que viria só daqui a duas semanas para o Natal!

— Hum, é... Mas eu não aguentava mais de saudade das minhas bonequinhas, e como o meu "Edu móvel" estava na oficina, peguei meu jatinho particular e vim voando para cá — disse brincando. Eduardo abriu os braços imitando um avião, rodopiando pelo quarto e fazendo um ronco esquisito com a boca. As amigas entreolharam-se, sorrindo.

— Princesas, no jantar eu tenho um comunicado muito importante a fazer, e fico feliz que a dona Juliana esteja aqui para ouvir... — o rapaz colocou uma mão no coração e com a palma da outra na testa revirou os olhos, completando a frase com uma voz meio tartamuda, extremamente fina e engraçada: — ... o pronuncia-ciamento do mo-momento ma-mais so-lene da... MINHA VIDA! — enunciou Eduardo, erguendo os braços para o alto. Sorrindo com dentes brancos bem alinhados a mostra, ele acariciou os cabelos de Juliana, que dava risadinhas cristalinas das palhaçadas feitas pelo espirituoso jovem. Juliana sentia-se feliz pela sorte da amiga em ter um irmão tão formidável.

Helena e Juliana deixaram os patins e o patinete esquecidos no quarto, e na sala de estar, sentadas uma de cada lado de Eduardo, ouviam maravilhadas histórias fantásticas sobre as aventuras de verdadeiros heróis; super-homens possuidores de pés muito formosos, que vestiam uma poderosa armadura e usavam certo escudo especial, capaz de aniquilar qualquer malévola flecha do terrível oponente. Ele lhes contava desses bravos guerreiros que levavam esperança, paz e salvação aos fracos e oprimidos em lugares longínquos como a África e a Ásia, libertando-os das garras de um arqui-inimigo asqueroso e astuto, arriscando suas próprias vidas a fim de completarem sua importante missão.

Os pais de Helena chegaram do mercado durante as narrações de Eduardo. Jader dirigiu-se à suíte do casal para tomar uma ducha, enquanto que Beatriz passou a ajudar Belinha na finalização do preparo do jantar.

— Pessoal, o jantar está pronto! — anunciou Belinha após alguns minutos, socorrendo Eduardo, que já havia quase esgotado o seu repertório de histórias.

Todos se sentaram à comprida mesa, que estava posta com uma farta refeição. Deram-se as mãos e agradeceram ao Pai Eterno, alegres por aquela reunião familiar. Belinha, jantando junto com eles, era grata pela dádiva de ter sido acolhida por uma família tão maravilhosa.

Juliana apreciava muito comer na casa de Helena, pois Belinha sempre fazia algo extremamente delicioso, variando o cardápio durante os dias da semana. Na sua casa, o prato principal era sempre o mesmo: ou arroz com feijão, salada e bife, ou massa com feijão, salada e bife, ou polenta com feijão, salada e bife. Fazia pouco tempo que seu pai começou a permitir que ela se aventurasse na cozinha. Mas por pior cozinheiro que Lorenzo fosse, ainda assim a comida dele era melhor que as suas invenções gastronômicas, batizadas justamente por Rafael de "gororoba".

Enquanto saboreavam o banquete, Jader começou a contar suas famosas piadas que todos já sabiam de cor, mas que em respeito ao patriarca ouviam com a devida atenção. Jader era um homem extremamente expansivo e intenso, e tinha sempre um sorriso estampado no rosto. Juliana, observando aquele homem, não conseguiu lembrar-se de tê-lo visto triste nenhuma vez. Concluiu que Helena herdara dele a personalidade marcante e alegre.

Pensou em seu pai, que já deveria estar em casa naquela hora, e sentiu-se triste. Lorenzo não era um homem deprimido. De forma alguma! Juliana sabia que ele tinha paz em sua alma e era feliz com Jesus, mas notava que também possuía certo desgosto, parecendo algumas vezes carregar o peso de todos os problemas do mundo em suas costas.

O pai de Helena, percebendo que Juliana estava muito quieta, fez uma brincadeira com a menina, que imediatamente voltou a sorrir.

Jader adorava contar piadas e situações engraçadas — todas inocentes e que não feriam a moral de Deus — porém, sempre que dava início a uma narração, começava a dar risada da própria história, não conseguindo concluí-la. Seus ouvintes acabavam caindo na gargalhada junto com ele, entretanto, não por acharem graça da piada, mas sim dele, que se sacudia todo, com as bochechas muito vermelhas e quase chorando de tanto rir.

Juliana lembrou-se de uma história verídica que o pai da amiga contara certa vez, assim que chegou de uma viagem de negócios. Com muito esforço ele havia conseguido descrever, entre soluços, o que ocorreu ao visitar uma pequenina e abençoada igreja interiorana. Segundo Jader, um homem de idade avançada estava pregando, quando em certo momento de empolgação deu um forte brado, e ao fazê-lo, sua dentadura saltou para fora da boca. O espantoso é que Jader disse que o pobre homem, em um pinote, conseguiu pegá-la no ar. Juliana jamais em sua vida riu tanto de uma situação como naquela vez.

Jader aquietou-se por um momento enquanto deleitava-se com a sobremesa — um pudim de coco com leite condensado, seu doce favorito. Eduardo, percebendo que aquele era o momento apropriado para o seu pronunciamento, levantou-se e solicitou a atenção de todos.

— Pai, mãe, Belinha e princesas — disse o jovem, enquanto fazia uma reverência para as meninas —, tenho algo muito importante a comunicar-lhes.

Todos olharam curiosos para o rapaz.

— Como vocês sabem, eu e Ayanna estamos concluindo nossa última etapa na JOCUM,[1] e percebemos que já está na hora de darmos um passo adiante no nosso relacionamento. Sendo assim, decidimos nos casar na próxima semana. — Eduardo fez uma pausa, procurando ver à reação de sua família, para então lançar a bomba final. — E após a lua de mel, embarcaremos em um avião rumo à Somália.

Silêncio.

— Eduardo, você não está sendo precipitado? — exclamou Beatriz após longos segundos, claramente chocada com a notícia. — Por acaso a sua namorada está grávida, ou algo semelhante, para que vocês tenham que sair fugindo desse jeito?

— Não, mãe! Eu sempre a respeitei. Só que minha missão não pode mais esperar! — disse o rapaz, voltando ao seu assento. — Ayanna e eu temos os mesmos objetivos, nos amamos e Deus já confirmou nossa decisão.

Novamente o silêncio imperou.

— Pessoal — Eduardo parecia aflito —, Jesus está às portas e as pessoas daquele lugar estão morrendo sem salvação! Eu preciso fazer alguma coisa!

— Filho — finalmente Jader se pronunciou, com a voz embargada, enquanto uma lágrima solitária escorria por sua face esmaecida —, eu não poderia estar mais orgulhoso de você.

Helena encostou a cabeça no ombro do irmão. Ao lembrar que aquela poderia ser uma das últimas vezes que estaria com ele, começou a chorar. Jader, que lutava para controlar suas emoções, ergueu-se e disse:

— Meus amores, arrumem-se e vamos à casa de Deus agradecer pela vida de Eduardo e Ayanna. Se nos apressarmos, chegaremos no horário.

Todos se levantaram, menos Belinha. Por mais convites que recebesse, ela nunca ia à igreja.

O irmão de Helena ainda era uma criança quando decidiu que seria missionário. Aos 20 anos começou a cursar jornalismo em uma renomada universidade de São Paulo, vindo a desistir da vida acadêmica poucos meses depois, para ingressar na JOCUM. Jader, percebendo que a chamada missionária do filho era autêntica, determinou-se a manter Eduardo financeiramente no que fosse necessário; dinheiro para ele não era problema.

Eduardo fez seu desafio prático em Angola e se apaixonou intensamente pelo povo africano. Ao regressar ao Brasil, já não era mais o mesmo.

[1] Jovens Com Uma Missão. "Missão internacional e interdenominacional empenhada na mobilização de jovens de todas as nações para a obra missionária." (www.jocum.org.br)

Quando seus pais, preocupados com o abatimento do rapaz perguntavam o que o afligia, ele respondia que havia deixado seu coração na África, e que morreria se não voltasse para lá. Como os planos de Deus são perfeitos, alguns meses depois Eduardo retornou à JOCUM para fazer um treinamento com ênfase nos estudos transculturais, e lá conheceu Ayanna.

Ayanna nasceu em Mogadíscio, capital da Somália, um miserável país localizado no extremo leste do continente africano. Seu pai fora morto na batalha civil pelos *senhores da guerra*[2] quando ela ainda era um bebê. Sua mãe, fugindo do terror e da fome que assolavam aquela região, encontrou refúgio no Brasil para ela e seus quatro filhos.

Ayanna era uma adolescente quando recebeu Jesus como o Salvador da sua alma, e daquele momento em diante, compreendeu que sua vida não mais lhe pertencia. Após concluir (com muita dificuldade financeira) um curso técnico na área da enfermagem, ingressou na JOCUM, tendo no coração um desejo ardente de retornar a sua pátria e levar o conhecimento da verdade àquele povo, extremamente subjugado pelo domínio islâmico.

No dia em que Eduardo e Ayanna encontraram-se pela primeira vez, descobriram que nasceram um para o outro. Conheciam-se, porém, há apenas quatro meses, e pessoas próximas ao casal insistiam em dizer-lhes que deveriam esperar mais algum tempo para selarem o matrimônio. Contudo, Eduardo estava convicto da sua decisão. O perfeito amor de Jesus que os unia dissipava de seu coração todo e qualquer receio por um futuro incerto

---

Após chegarem do culto, que terminou bastante tarde (pois todos na igreja queriam felicitar Eduardo pela nova etapa que estava para começar em sua vida), Helena e Juliana conversavam no quarto.

Helena, sentada sobre a cama com as compridas e finas pernas cruzadas, folhava distraidamente a revistinha da Escola Dominical. Juliana, deitada de lado na bicama e com a cabeça apoiada em um dos braços, olhava em silêncio para a amiga. Uma música cristã internacional, suave e melodiosa tocava no *mini system*.

— Helena... — disse Juliana.

---

[2] Líderes islâmicos que controlam parte da Somália, derivados da Revolução Somali (1986-1992).

— Sim? — Helena continuou folheando a revista, parando para ler quando algum assunto a interessava.

— Sabe aquele garoto novo da igreja, o moreninho de olhos verdes...

— O filho do novo líder dos jovens?

— Sim. Eu não me lembro como ele se chama. O nome dele é meio diferente.

— Bartolomeu! — soltou Helena prontamente.

— É esse mesmo.

— E o que tem ele?

— Ontem, depois do culto, quando você foi embora, ele veio falar comigo e perguntou se eu queria "ficar" com ele.

— Juuuuu! — disse Helena, com um olhar surpreso. — Por que não me contou isso antes?

— Eu quis esperar para te contar em um momento em que mais ninguém pudesse ouvir.

— E o que você respondeu?

— Disse apenas que tinha que pensar melhor. O que você acha?

— É... Ele é bonitinho! E aí, vai aceitar?

— Ainda não sei. Papai sempre diz que "ficar" é pecado.

— Meu pai também diz isso.

— Mas todo o mundo "fica". Até mesmo os filhos do pastor Antônio "ficam"!

— Tem razão, Ju.

— Você não tem vontade de saber como é a sensação de ser beijada?

— Aham — concordou Helena, apoiando o rosto com a mão. — Mas minha mãe me disse uma vez, quando estávamos conversando sobre essas coisas, que o beijo faz acender uma "luzinha" e por isso Deus o criou exclusivamente para o casamento.

— Uma "luzinha"? — Juliana perguntou curiosa, franzindo a testa.

— É. Eu também não sei exatamente o que isso significa. Ela disse que um dia eu vou entender.

— Você tem sorte em ter uma mãe para poder falar dessas coisas.

— Hum... Nunca ninguém pediu para "ficar" comigo! — Helena fez um beicinho, cruzando os braços e fazendo-se de enciumada.

— Estou com um soninho... — disse Juliana enquanto se espreguiçava, acomodando-se embaixo da coberta.

As amigas bocejaram ao mesmo tempo, rindo da coincidência. Depois de terem feito uma oração, Helena desligou o som, apagou a luz e deitou na cama macia, cobrindo-se com seu edredom favorito de estampa florida.

— Sabe Ju... Eu gostaria de me casar virgem algum dia.

— Eu também.

— Boa noite, Ju.

— Boa noite, Helena.

— Ju... — disse Helena após alguns minutos de silêncio. — Já está dormindo?

— Quase... — pronunciou Juliana, que havia começado a cochilar.

— Ando meio preocupada — falou Helena para a amiga, que respondeu com algo ininteligível. — Medi minha altura essa manhã, e estou com um metro e setenta e dois.

— E qual é o problema? — inquiriu Juliana, com a voz pastosa de tanto sono.

— A professora de ciências disse que a mulher cresce até aproximadamente os 18 anos...

— E daí?

— Só nesse ano eu cresci oito centímetros!

— Humm... — resmungou Juliana.

— Fiz as contas, e se eu continuar crescendo nesse ritmo, aos 18 anos minha altura vai ser de dois metros e doze centímetros! — a voz de Helena evidenciou preocupação. — Nunca vou encontrar um namorado compatível com o meu perfil!

Juliana riu.

— Nenhuma mulher cresce tanto assim.

— E aquelas jogadoras de basquete da Jamaica ou dos Estados Unidos?

— Acho que a velocidade do seu crescimento vai diminuir nos próximos anos — Juliana esforçou-se para dizer essa última frase, tentando confortar a amiga.

— Tomara!

— Helena... amanhã cedo tem Escola Dominical... Vai dormir!

— Até amanhã, Ju.

Juliana já pegara no sono.

2

Capítulo

Aquele domingo de dezembro amanheceu estranhamente cinzento e chuvoso, cooperando para que grande parte dos alunos da Escola Bíblica Dominical permanecessem confortáveis e quentinhos em suas camas. Porém, na classe *Adolescentes Triunfantes* alguns corajosos, com idades de 13 e 14 anos, ouviam atentos a conclusão da lição, ministrada pela professora Denise.

Mesmo já tendo ultrapassado os 30 anos, Denise aparentava não ter mais que 25. Gostava de usar roupas coloridas, um perfume cítrico suave, e o longo cabelo castanho era costumeiramente trançado e preso num laço delicado. Ensinava as Sagradas Escrituras com uma habilidade singular, e sua alegria, entusiasmo e competência evidenciavam na jovem um desejo ardente de servir a Deus, sempre procurando dar a Ele o melhor de si.

— Turma, hoje eu farei uma atividade diferente com vocês — disse Denise enquanto segurava uma pequena caixa. — Nessa caixinha estão quatro papéis com os seguintes temas: profissão, ministério, casamento e saúde. Nós estamos em... — Denise fez uma contagem rápida de seus alunos. — nove pessoas, então eu quero que formem duplas por afinidade.

— Vai sobrar um! — replicou Helena.

— Professora, eu posso formar um grupo com a Aline e a Carla! — disse uma das meninas.

— Ok, Fernanda. Problema resolvido — disse Denise, enquanto piscava para Helena.

— E os alunos que não vieram? — perguntou a desinibida Helena.

— Eu preparei essa atividade exclusivamente para quem comparecesse a aula hoje. Os outros alunos participarão assistindo aos resultados que VOCÊS — enfatizou a professora, apontando com o dedo para a turma — irão apresentar.

Os adolescentes olharam-se intrigados. Um burburinho já começava a se ouvir.

— Queridos, silêncio! Logo irei contar-lhes do que se trata! Vou passar a caixa, e uma pessoa de cada dupla ou grupo retire um papel...

Denise foi interrompida por uma ligeira batida na porta.

— Com licença... — disse um bonito rapaz de pele morena e olhos verdes parado na entrada, aluno da turma *Juvenis* da sala ao lado — a professora Marcela pediu um giz emprestado.

— Tudo bem, Bartolomeu. Entre e pegue.

Enquanto Bartolomeu, de costas para a classe, pegava um giz, algumas meninas suspiravam e riam umas para as outras. Antes de sair, o rapaz olhou para Juliana e acenou-lhe, com um sorriso galanteador nos lábios carnudos bem desenhados (cujas adolescentes da igreja confidenciavam, junto a seus grupinhos, desejar beijar).

— Ju, você viu aquilo?! — Helena cutucou a amiga.

— É claro que eu vi! — murmurou Juliana com as bochechas vermelhas, enquanto apertava o braço de Helena para que ela ficasse quieta e não fizesse cena.

A caixinha passou para Juliana, que retirou de dentro o último papel.

— Qual é o assunto? — perguntou Helena, no exato momento em que Juliana abria o papel.

— Casamento.

— Pessoal, já sabem qual é o seu tema? — inquiriu a professora, ao que todos concordaram.

— Então eu quero que façam o seguinte: cada dupla ou grupo terá que chegar a uma conclusão sobre o seu assunto. Ou seja, vocês explicarão para a turma o que é preciso fazer para se ter uma profissão, ministério, casamento ou saúde abençoada. Vocês têm toda a semana que vem para pesquisar o que puderem sobre o seu tema. Façam entrevistas, leiam livros ou revistas relacionados ao assunto, enfim, usem a criatividade que Deus lhes deu. E no próximo domingo, vocês apresentarão os resultados da sua investigação aqui na frente.

— Como se fosse uma palestra? — perguntou um aluno.

— Isso mesmo, Mateus. E se tiverem qualquer dúvida, estarei à disposição de vocês nos cultos durante a semana. E aqueles que fazem parte da peça de Natal, lembrem-se de estar hoje na igreja duas horas antes de começar o culto!

Denise ensaiou com a turma o versículo-chave da lição e o corinho que cantariam no saguão da igreja, na reunião com as outras classes, fez uma oração e deu a aula por encerrada.

Desciam as escadas quando Helena chamou Denise:

— Professora...

— Sim, Helena?

— Eu ouvi meu pai falando para a minha mãe que a senhora deveria trocar de curso, pois quem estuda a ciência um dia acabará não acreditando mais em Deus e perderá a fé.

— Seu pai disse isso mesmo? — questionou incrédula a professora Denise, que estava quase concluindo sua graduação no curso de Biologia.

Juliana, que ouviu tudo, balançou a cabeça abismada. Já não sabia mais a que ponto poderia chegar o descaramento da amiga.

— Pois diga ao seu pai, dona Helena, que ao estudar a vida e entender como esta se processa, passei a amar o Criador ainda mais! — vociferou Denise, visivelmente irritada.

— É que se a senhora perder a fé, deixará a igreja e não dará mais aula para nós!

— Meu bem, em cada aula do meu curso eu vejo o toque do Criador! Mesmo com todas as disciplinas evolutivas, onde um professor ateu, narcisista e de mentalidade... — Denise suspirou, com a mão esquerda na cintura, olhando para um ponto fixo na parede e gesticulando com a outra, como se estivesse discorrendo para si própria — talvez um pouco brilhante, mas completamente hermética, tenta dissuadir-nos com suas teorias materialistas, afirmando que toda a existência surgiu ao acaso —, Denise voltou seu olhar para Helena, que ficava exatamente na sua altura — ao analisar a ciência e as evidências mais a fundo, percebo que minha fé aumenta a cada dia!

— Então, não existe a possibilidade de um dia a senhora vir a perder sua fé em Deus?

— Não, Helena. — Denise olhou para a mocinha espontânea e ingênua à sua frente, e teve que sorrir. — Eu preferiria morrer a abandonar o Criador eterno, lindo e perfeito, meu amado Redentor.

Contando com menos de uma semana para a apresentação da tarefa requerida pela professora Denise, Helena e Juliana decidiram utilizar, como método de pesquisa, entrevistas com alguns casais. Combinaram que escolheriam aleatoriamente dez casais da igreja, que tivessem no mínimo quinze anos de matrimônio. Após essa etapa, as entrevistas seriam analisadas até que chegassem a uma conclusão sobre a questão: "O que fazer para ter um casamento abençoado?" Então viria a apresentação em aula.

Helena e Juliana aproveitaram o culto de doutrina bíblica da terça-feira para falar com alguns casais, mas as informações recebidas foram inconsistentes, o que as levou a concluir que aqueles irmãos não desejavam expor suas vidas a pessoas tão próximas.

Helena, sabendo que Jader tinha um primo que pastoreava uma igreja localizada em outra cidade, pediu-lhe que a levasse juntamente com Juliana em um culto. Seu pai, tomando conhecimento do trabalho da Escola Dominical, prontificou-se alegremente a isso. Estava de férias, e utilizar uma parte do seu tempo para ajudar a caçula não era nada além de uma grande satisfação.

Na manhã de quarta-feira, Jader ligou para seu primo Marcos informando-lhe das entrevistas. Marcos, extremamente admirado com a iniciativa da professora em fazer uma atividade tão diferente e enriquecedora, garantiu-lhe que no culto à noite iria conseguir alguns casais da sua igreja, para que as meninas entrevistassem.

Jader e Beatriz utilizaram aquela tarde para fazer compras. Após horas gastando o dinheiro do marido, Beatriz conseguiu adquirir tudo o que precisava para o almoço comemorativo ao casamento de Eduardo e Ayanna. Ao retornarem, Beatriz foi para a cozinha instruir Belinha sobre como deveria ser o almoço de domingo, e Jader dirigiu-se ao seu quarto, a fim de tirar uma soneca. Ele colocou seu celular no modo silencioso para não ser incomodado, mas cinco minutos depois ouviu um apito, anunciando que havia uma mensagem de voz na secretária eletrônica:

— Jader, aqui é o Marcos. Falei com os membros da minha igreja e contei-lhes da tarefa da qual a Helena e sua amiga estão incumbidas. Algumas irmãs do grupo de oração, ao serem informadas de que o objetivo dessa atividade é auxiliar futuras esposas e maridos a tomarem decisões corretas em relação a algo tão importante como o casamento, se dispuseram a conceder uma entrevista. Mas os homens não gostaram muito da ideia, não... Então, acho que elas terão que se contentar em falar apenas com as mulheres. Amanhã à tarde, depois do término da reunião de oração, as mulheres farão uma pequena confraternização com chá, bolo e essas coisas todas, então, as meninas terão liberdade para falar com elas. Deixei com minha esposa a lista que contém o nome das mulheres que poderão ser entrevistadas.

Manda um abraço para a família. Estou orando por vocês!"

Apesar dos 32 graus registrados no termômetro digital de uma arborizada e movimentada rua da cidade de Santos, o vento forte dava a sensação térmica de uma temperatura mais amena. Jader estacionou seu estiloso Corsa Sedan cor prata em frente à singela igrejinha de madeira que seu primo Marcos cuidava. As meninas, providas de prancheta, canetas e um gravador (estrategicamente escondido na bolsa de Helena), desceram do carro com uma pose que denunciava estarem sentindo-se como duas jornalistas prestes a fazer uma grande matéria. A esposa do pastor Marcos recebeu-as no portão e acenou para Jader, que lhe retribuiu cordialmente.

Jader calculou que as entrevistas demorariam no mínimo uma hora. A fim de evitar ficar entediado durante esse tempo, ligou o som do carro em uma estação de rádio dedicada exclusivamente ao jornalismo. Pensava em Eduardo e no turbilhão de emoções que ele deveria estar sentindo, com o casamento se aproximando e a ida para a Somália, quando um arrepio percorreu-lhe a espinha ao ouvir do repórter o anúncio de recentes torturas e mortes de cristãos — justamente na Somália. As notícias que se seguiram deixaram Jader enojado. Desligou o rádio e inclinou a cabeça no volante, para que os transeuntes não o vissem explodir em prantos.

— Deus, afaste da cabeça do meu filho essa loucura de ir para aquele fim de mundo! — disse Jader em voz baixa. Ele chorou copiosamente, porém, um choro seco, angustiado, como se tivesse algo preso dentro do peito. Ainda com a cabeça inclinada, ficou em silêncio por alguns minutos, tentando ver se Deus lhe respondia. Mas sua respiração foi a única coisa que conseguiu ouvir.

— Senhor, eu preciso saber se Eduardo está agindo de acordo com a tua vontade... — prosseguiu Jader em oração. — Dê-me um sinal, um discernimento, qualquer coisa!

Alguns minutos se passaram e nada. Só a mesma angústia. Jader enxugou os olhos, levantou a cabeça e deparou-se com um grupo de jovens em frente a um bar do outro lado da rua, se drogando em plena luz do dia e desperdiçando a vida com distrações improfícuas. Sentiu vergonha de si mesmo. Como ele era egoísta! Seu filho estava salvo e pretendia dedicar sua vida a levar outros ao conhecimento da verdade. Mas aquelas pessoas da Somália não tinham nem ao menos uma chance!

Ele e Beatriz sempre souberam que Eduardo era diferente. Desde criança já era possível perceber que havia algo muito especial no primogênito (que diversas vezes tirara seu casaco para dar a uma criança de rua, e costumava ofertar toda a sua mesada à igreja, ou a algum mendigo). Na sua adolescência, em vez de estar no shopping ou se divertindo com os amigos, Eduardo ia aos hospitais visitar os enfermos e falar-lhes do amor de Jesus. E foi sempre assim. Ele nunca aceitou usar roupas ou calçados de marca famosa, e não possuía luxo algum; simplesmente não conseguia aproveitar, sabendo que muitos não tinham nem ao menos o que comer. Jader sabia que tinha mesmo é que sentir orgulho por ter um filho com o caráter e as virtudes de Eduardo.

No pequeno salão de festas da igreja, Helena e Juliana aguardavam, sentadas em meio a mulheres faladeiras e alegres, que disputavam a aprovação das duas quanto aos deliciosos quitutes que haviam feito especialmente para a confraternização. Juliana, que não costumava comer muito, limitou-se a bebericar um copo de refrigerante. Mas Helena, aproveitando-se do incentivo das senhoras, experimentava de tudo o que lhe era oferecido. Juliana sempre se perguntou para onde iam as calorias que a amiga ingeria, pois quanto mais se desenvolvia, mais comia, e também mais magra Helena ficava.

— Meninas, podemos começar a entrevista? — disse uma senhora simpática, vestida de forma modesta. Afastaram-se das outras mulheres para terem mais privacidade na conversa.

— Bem, dona... — Helena esperou que a mulher se pronunciasse.

— Ester — disse ela.

— Começaremos com algumas perguntas simples — Helena riscou o nome "Ester" da lista que a esposa do pastor Marcos havia lhe entregado.

A mulher, que aparentava ter uns 40 anos, meneou a cabeça afirmativamente. Ainda havia resquícios do que deveria ter sido uma beleza rara na sua juventude.

— A senhora é casada há quanto tempo? — começou Helena.

— Há mais de vinte anos.

— Você é feliz no seu casamento?

— Bom... — disse a mulher ao passar a mão pelo cabelo grisalho, preso em um coque bem feito no alto da cabeça. Com um sorriso amarelo mostrando rugas finas ao redor dos lábios descorados, continuou: — Isso é complicado de responder...

— Dona Ester, nós queremos apenas uma resposta. E pode ficar tranquila que a sua identidade será preservada — disse Juliana, com a seriedade de uma jornalista. Helena concordou com a amiga.

— Não, eu não sou feliz no meu casamento.

— Por quê? — perguntou Helena, enquanto Juliana fazia anotações na sua prancheta.

— Eu tinha 18 anos quando me apaixonei pelo meu marido. Nós tínhamos um namoro bastante liberal, e eu acabei engravidando. — A mulher olhou para baixo, em silêncio. — Não nos amávamos, mas mesmo assim meus pais exigiram que nos casássemos.

— E o que aconteceu? — perguntou Helena.

— Depois que a paixão acabou, não tínhamos mais nada. — Juliana abriu a boca para fazer uma pergunta, mas a mulher interrompeu-a, gesticulando com os braços enquanto falava. — Ainda não consigo compreender como é que naquele tempo eu tinha a coragem de participar da Santa Ceia, a memória do precioso corpo e sangue de Cristo — enfatizou a mulher, com a voz embargada — mesmo estando em fornicação com meu namorado. Olha meninas, se eu pudesse voltar atrás, faria tudo de novo, porém, da forma correta. Arrependi-me verdadeiramente do meu erro somente depois que a consequência do pecado começou a aparecer na minha vida. Hoje eu não compreendo como é que nós, estando em pecado de fornicação durante tanto tempo, tínhamos a audácia de compartilhar da Santa Ceia como se nada de mais estivesse acontecendo — repetiu a mulher, dessa vez com o semblante mais triste. — Cantávamos no coral de jovens e participávamos de quase todas as atividades da igreja. Todos, inclusive nossos pais, pensavam que éramos dois jovens cristãos exemplares. A verdade só veio à tona quando minha barriga começou a aparecer. Meninas, nesses vinte anos de casada, eu comi o pão que o Diabo amassou em consequência do meu erro. Só eu sei o quanto sofri!

— Se vocês não se amam, por que ainda continuam juntos? — perguntou Helena, aturdida com a pesada confissão que acabara de ouvir.

— E por qual motivo continuaram juntos durante todos esses anos? — complementou Juliana.

— Resumindo para vocês — a mulher aproximou-se de Helena e Juliana, como se estivesse prestes a contar-lhes um segredo — continuamos juntos, aguentando-nos dia a dia, por amor aos nossos filhos. Afinal, eles não têm culpa dos erros que cometemos. Estou ciente de que Deus castiga e repreende a quem Ele ama; o que a gente plantar, a gente vai colher. Mas continuamos juntos especialmente por amor a Jesus.

A próxima a ser entrevistada era uma senhora de baixa estatura, rosto meigo e modos gentis, que caminhou lentamente em direção às meninas.

— Qual o seu nome? — indagou Helena.

— Elizabete, mas todos me chamam de Bete.

— A senhora é casada há quanto tempo?

— Há longos vinte e cinco anos.

— A senhora é feliz no seu casamento?

A pequena mulher abaixou a cabeça em silêncio. Marcas de intenso sofrimento transpareceram em seu semblante.

— Não — respondeu com convicção.

— Por quê? Por acaso vocês também "comeram a merenda antes do recreio"? — questionou Helena desconfiada.

— Não — a mulher sorriu. — Meu marido e eu tivemos um namoro decente, de acordo com a vontade do Senhor. — Helena fez sinal para que ela prosseguisse. — Eu o conhecia há pouco tempo, e ele aparentava ser o homem perfeito: espiritual, honesto, cavalheiro, romântico, protetor, gentil... Pensei que tinha tirado a sorte grande. Como ele era filho único, insistiu para que depois do casamento fôssemos morar com os pais dele. Sabem, meninas, eu disse a ele que preferia morar em uma casa alugada, pois mesmo sem muito conforto, ao menos teríamos nossa privacidade, mas ele não concordou. Logo no primeiro ano de matrimônio o castelo desabou. Percebi que ele não era praticamente nada daquilo que representava ser. Muito pelo contrário, era um homem agressivo, estúpido, relaxado, egoísta, orgulhoso... — a mulher enxugou uma lágrima que escorria por sua face terna. — Vocês acreditam que em todos esses anos de casada, eu nunca ganhei um abraço do meu marido?

Helena e Juliana olhavam para ela com os olhos arregalados. Estavam começando a ficar assustadas com aquelas entrevistas. Brincar de jornalista já não parecia ser tão legal!

— Por favor, continue — disse Juliana, apoiando gentilmente a mão no ombro da mulher.

— Eu sentia inveja das irmãs da igreja. Ele as tratava tão bem, com tanto carinho e respeito... E tem mais, eu me incomodava o dia inteiro com os meus sogros! Eles me diziam o que eu podia ou não fazer, como deveria criar meus filhos — afinal, a casa onde eu morava pertencia a eles, eu não tinha nenhum direito ali. E à noite, quando meu marido voltava do serviço, ia dar atenção adivinha para quem? A eles. No início do nosso casamento, eu me arrumava toda para esperá-lo chegar do seu trabalho. Queria namorar, aproveitar a companhia do meu esposo, mas ele nem me notava. Só tinha olhos para os meus sogros. É claro que na hora de dormir — a mulher fez uma careta — ele exigia a minha atenção.

— E por que você se submeteu a ser maltratada durante todos esses anos? — protestou Juliana.

— No segundo ano do nosso casamento eu quis me separar dele. Não aguentava mais ser tratada como um objeto, suas constantes explosões de ira e todas as outras coisas. Quando o comuniquei da minha decisão, ele enlouqueceu! "O que os irmãos da igreja e os meus parentes vão pensar?", disse ele. Bom, ele era um obreiro afamado na igreja, tinha que manter as aparências.

— Vocês chegaram a se separar? — perguntou Helena.

— Não. Durante os anos que se seguiram, Deus me deu forças para continuar. Porém, quando minha filha tinha 7 anos e meu filhinho dois, eu já estava no limite da minha paciência. Meus sogros me provocavam dia e noite, e meu marido nunca me defendia. Dizia que eram os pais dele e que eu tinha a obrigação de aturá-los.

— Mas seus sogros também eram cristãos? — indagou Juliana.

— Sim. Não faltavam a nenhum culto e mostravam-se a todos como piedosos e santos. Mas por trás da máscara, eram como duas víboras prontas a dar o bote! Fofoqueiros, racistas, mentirosos, caluniadores, cruéis...

Helena e Juliana olharam-se, visivelmente espantadas.

— Meninas, vocês ainda são novinhas, mas é bom que compreendam desde agora que o fato de uma pessoa ter a aparência de um bom cristão não quer dizer que realmente o seja. Seguir genuinamente a Cristo é algo muito mais profundo. Às vezes, um irmãozinho humilde, que senta no último banco e não tem nenhum tipo de prestígio na igreja, é mais fiel a Jesus do que o próprio pastor! O coração do homem, só Deus conhece.

— Dona Bete, continuando com a narrativa do seu casamento, o que aconteceu depois?

— Bom, quando comuniquei ao meu marido que voltaria a morar com meus pais, que residiam em outra cidade, ele disse que eu poderia ir, mas que deixasse as crianças. Eu disse que meus filhos iriam comigo, e ele se transtornou. Disse-me que eu nunca tiraria as crianças dele e que na justiça alegaria que eu era louca, e por isso não tinha condições de criá-los. E então, por medo de perder meus filhos, mais uma vez eu cedi.

— E vocês continuaram morando com os pais dele? — perguntou Helena.

— Não. Algum tempo depois eu consegui convencer meu esposo a nos mudarmos dali. Fomos morar bem longe dos meus sogros, mas durante os anos que se seguiram eu tive que ouvir dele: "Eu abandonei os meus pais por tua causa!"

— E as coisas melhoraram depois que vocês se mudaram? — perguntou Helena mais uma vez.

— Melhoraram muito. Eu tinha liberdade no meu pátio, podia plantar minhas folhagens, fazer minhas atividades domésticas sem que ninguém me vigiasse. Mas o relacionamento com o meu esposo continuou a mesma coisa.

— E vocês ainda continuam juntos? — indagou Juliana.

— Sim.

— Por quê?

— Quando meus filhos ficaram adultos, perceberam por conta própria os erros que o pai cometia. Eu jamais os coloquei contra o pai deles, mas a verdade, mesmo com atraso, sempre aparece. Meus filhos conseguiram fazer meu marido perceber que estava errado, e ele tem se esforçado para mudar. Por tudo o que me fez passar, eu não consigo amá-lo como homem. Não sinto por ele nada além de desprezo. Peço a Deus que me ajude a voltar a amar meu marido como o amava logo quando nos casamos, mas não tem sido fácil. E sei que meu marido está sofrendo muito agora em consequência do seu erro, embora eu não deseje isso. Também perdoei meus sogros. Desejo de coração que eles tenham se arrependido a tempo e partido salvos para a eternidade...

— Mas se você disse que não ama seu marido e que não sente por ele nada além de desprezo, então por que ainda continua com esse casamento? — perguntou Helena.

— Não tenho mais para onde ir. Meus filhos têm suas próprias vidas e eu fui dona de casa a vida inteira, sempre dependi dos outros para viver. É uma tribulação continuar com o homem que tanto me fez sofrer, mas quando me casei com ele, declarei diante de Deus que seria fiel até que a morte nos separasse. Não sou feliz no meu casamento, mas sou feliz com Jesus! Ele me dá forças para prosseguir. Sei que meu descanso não é aqui, portanto, por mais pesada que seja a minha cruz, decidi carregá-la sem desistir, até aquele dia glorioso em que a trocarei pela coroa da vida, e viverei para sempre na presença do meu amado Salvador! — o rosto da mulher se iluminou ao falar de Cristo.

Helena e Juliana estavam comovidas com aquelas últimas palavras! Ainda havia mais sete senhoras para serem entrevistadas, e elas torciam para que os próximos relatos não fossem tão negativos quanto os dois primeiros.

Duas horas depois, Helena e Juliana, desanimadas, retiravam-se da igreja. Um homem loiro de boa aparência passou por elas, deixando um perfume envolvente no ar.

— Juuuu! — disse Helena. — Um homem!

— Sim, é um homem, e daí?

— Vamos entrevistá-lo! Até agora só entrevistamos mulheres!

— Helena, podemos entrevistar meu pai ou o seu!

— Não é a mesma coisa, Ju! A entrevista vai ficar mais autêntica com um desconhecido!

Juliana sabia que não conseguiria contrariar a amiga. Quando Helena colocava uma ideia na cabeça, permanecia com ela até alcançar seu objetivo. As duas seguiram o homem pelo pátio da igreja, até que conseguiram sua atenção. Depois de muita insistência por parte de Helena, ele concordou em ser entrevistado.

— Tudo bem. Mas não tenho muito tempo! — disse o homem de aproximadamente 40 anos, vestido, porém, como um adolescente.

— Qual o seu nome? — perguntou Helena.

— Se a entrevista é tão anônima como vocês acabaram de me dizer, por que precisam saber meu nome?

— Ok, ok... — disse Helena em sinal de resignação. — Você é feliz no seu casamento?

— Bom, eu sou casado há apenas dois meses — o homem riu — então, posso dizer que sou feliz, sim.

Juliana estranhou a resposta. Um homem com aquela idade, casado há tão pouco tempo? Decidiu ir mais fundo na investigação.

— Apenas por curiosidade, o que o senhor faz em uma reunião de mulheres? — questionou Juliana.

— Vim buscar minha esposa e minha filha.

— Quantos anos têm sua filha?

— Vinte.

— E o senhor é casado somente há dois meses?

— Minha filha é fruto do meu primeiro casamento, que terminou decisivamente no ano passado. Vou levá-la para a casa da mãe dela, e minha mulher para a minha casa.

— Mas diga-me — continuou Juliana —, o senhor era feliz no seu primeiro casamento?

— É... Nos primeiros meses sim.

— E depois?

— Depois não.

— Por que não?

— Vocês são bem enxeridas, hein?

— O objetivo dessas entrevistas é ajudar os jovens solteiros a não cometerem os mesmos erros que a maioria dos casais comete — proferiu Helena.

— Bom, ela era a moça mais linda da igreja. Todos os rapazes a cobiçavam, inclusive eu. Prometi a mim mesmo que ela seria minha.

— E então? — perguntou Juliana.

— E então eu a conquistei, casei-me com ela, ela engravidou, descuidou-se, engordou...

— Obrigada pela entrevista! — disse Juliana rispidamente, enquanto se afastava do homem. Mesmo sem entender muito bem a atitude da amiga, Helena acompanhou-a.

— Ju, ainda não terminamos!

— Terminamos sim, Helena. Não quero conversa com um imbecil daqueles. Escutou o que ele disse?

— Sim, Ju. Que chato né?

Jader as esperava no carro, com uma expressão de alívio no rosto.

— Até que enfim! Como vocês demoraram! — exclamou Jader.

— Ah, pai... — disse Helena meio tristonha, já dentro do veículo — tivemos que entrevistar um monte de mulheres chorosas e reclamantes...

Jader gargalhou gostosamente. Ainda com um sorriso no rosto, perguntou:

— E por que essas carinhas tristes?

— É que as entrevistas não saíram da forma como imaginamos — disse Juliana.

Helena cutucou a amiga, para que ela olhasse pela janela. Do outro lado da rua, o homem que elas entrevistaram acompanhava até um automóvel vermelho duas moças de aproximadamente 20 anos. Quando uma delas entrou no veículo, o homem abraçou e beijou indecorosamente a outra. Juliana imaginou que aquela deveria ser a nova esposa.

— Idiota — disse Juliana.

— Grande idiota! — acrescentou Helena.

— O que foi que vocês disseram? — indagou Jader.

— Nada não, pai.

— Meninas, então vocês se decepcionaram com as entrevistas?

— É... — concordou Helena, desanimada.

— Minhas queridas, vocês imaginaram que aquelas pessoas iriam contar-lhes suas histórias, como nos contos de fadas, afirmando que depois que se casaram só tiveram alegrias, e, enfim, que foram felizes para sempre?

— Mais ou menos isso, pai — resmungou Helena.

— Filha, na vida real os relacionamentos são muito difíceis...

— O senhor e a mamãe são felizes? — interrompeu-o Helena.

— Se eu pudesse voltar no tempo e optar por qualquer mulher que eu quisesse, escolheria sua mãe novamente. Antes de você nascer, tivemos nossas diferenças — e ainda temos algumas — mas decidimos que a separação jamais seria a saída para qualquer problema que enfrentássemos. Eu respeito o espaço dela, ela o meu, procuramos fazer de tudo para agradar um ao outro... Muitas vezes eu tenho que engolir algumas coisas, e sei que ela também... Mas é isso, filha, vamos levando a vida juntos!

Percebendo que aquela não era exatamente a resposta colorida que Helena queria ouvir, Jader deu um berro:

— TENHO UMA NOTÍCIA PARA VOCÊS!

As duas pularam assustadas no assento.

— Enquanto as madames estavam atrás de um furo jornalístico — Jader imitou a voz de um conhecido personagem de desenho animado da televisão — seu humilde chofer que vos fala nesse momento recebeu uma ligação do príncipe Eduardo.

Jader conseguiu prender a atenção das meninas, pois elas estavam com os olhinhos brilhando.

— Eduardo me disse que Ayanna pediu a ele que me dissesse para perguntar a vocês se aceitam ser damas de honra do casamento deles no próximo domingo!

— Sim! — disseram as duas ao mesmo tempo, bem mais animadas com a novidade e as brincadeiras de Jader. Durante todo o trajeto de volta até a cidade de São Paulo, Jader distraiu-as com as narrações mais excêntricas que havia em sua memória, fazendo da viagem uma grande diversão.

Finalmente o tão esperado domingo havia chegado. A manhã quente de céu límpido e ensolarado, que surgiu acompanhada pelo canto harmonioso dos passarinhos, anunciava que aquele seria um esplendoroso e típico dia de verão brasileiro. As preces para que não chovesse foram atendidas, e o casamento de Eduardo e Ayanna, à tardinha, provavelmente se realizaria sem nenhum transtorno relacionado aos percalços de um mau tempo.

Na sala de aula da Escola Dominical, Helena e Juliana apresentavam o resultado da sua pesquisa para uma classe repleta de pré-adolescentes sonolentos e entediados. Percebendo que as meninas se estendiam muito, a professora Denise lembrou-as de que a aula estava quase no fim, e ainda havia duas duplas para se apresentarem.

— Resumindo então, com base na história de vida das dez pessoas que entrevistamos — expôs Helena — concluímos que para ter um casamento abençoado é preciso ter um namoro santo, não ter relações íntimas antes do casamento, não morar com os pais ou com os sogros, não casar apenas por sexo, por uma simples paixão, ou com base somente na aparência, não casar para se livrar de uma situação em casa, não casar sem procurar conhecer bem a pessoa, sua personalidade e principalmente os seus defeitos, não casar com um ímpio, não casar com uma pessoa que tenha a capacidade intelectual muito diferente da sua e não casar com uma pessoa que tenha o costume de trair. Se trai durante o namoro ou o noivado, é provável que continuará traindo depois do casamento.

— Muito bem, meninas! — disse a professora Denise aplaudindo, sendo acompanhada pelo restante da turma. — Vocês realmente fizeram o tema de casa! A próxima dupla apresentará sobre "o que fazer para ter uma profissão abençoada".

Eduardo detestava festas. Desde pequeno, sempre fora uma briga para que Jader e Beatriz conseguissem levá-lo com eles a alguma celebração de casamento ou aniversário, e mesmo assim, quase sempre tinham que sair mais cedo do local. O menino insistia tanto para que fossem embora, que acabavam se ausentando antes mesmo de o bolo ser cortado. Com o passar dos anos, ainda sem compreenderem o real motivo da aversão do filho por festas, optaram por respeitá-lo. Mas a impressão que tinham era a de que Eduardo, estranhamente, sentia-se deprimido no meio de pessoas se divertindo. Percebiam que a própria alegria do rapaz estava em ajudar os perdidos e os que sofriam, ou simplesmente em orar por eles.

Naquele domingo, de acordo com a vontade de Eduardo, a comemoração de seu casamento com Ayanna resumiu-se a um almoço especial, apenas para seus familiares e amigos mais íntimos. À tarde, antes de o sol se pôr, a cerimônia religiosa seria oficializada na igreja.

Eduardo planejara levar Ayanna para passarem a lua de mel em um hotelzinho confortável da região, mas durante o almoço foram surpreendidos com o presente inusitado de Jader: um pacote completo de viagem ao magnífico arquipélago Fernando de Noronha, uma das muitas riquezas do abençoado Brasil.

Como era de se esperar, Eduardo relutou em aceitar o presente do pai. Mas Ayanna, com sua doçura e habilidade de persuasão — caracteristicamente feminina — convenceu-o de que os dois mereciam aquela viagem. Seriam oito dias vivenciando o amor que sentiam um pelo outro, em meio a praias com águas quentes e cristalinas, passeios por trilhas ecológicas, mergulhos em companhia de golfinhos rotadores e, por fim, a observação de uma das mais incríveis, colorida e diversificada vida marinha do Brasil. Como poderia Ayanna deixar Eduardo recusar um presente como esse?

Na mesma igreja que Eduardo congregava desde os 7 anos (idade que tinha quando ele e seus pais entregaram suas vidas à Cristo), encontrava-se agora um grupo considerável de pessoas muito bem trajadas, que aguardavam ansiosas em seus bancos a chegada da noiva.

O templo fora cuidadosamente decorado por uma profissional, que contou sempre com a supervisão de Beatriz, que quis certificar-se pessoalmente de que tudo sairia perfeito. Arranjos de tulipas coloridas enfeitavam o começo de cada fileira de bancos, e um tapete dourado que cobria o chão, da entrada da igreja até a base do altar, achava-se pronto para a nobre missão de receber os passos da bela africana até seu amado noivo.

A orquestra da igreja deu início à marcha nupcial, e todos os convidados levantaram-se de seus assentos, direcionando a atenção ao começo do corredor. Um casal de crianças (sobrinhos de Ayanna) entrou na igreja, de bracinhos dados e vestidos de forma idêntica aos noivos, levantando suspiros de admiração por parte de todos.

Ayanna finalmente adentrou no templo, acompanhada por seu irmão mais velho. Helena e Juliana, como damas de honra, seguiam atrás da noiva, segurando orgulhosamente a barra do comprido véu que incidia de sua grinalda reluzente. Eduardo, posicionado em frente ao altar, mal podia equilibrar-se em suas pernas, de tão nervoso e emocionado que estava. Ao contemplar a amada, que vinha ao seu encontro — deslumbrante em sua vestimenta nupcial — seus olhos azuis encheram-se de lágrimas.

Quando Ayanna estava na metade do caminho, Eduardo andou até ela, cumprimentou o cunhado e segurou as mãos delicadas da sua "linda flor" (significado do nome de Ayanna em somali). Sorriram, emocionados, um para o outro e caminharam juntos até o altar.

Após meia hora de um sermão inspirador, o pastor Antônio fez a tão esperada interrogação:

— Eduardo, diante de Deus e de todos os presentes, você promete ser fiel a Ayanna na alegria e na tristeza, na saúde e na doença, na bonança e na pobreza, amando-a e respeitando-a até que a morte os separe?

— Sim — afirmou Eduardo, procurando afastar da sua mente um pensamento sombrio que lhe sobreveio naquele exato momento, pertinente ao seu futuro na Somália.

O pastor fez a mesma pergunta a Ayanna, que respondeu sorrindo:

— Sim.

Após trocarem as alianças, os olhos negros de Ayanna encontraram os de Eduardo, que por um momento pareceram tristes e preocupados.

— Até que a morte nos separe — disse ela, agora séria, imaginando o que o noivo poderia estar pensando.

— Eu os declaro marido e mulher — professou o pastor Antônio. — Eduardo, já pode beijar a noiva.

Eduardo sentiu vontade de beijar os lábios quentes e macios de Ayanna, mas se conteve. Haveria muito tempo para isso. Levantou o véu que cobria o rosto da esposa e beijou-lhe ternamente a testa, em sinal de respeito à honra da amada. A orquestra já havia começado a tocar uma música preparada especialmente para a saída dos noivos, quando Eduardo, como se tivesse se lembrado de algo muito importante, chamou o pastor Antônio, que se curvou do púlpito para ouvir o que o jovem queria dizer-lhe. Após Eduardo cochichar alguma coisa em seu ouvido, o pastor ergueu-se sorrindo.

— Pessoal, como prova do verdadeiro missionário que é, Eduardo solicitou-me algo que eu não posso me recusar a fazer.

Os convidados olharam intrigados para Eduardo. A orquestra continuou tocando a música, porém, em um ritmo mais suave.

Atendendo ao pedido do noivo, o pastor Antônio, em um sermão de alguns minutos falou do plano da salvação e fez um convite, caso alguém quisesse entregar sua vida a Jesus e segui-lo a partir de então. Enquanto falava, o pastor percebeu que Eduardo, de olhos fechados, orava em silêncio — provavelmente pedindo a Deus que tocasse no coração de alguém através daquela pequena mensagem.

Da terceira fileira de bancos uma senhora morena, corpulenta e de baixa estatura levantou-se em prantos, erguendo a mão direita para o alto.

— Eu quero servir a esse Jesus de vocês! — disse a mulher, com um sotaque nordestino bem acentuado.

Ao olharem para trás, Eduardo e Ayanna, tão admirados quanto estavam os convidados, depararam-se com Belinha, em pé, chorando muito. Sem pensar, Eduardo correu até Belinha e a abraçou, enquanto muitas lágrimas de alegria escorriam por seu rosto. Ayanna olhava para eles, louvando a Deus, alegre e comovida ao mesmo tempo.

O pastor Antônio, que conhecia Belinha desde que ela entrara para a família de Jader, como babá de Helena (treze anos antes), pediu que toda a família se dirigisse até Belinha e a acompanhasse ao altar, para juntos agradecerem a Deus. Jader, chorão e escandaloso como sabia que era, tentava a todo o custo controlar-se para não fazer nenhum fiasco. Até Beatriz, que procurava sempre manter uma postura séria e discreta em público, não conseguiu conter-se. Finalmente, depois de tantos anos de evangelização, insistência, orações e súplicas por Belinha, Deus desfizera a dureza do seu coração. Isso era maravilhoso!

Após se despedirem de todos na igreja (com uma atenção especial tendo sido dedicada aos seus familiares), Eduardo e Ayanna foram levados de carro por Jader rumo ao Aeroporto Internacional de Congonhas, onde embarcariam em um avião até a cidade do Recife, no Estado de Pernambuco. No Aeroporto Guararapes - Gilberto Freyre do Recife, tomariam outro avião até Fernando de Noronha.

Quando o carro de Jader partiu, Beatriz, Helena, Belinha e a família de Ayanna acenaram para o casal até o carro desaparecer na penumbra da noite, e naquele momento, Beatriz teve o pressentimento de que estava vendo o filho querido e a nora pela última vez em sua vida. Mesmo conhecendo Ayanna há pouco tempo, Beatriz já a amava como a uma filha.

Ao terminar a lua de mel na ilha de Noronha, Eduardo e Ayanna embarcariam em um avião rumo a Johannesburgo — a mais magnífica e desenvolvida cidade da África do Sul. Lá, se encontrariam com um grupo de missionários, a fim de se organizarem e juntos partirem para um pequeno vilarejo da Somália, onde o evangelho de Cristo jamais havia sido anunciado.

Sob a fachada de ajuda humanitária, esse grupo de missionários cristãos (composto principalmente por médicos e enfermeiras) pretendia levar o evangelho ao humilde, atribulado e subjugado povo somali. Mesmo sabendo que estariam se arriscando diariamente a serem torturados e até mesmo mortos pelos extremistas islâmicos, que há tempos tentavam dominar o país, os missionários ansiavam por servir a Cristo.

A maior parte dos convidados ainda permanecia na igreja, trocando ideias e aguardando chegar sua vez de cumprimentar Beatriz e os familiares de Ayanna. Belinha (faceira como uma criancinha que ganhou um doce) encontrava-se cercada por um grupo de crentes, que saudavam alegremente a mais nova irmã.

Do lado de fora da igreja, Juliana aguardava Helena voltar do toalete. A amiga havia chorado tanto, principalmente ao se despedir do irmão, que já era a segunda vez que ia lavar o rosto com água fria, tentando fazer com que seus olhos desinchassem um pouco.

Lorenzo, que acabara de sair do templo, avistou a filha pensativa em um canto do pátio, com os braços cruzados e os olhos voltados para o céu enluarado. Com um vestido lilás clarinho, drapeado em estilo romântico, e uma tiara de flores nos cabelos dourados, Juliana mais parecia um anjo.

Lorenzo chegou de mansinho por trás da filha e cobriu-a com o seu paletó. Ao sentir o calor do agasalho, Juliana estremeceu.

— Pai! — exclamou Juliana sorrindo, ao olhar para trás.

— Posso saber no que o meu anjinho está pensando?

— Ah, em algumas coisas — disse Juliana. — Pai, conforme combinamos, vou dormir na casa da Helena hoje, ok? — Juliana propositadamente mudou de assunto, pois não queria ter de dizer a Lorenzo que estivera pensando naquele que um dia seria seu esposo, mesmo sem conhecê-lo ainda. Sentia vergonha de falar nesse tipo de assunto com o pai.

— Ju — disse Lorenzo, por fim. — Já vou indo. Tem certeza de que quer dormir de novo na casa da Helena? — Lorenzo fez uma cara de tristeza, tentando convencer a filha a mudar de ideia.

— Tenho pai. — Juliana devolveu o casaco a Lorenzo. — Eu e Helena temos que colocar os assuntos em dia.

Ao ver o descontentamento estampado no semblante do pai, Juliana sorriu e acariciou seu ombro:

— Mas prometo que amanhã à tarde eu volto e ajudo o senhor a preparar o jantar.

Lorenzo despediu-se da filha e partiu no seu Fusca azul.

Um minuto depois, Juliana sentiu a presença de alguém ao seu lado. Ao virar-se para ver quem era, avistou Bartolomeu, que com uma expressão séria e misteriosa também se ocupava em admirar a lua.

— Que noite fantástica! Perfeita para um casamento! — disse o belo jovem de 16 anos, sem olhar para Juliana. — Parece que até as estrelas resolveram dar as caras hoje! — Bartolomeu deu uma risadinha.

Realmente, Juliana teve que concordar que naquela noite, no céu extremamente poluído de São Paulo, apareciam mais estrelas do que o normal. Sem saber o que dizer e com o coração pulando, Juliana preferiu continuar em silêncio.

— Juliana — finalmente o jovem se pronunciou, ao aproximar-se da menina. — Já faz algum tempo que eu a observo na igreja, e sinto que tem algo diferente, especial em você. — Vendo que ela não iria dizer nada, continuou: — Não sinto por mais ninguém o que sinto por você!

Quase morrendo de vergonha, Juliana olhou para Bartolomeu, mas logo desviou o olhar. Uau! Como ele estava lindo de terno preto! E aquela gravata verde limão realçava incrivelmente a cor de seus olhos, deixando-o ainda mais sedutor!

— Ju... Posso te chamar de Ju, né? — perguntou o rapaz.

Juliana assentiu com a cabeça.

— Quer "ficar" comigo hoje? — Juliana gelou ao ouvir novamente aquela pergunta. — Seu pai já foi embora — continuou Bartolomeu, demonstrando ansiedade ao falar — e está escuro aqui, ninguém vai ver!

Mil coisas passaram pela cabeça de Juliana nos segundos que se seguiram. Será que ela daria seu tão sonhado primeiro beijo naquela noite, e o melhor de tudo, com o garoto mais lindo da igreja (por quem ela estava começando a se apaixonar)? Parecia bom demais para ser verdade!

Seu coração dizia para aceitar. E por que não? Ela já tinha 13 anos, e além dela mesma e de Helena, não conhecia mais nenhuma menina com aquela idade que ainda não tivesse dado o seu primeiro beijo. Mas lembrou-se de um detalhe: E se por acaso alguém visse os dois se beijando e contasse para seu pai... Bom, ele havia lhe prometido certa vez que, se soubesse que ela estivera de "agarramento" com algum garoto, daria uma "sova" nela e nele também! Mesmo tendo dito aquilo em tom de brincadeira, Juliana sabia que o pai tinha sangue italiano, e em um ataque de fúria, poderia ser bem capaz de fazê-lo. *Só imagino o mico que seria se meu pai desse uma surra no garoto mais popular da igreja!*, ela pensava.

A vontade de aceitar o pedido de Bartolomeu era tamanha, que estava prestes a dizer sim, independentemente das consequências. Mas de repente sentiu um desconforto acompanhado de um pensamento estranho, de que se ela "ficasse" com Bartolomeu estaria perdendo algo muito importante em seu futuro.

— O que decidiu? — perguntou Bartolomeu, interrompendo os pensamentos de Juliana.

— Não.

— Por quê? — quis saber Bartolomeu, com uma cara de quem estava magoado.

Não sabendo que desculpa apresentar, Juliana disse a primeira coisa que veio à sua mente, mas que também era a mais pura verdade:

— Eu não quero simplesmente "ficar". Quero namorar sério!

Diante daquelas palavras, Bartolomeu abriu um sorriso.

— Então você quer namorar comigo?

— Será que não poderíamos ser apenas amigos até nos conhecermos melhor? — Juliana olhou para Bartolomeu, torcendo para que ele aceitasse.

— Eu concordo! — disse imediatamente Bartolomeu.

— Mas você terá que falar com meu pai primeiro! — exigiu Juliana.

Bartolomeu apenas sorriu, enquanto chegava ainda mais perto de Juliana. Juliana fechou os olhos, tentando não pensar no que estava prestes a acontecer, mas não conseguiu. E agora? Ele iria beijá-la mesmo depois de tudo o que havia lhe dito? Já estava sentindo a respiração quente de Bartolomeu na sua face, quando, em um impulso, virou o rosto para o lado. Bartolomeu, assustado com a atitude da menina, distanciou-se e disse:

— Desculpe, acho que me precipitei.

O sentimento de frustração que transparecia no semblante de Bartolomeu era algo impossível de disfarçar, até mesmo para o melhor dos intérpretes.

— Prometo que isso não vai mais acontecer, a menos que você queira ok? — o garoto tocou gentilmente o queixo de Juliana, que suava frio de tão nervosa que estava. — Eu gosto demais de você para fazer qualquer coisa que a magoe.

Uau, mas que garoto incrível!, pensou Juliana, toda derretida. *É o príncipe dos meus sonhos, o genro que papai pediu a Deus!*

Ao avistar Helena se aproximando, Bartolomeu despediu-se de Juliana e saiu.

— Helena, você não vai acreditar no que aconteceu!

Juliana contou as novidades à amiga, e as duas ficaram conversando e rindo, em meio a gritinhos estridentes de emoção — como típicas adolescentes de 13 anos.

Passada meia hora, Beatriz, Helena e Juliana já estavam dentro do carro, prontas para partirem. Beatriz ligou o carro, mas Juliana, que estava com a bexiga muito apertada e vendo que não conseguiria aguentar até chegarem em casa, pediu para Beatriz esperar um pouquinho. Helena ofereceu-se para acompanhar a amiga até o banheiro.

Quando as meninas passaram pelo corredor, em direção aos fundos da igreja, avistaram um rapaz e uma moça encostados em uma árvore, aos beijos e amassos. Ao olharem melhor, perceberam que era Bartolomeu e a sobrinha do pastor Antônio — a cantora principal da igreja. O garoto acariciava o corpo da moça sem pudor algum, beijando-a de tal forma que parecia que queria engolir sua boca.

— Juuu! — disse Helena, pasma. — Que cara de pau!

Juliana, desiludida e furiosa, deu meia volta com passos rápidos. Seus olhos faiscavam de raiva!

— Ju, você não estava apertada?

— Não quero ter de passar por aquele pretensioso. Helena, você me acompanha até o outro banheiro?

Helena e Juliana entraram no templo e subiram as escadas, rumo ao banheiro feminino do segundo andar, onde ficavam as salas de aula da Escola Dominical.

Ao saírem da igreja, dez minutos depois, quase toparam com Bartolomeu, que sorriu inocentemente para elas.

— Bartolomeu! — chamou Juliana energicamente, quando o moço entrava no templo.

— Sim? — disse ele, com uma carinha de santo, como se nada de mais tivesse acontecido.

— Não podemos mais ter nenhum tipo de relacionamento juntos.

— Mas por quê? — Bartolomeu pareceu imensamente chocado.

— Por que eu tinha me esquecido que já estava comprometida com uma pessoa muito, mas muito melhor que você!

Helena e Juliana viraram as costas para um atônito Bartolomeu, e impacientes entraram no carro de Beatriz.

Dentro do carro, Helena olhava desconfiada para Juliana, imaginando por qual razão a amiga teria escondido um segredo dela.

Depois que Beatriz já estava na estrada, Helena resolveu quebrar o silêncio que reinava dentro do veículo:

— Por acaso eu posso saber com quem você está comprometida, dona Ju? — perguntou Helena, em tom de acusação.

Juliana olhou para ela e fez uma cara do tipo: "Eu não acredito que você está desconfiando de mim!" Cruzou os braços, empinou o nariz e disse:

— Com Jesus, é claro!

Já eram 2 horas da madrugada de segunda-feira. Deitada em sua cama, Helena conversava com Juliana, que estava acomodada na bicama. Já tinham apagado a luz e haviam ensaiado dormir umas quatro vezes, mas sempre surgia um assunto novo para discutirem e que as mantinha acordadas por mais tempo.

— Como a Ayanna estava linda vestida de noiva! — disse Juliana. — Quando eu me casar, quero um vestido igual ao dela.

— A rainha de Sabá devia ser parecida com Ayanna, não acha? — disse Helena.

Juliana concordou com a amiga.

— Helena, e se nós tentássemos não "ficar" com ninguém até conhecermos um garoto especial, fiel a Jesus? — disse Juliana, com um pingo de amargura na voz. — Poderíamos também tentar não cometer os erros que as pessoas das entrevistas cometeram.

— Eu concordo. Lembro-me que a professora Denise contou certa vez, na Escola Dominical, que seu primeiro beijo foi com o esposo e que ela jamais se arrependeu de ter se guardado para ele — disse Helena.

— Que raiva daquele Bartolomeu! — exclamou Juliana. Como a luz estava apagada, Helena não viu as lágrimas ressentidas que brotaram dos olhos da amiga. — E eu quase caí na conversa dele!

— Calma, Ju! Foi Deus quem te protegeu! Mamãe sempre diz que muitas vezes uma situação que a nós parece ruim é na verdade uma bênção!

— Helena, o que você quer ser quando crescer? — interrogou Juliana, tentando trocar de assunto, pois estava muito magoada para continuar falando de Bartolomeu.

— Mudei meus planos. Não quero mais ser veterinária como era meu sonho quando criança. Gostaria de fazer algo onde eu pudesse expressar meus sentimentos e pensamentos através da escrita.

— Tipo uma escritora? — perguntou Juliana.

— Acho que sim. E você, ainda quer ser comissária de bordo?

— Não — respondeu Juliana. — Você sabe que inglês é a matéria que eu mais gosto na escola. Queria ser tradutora ou intérprete, poder viajar para diversos países e conhecer a cultura de cada um deles. Imagina a vida emocionante que eu teria!

— Então é o que vamos ser: eu escritora e você tradutora! — afirmou Helena com convicção. — Papai sempre diz que se levarmos os estudos a sério, poderemos ter a profissão que desejarmos.

Lorenzo levantou-se, sobressaltado. Tivera um sonho estranho, onde Giúlia apontava o dedo para ele e o acusava de alguma coisa, porém ele não conseguia lembrar-se do que ela lhe dissera.

Lorenzo calçou seus chinelos e dirigiu-se até a cozinha, a fim de tomar um copo de água. Ao regressar, automaticamente passou no quarto de Juliana para conferir se ela dormia tranquilamente (como sempre fazia desde que ela nascera). Somente ao avistar a caminha estendida e vazia, recordou que a filha se encontrava na casa da amiga.

Foi até seu pequeno escritório com a intenção de conversar um pouco com Deus, mas ao lembrar-se do envelope onde estavam os 20 mil reais (que recebera como indenização pela sua aposentadoria "roubada"), não resistiu ao desejo de sentir o dinheirinho tão merecido em suas mãos.

Ele havia retirado quase todo o dinheiro do banco, pois pretendia pagar a reforma da casa, do carro e o curso de inglês de Juliana à vista, pois assim conseguiria um bom desconto. Só no curso de Juliana lhe dariam um desconto de 15% sobre o valor total. E para a faculdade da menina, já havia decidido guardar tudo o que recebera do fundo de garantia da sua aposentadoria.

Puxou a gaveta, pegou o envelope, mas percebeu que estava muito leve. Naquele momento, um mau pressentimento tomou conta de Lorenzo. Abriu-o, mas em vez do dinheiro, dentro do envelope só havia alguns papéis irrelevantes e uma carta, que com uma caligrafia ruim e muitos erros de ortografia, assim dizia:

Pai, eu nunca consegui ser o filho que você queria que eu fosse, e para falar a verdade, eu nunca quis ser!

Depois que mamãe faleceu, eu jamais fui feliz nesta casa e não considero você ou a Juliana como parte da minha família; muito pelo contrário, eu os culpo. Culpo você por ter colocado na minha mãe uma semente maligna, de morte, e culpo Juliana por estar viva, e minha mãe morta.

Não quero mais saber do teu Jesus, das tuas regras e dos teus sermões maçantes. Não preciso disso! Quem disse que só você é o possuidor da verdade? E saiba que todas as vezes que eu fui à tua igreja, foi com a única intenção de pegar as garotas!

Estou indo para bem longe de São Paulo. Já tenho um emprego garantido como fotógrafo, onde vou ganhar muito dinheiro, e não quero que você me procure. Não vou voltar!

Ah, peguei tua grana, que estava dando sopa na gaveta da tua escrivaninha. Viu? Eu sempre o avisei dos perigos de tentar fugir dos avanços da tecnologia! Se teu dinheiro estivesse no banco e você fosse menos sovina (sempre com essa mania de italiano de pagar tudo à vista e em dinheiro para conseguir desconto!) isso não teria acontecido. Vou utilizar tua grana para começar meu próprio negócio e dar uma alavancada na minha nova vida.

Pense por esse lado: a grana que eu peguei vai servir para benefício do meu futuro, ou seja, uma boa causa, não é mesmo? Presentear-me com esse dinheiro era o mínimo que você poderia ter feito por mim. Afinal, eu sempre fui deixado de lado nessa família, sempre fui o mais criticado, ridicularizado... Eu sei que tu vai guardar um bom dinheiro para a faculdade da Juliana. E para mim? Nada, como sempre!

É isso, pai (o maior elogio que posso te dar é chamá-lo de pai, pense nisso!), vou tocar minha vida, sem ninguém enchendo a minha paciência!

Sua criatura,
Rafael Mascagni Stacciarini.

Lorenzo caiu sentado na poltrona, tentando acreditar que ainda estava dormindo e que aquilo tudo fazia parte de um terrível pesadelo.

3

Capítulo

Já eram os últimos dias de fevereiro, e o verão estava no auge do seu calor. Na sala de aula da Escola Bíblica Dominical, nem mesmo quatro ventiladores conseguiam dar conta de refrescar os inquietos alunos, que não estavam muito a fim de prestar atenção no que a professora Denise dizia. Seus assuntos e interesses naquela manhã giravam em torno das aulas que começariam no dia seguinte.

A dedicada professorinha, que se esforçava para explicar-lhes sobre a criação, era ouvida por uns poucos interessados, dentre eles, Helena e Juliana.

— Meninos e meninas — disse a professora antes de fazer a oração final — tenho uma tarefa para vocês fazerem em casa a respeito do que aprendemos hoje.

Alguns alunos resmungaram, mas Denise ignorou-os e continuou:

— Quero que cada um de vocês escreva um texto sobre a criação. Quero que usem sua imaginação e criatividade, e me descrevam com suas próprias palavras como pensam que aconteceu quando Deus criou tudo o que existe. Vocês podem me entregar esse trabalho em forma de redação, poesia ou até mesmo um conto.

Duas semanas depois...

Em mais um domingo, quando faltavam alguns minutos para começar a Escola Dominical, Denise pediu para falar a sós com Helena. Juliana, ignorando o "a sós", acompanhou a amiga.

— Helena, de onde você tirou aquela poesia? — questionou a professora Denise, referindo-se à tarefa de casa que Helena havia lhe entregado no domingo anterior aquele.

— De lugar nenhum, professora. Eu mesma fiz, com minhas palavras e minha imaginação, como você pediu!

— Você não está mentindo para mim? — Denise lançou um olhar desconfiado para Helena, não querendo acreditar que a menina pueril a sua frente fosse capaz de escrever algo tão profundo.

— Não! — exclamou Helena, que era ingênua demais para ficar ofendida. — Por quê? Tem alguma coisa errada?

— Não, não... Fora o fato de existirem pequenas incoerências...

— Professora, a poesia é mesmo da autoria de Helena. Eu a acompanhei fazendo! — disse Juliana, que presenciara a criação do texto e sabia que a amiga era excelente em redação, sendo a aluna destaque nas matérias de português e literatura da escola em que estudavam.

— Helena, querida, se foi você mesma quem criou essa poesia, você tem um lindo dom para a escrita!

— Obrigada! — disse Helena sorrindo, feliz com o elogio.

No decorrer daquela aula, Denise leu os melhores textos de seus alunos, inclusive a poesia de Helena, que dizia:

OBRA-PRIMA

Silêncio!
O Artista está criando!
Ele vem com aquelas mãos mágicas
Transformando o vazio em algo fantástico
Dando forma e vida a algo incógnito.
Compenetrado na sua melhor obra
Ele se detém nos mínimos detalhes
Pois quer que tudo saia perfeito.
Silêncio...
O Artista ainda está criando.
Com rápidas pinceladas ele dá forma

Aos elementos e aos seres vivos
Ele pinta com vários matizes
Os peixes, as aves, os animais e as flores
A cada pincelada algo novo aparece.
Naquele panorama puro e perfeito
No céu muito azul
Surge um gigantesco astro iluminado
Para trazer calor e luz às criaturas.
E o Artista continua criando
Da terra surgem lindas flores e árvores
Que completam aquele cenário encantador.
Agora o Artista percebe
Que falta algo para finalizar
A sua obra grandiosa, e estrategicamente
Coloca o ser humano para usufruir
De todas aquelas delícias.
O silêncio do momento explica
O deslumbramento do Artista
Diante da obra mais bela
Que jamais havia feito.
Um cenário esplêndido se formou
E em silêncio o Artista
Contempla tudo embevecido.
Finalmente está pronta a sua obra-prima
E o Criador do universo sorri,
Satisfeito.

Apesar de terem gostado da poesia, a maior parte da turma também não acreditou muito que fora a espevitada Helena quem a havia feito.

O sonho que Lorenzo nutrira durante tantos anos (enquanto dirigia um ônibus pelas ruas e avenidas de São Paulo) de passar mais tempo com a filha quando se aposentasse não se concretizou; Juliana continuava vivendo mais na casa de Helena do que na sua própria. Ele insistira algumas vezes para que as duas permanecessem em sua casa, pois agora que estava aposentado tinha condições de supervisioná-las (e Rafael estando bem longe, não havia nenhum perigo). Mas isso raramente acontecia. Se elas tinham a opção de brincar no enorme e arborizado pátio da casa de Helena, que além de uma convidativa piscina e quadra esportiva tinha também um *play ground* (e uma empregada que fazia todas as suas vontades), por que iriam querer brincar naquele pátio sem graça, que não passava de uma ínfima trilha ao redor do cubículo que Lorenzo chamava de casa? E além do mais, as duas eram como irmãs, faziam tudo juntas e estudavam na mesma turma desde o pré-escolar. Ele tinha de admitir que Helena era a única amiga sincera que Juliana possuía. Pensando no que seria o melhor para sua filha, simplesmente aceitou o fato.

Lorenzo não teve mais notícias de Rafael desde que ele saíra de casa, e devido à terrível depressão que o acometera, passava praticamente todo o tempo livre no seu escritório, na presença de Deus. De certa forma, a luta com o filho o aproximara mais do Senhor.

No entanto, algumas coisas estranhas vinham acontecendo com Lorenzo nos últimos dias. Quando estava orando, certas vezes surgia em sua mente a lembrança de alguma pessoa; um vizinho, um irmão da igreja, o nome de um artista afamado da televisão ou até mesmo o nome de alguém que não conhecia, e ele sentia um impulso muito forte de interceder a seu favor. Em outras ocasiões, enquanto lia o jornal, sentia o mesmo impulso de orar pelo indivíduo relatado na reportagem da sua leitura. Não sabia distinguir se aquilo vinha de Deus ou se estava enlouquecendo, e sendo ele uma pessoa extremamente fechada, não se sentia à vontade em compartilhar suas experiências espirituais (ou mentais), ainda que fosse com o pastor Antônio ou mesmo com Jader.

O estranho é que, ao orar por aquelas pessoas, era como se ele pudesse sentir a necessidade que tinham de Deus ou mesmo a sua dor! Lorenzo começou a interceder com sofrimento e amor profundo por todo indivíduo que conhecia, pelos missionários ao redor do mundo, pelos líderes mundiais e também pela paz em Israel. Passava diariamente cerca de cinco horas diante de Deus, e a cada dia o seu espírito pedia mais.

As muitas horas de oração o mantinham ocupado. Além de Juliana, que ainda dependia dele, sua vida não tinha mais nenhum propósito. Então, se humildemente pudesse ajudar alguém espiritualmente (mesmo que essa pessoa não ficasse sabendo), não estaria sendo um velho inútil (como passou a sentir-se desde o dia em que não fora mais para o trabalho).

Porque Ele vive, posso crer no amanhã, porque Ele vive temor não há... Mas eu bem sei, eu sei que minha vida, está nas mãos de meu Jesus, que vivo está![1]— Belinha cantarolava.

Já eram 8 horas de uma alegre manhã de quinta-feira. Enquanto preparava um lanche para Helena e Juliana, que jogavam vôlei no quintal, Belinha cantava desafinadamente uma canção que aprendera na igreja e que não saía mais de seus lábios, de tanto que havia gostado.

Jader estava viajando a trabalho havia mais de duas semanas. Sempre que o marido se ausentava, Beatriz tinha o hábito de envolver-se inteiramente em alguma obra social, passando a maior parte do tempo fora de casa. Nesses períodos, ficava para Belinha a responsabilidade de cuidar de Helena, incentivá-la a fazer o dever de casa e mandá-la para a escola.

Juliana havia dormido na casa da amiga (pela terceira vez naquela semana) e quando isso ocorria, as meninas acordavam o mais cedo que conseguiam para poderem aproveitar melhor a manhã, pois à tarde tinham que ir à escola, e a noite, quando não tinha culto na igreja, Belinha exigia que fizessem o dever de casa e estudassem.

Em um lance do jogo, Helena arremessou a bola com muita força. Juliana, que era bem mais baixa que a amiga, não conseguiu pegá-la a tempo. A bola passou por cima do enorme portão de grades e caiu do outro lado da rua.

Uma velhinha que passava pela estrada, extremamente magra e maltrapilha, largou o cabo do carrinho que estava a empurrar (apinhado de garrafas plásticas, latinhas de metal e outras quinquilharias), pegou a bola que parara próximo aos seus pés e, muito desengonçada, atirou-a de volta para as meninas.

— Obrigada — disse Helena, sem conseguir tirar os olhos da estranha e triste figura. Helena e Juliana ficaram em frente ao portão, observando em silêncio através do gradeado aquela pobre velhinha, que empurrava com dificuldade seu pesado carrinho. Depois de ter caminhado alguns metros, a velhinha parou em frente a uma enorme goiabeira e ergueu o braço, tentando pegar uma goiaba amarela e suculenta que pendia de um dos galhos mais baixos. Todavia, por mais esforço que fizesse, não conseguiu alcançar a desejada fruta. Conformada com a má sorte que parecia tê-la acompanhado por toda a sua vida, curvou a cabeça e seguiu caminhando.

---

[1] "Porque Ele vive", versão em português de *Because He lives*, composição de Gloria Gaither e William J. Gaither (Hino 545 da Harpa Cristã).

— Pobre velhinha, Ju!

— Ela deve estar com fome! — proferiu Juliana.

As meninas continuaram no portão, comentando sobre como a vida era injusta para alguns, e observando a miserável senhora vasculhar os recipientes de lixo das belas casas que havia naquele bairro, à procura de qualquer coisa que pudesse lhe ser útil.

Helena lembrou-se de já ter visto aquela senhora passar em frente a sua casa outras vezes, mais ou menos no mesmo horário, porém, nunca havia prestado muita atenção. Combinou com Juliana que no dia seguinte esperariam a velhinha passar e dariam alguma coisa para ela comer.

Sentada no chão da calçada em frente à casa de Helena, a velhinha devorava com satisfação o enorme sanduíche de peito de peru com queijo que Helena lhe alcançara pela grade do portão, juntamente com um copo de refrigerante gelado. A velhinha fechou os olhos, saboreando cada gole daquela bebida doce e refrescante, como se fosse a coisa mais deliciosa que já havia experimentado. Olhando a senhora se alimentar, Helena e Juliana sorriam, admiradas com tamanho apetite.

— Qual é o seu nome? — perguntou Juliana.

— Vânia — disse a enrugada senhora de cabelos brancos emaranhados, presos desleixadamente em um rabo de cavalo.

— Quantos anos você tem? — quis saber Helena.

— Setenta e cinco — respondeu a mulher, que já estava com o seu sanduíche quase pela metade.

Helena e Juliana olharam-se, e souberam na hora que haviam pensado a mesma coisa: *Só setenta e cinco? Essa velhinha enrugada e magrela parece ter mais de 100 anos!*

— E por que você ainda trabalha? — perguntou Juliana. — Eu pensava que com essa idade as pessoas já fossem aposentadas!

— Eu sou aposentada — disse a velhinha, com uma voz mansa e estremecida. — Mas minha aposentadoria não é suficiente para sustentar meus filhos e netos.

— Que idade têm seus filhos? — questionou Juliana, calculando que eles já deveriam ser bem grandinhos para ainda serem sustentados pela mãe.

— Não importa — disse a velinha, enquanto engolia o último pedaço do sanduíche. — Meus quatro filhos homens são viciados em crack e não conseguem parar em nenhum emprego. Minhas filhas são “da vida” e tenho oito netos que precisam de mim.

A vovozinha agradeceu o lanche e partiu, empurrando seu carrinho de bugigangas, que de tão pesado já estava deixando-a com uma corcunda saliente nas costas cansadas.

Os dias se passaram e Helena continuou oferecendo um lanche para a velhinha Vânia todas as manhãs. Belinha, mesmo com suas tarefas dentro de casa, jamais tirava os olhos de Helena e estava ciente do que ela estava fazendo. De manhazinha, quando Helena lhe pedia para preparar um lanche, mesmo já tendo feito o desjejum, Belinha preparava sem questionar. Sabia que o lanche era para a velhinha pobre, e ficava imensamente feliz por sua menininha ter um coração tão bondoso.

Naquela manhã de segunda-feira, Helena aguardava sozinha a velhinha Vânia passar com o seu carrinho, cujas tralhas ajuntadas por ela eram vendidas por uma ninharia ao homem do ferro-velho, que morava na rua de baixo. Juliana avisara Helena que dormiria em casa naquela semana, pois temia que o pai adoecesse se continuasse passando tanto tempo sozinho.

Ao avistar a velhinha se aproximando com o carrinho, Helena sorriu. Torceu para que sua mãe (que não planejara sair de casa naquele dia) não saísse para o pátio até Vânia ter se alimentado, pois sabia que ela lhe daria um sermão caso a visse falando com uma pessoa estranha.

Enquanto a velhinha comia, Helena respirou fundo, tentando ganhar coragem para fazer o que havia planejado nos últimos dias.

— Dona Vânia... — disse Helena, orando em pensamento para que Deus lhe desse as palavras certas. — Você conhece Jesus?

A velhinha parou de comer e olhou para ela, porém, sem dizer nenhuma palavra.

— Você está salva? Sabe para onde irá a sua alma depois que você morrer?

Pela primeira vez Helena viu a velhinha rir.

— Minha filha, eu vivi um inferno aqui na terra, do instante em que eu nasci até o dia de hoje. E você acha que depois que eu morrer ainda vou queimar no lago de fogo?

— Se você não entregou sua vida a Jesus, não serve a Ele e o seu nome não está escrito no livro da vida... Sim. Eu acredito que mesmo com todo o sofrimento que você passou aqui na terra, infelizmente a sua alma padecerá também no inferno, por toda a eternidade.

De tão assustada que estava com a franqueza da menina, a mulher parou de comer. Limitou-se a segurar o que restara do seu sanduíche, olhando para baixo pensativa.

— Dona Vânia — continuou Helena —, você está pronta para se encontrar com Deus?

— Quando eu era criança, minha mãe, antes de falecer, me levava à Escola Dominical junto com meus irmãos.

Helena aproveitou a nostalgia daquele pequeno momento de recordação para proferir tudo o que fervilhava em sua mente. Falou-lhe a respeito do plano da salvação da forma que entendia, mas com uma sabedoria que ultrapassava a sua capacidade natural. Era como se alguém a estivesse dirigindo sobre as palavras que deveria dizer.

Alguns minutos depois, a velhinha estava chorando e afirmando que Helena tinha razão, que tudo o que lhe dissera era verdade e que ela precisava de Deus mais do que qualquer outra coisa no mundo. Helena fez uma oração com ela e disse-lhe que tinha que frequentar uma igreja.

— Você acha que vão me aceitar desse jeito? — perguntou a velhinha, olhando com desdém para as próprias roupas, sujas e esfarrapadas.

— Não interessa o que as pessoas pensem. O que importa é que Jesus a aceita! — exclamou Helena. — E eu vou pedir para meus pais ajudarem você e sua família.

A velhinha agradeceu e disse que iria à igreja no culto daquela noite. Já tinha se levantado para ir embora e começado a empurrar seu carrinho, quando uma roda se soltou, fazendo com que o carrinho enveredasse para o lado, espalhando diversas sucatas pela rua. Com muito esforço a velhinha tentou encaixar a roda que se soltara, sem obter sucesso. Tentou empurrar o carrinho mesmo sem uma roda, mas seu corpo franzino não conseguiu suportar todo aquele peso.

Com o coração na mão e morrendo de pena, Helena entrou correndo dentro de casa e pegou da estante da sala o controle remoto que abria o portão eletrônico. Não viu Belinha, e sua mãe devia estar lendo um livro no quarto, como costumava fazer nas manhãs em que não tinha nenhum compromisso.

Helena acionou o controle remoto e o imenso portão começou a se erguer. Saiu do pátio e prontamente ajoelhou-se na rua, tentando ajudar a velhinha a colocar a roda no lugar. Já estava quase conseguindo encaixá-la no eixo enferrujado, quando um automóvel Corsa Sedan estacionou em frente a sua casa.

Helena levou um susto quando viu seu pai sair abruptamente de dentro do carro, fulminando-a com o olhar.

— Helena, já para dentro — exclamou Jader, com o rosto vermelho.

— Pai, ela precisa de ajuda!

— Para dentro, eu disse! — gritou Jader, apontando ameaçadoramente para a entrada.

— Mas pai...

— Você está desacatando as minhas ordens, mocinha? — Jader se dirigiu até ela e a agarrou pelo braço, puxando-a com força.

— Pai, você está me machucando!

Jader ignorou as súplicas da filha e levou-a para dentro de casa, enquanto o portão era fechado.

Sem entender o que estava acontecendo — e com medo de ganhar uma bronca daquele homem bravo, a velhinha deixou seu carrinho ali mesmo e foi caminhando o mais rápido que podia rumo ao seu casebre (que ficava três ruas depois daquela, em um bairro onde residiam pessoas extremamente necessitadas).

— Helena... Quantas vezes eu te avisei para jamais falar com estranhos e JAMAIS sair do pátio? — vociferou Jader.

Helena não respondeu. Apenas olhava para baixo e chorava, soluçando profundamente.

— Olhe para mim quando eu falo com você! — disse Jader, irritado de uma forma que Helena nunca tinha visto antes. — E se aquela mulher fosse uma raptora de crianças ou uma assassina? Você sabe o perigo que estava correndo? E onde é que estão as mulheres irresponsáveis dessa casa? — exclamou Jader olhando em volta, à procura de Beatriz e Belinha.

Helena desvencilhou-se do pai, e, ainda chorando, subiu correndo as escadarias em direção ao seu quarto. Bateu a porta com força atrás de si e trancou-a.

Ao ouvir aquela barulheira, Beatriz desceu para ver o que estava acontecendo e deparou-se com o marido, extremamente transtornado.

Belinha, na cozinha, vendo que também sobraria bronca para ela por ter conhecimento de que Helena estava ajudando uma estranha, sem ter tomado nenhuma providência a respeito, dirigiu-se de mansinho ao seu quarto, orando para que tudo se resolvesse logo.

— O que é isso, homem? — exclamou Beatriz, assustada.

— Você não tem mais responsabilidade com sua filha?

Jader estava quase chorando. Ele e Beatriz não se viam há mais de um mês, e Beatriz sabia que alguma coisa grave deveria ter acontecido durante a viagem, pois aquela não era a atitude normal do seu marido.

Sentaram no sofá em silêncio. Depois que se acalmou, Jader contou à esposa que a filha adolescente de um dos seus operários havia sido raptada de dentro do quintal da própria casa, dois dias antes, enquanto eles estavam viajando.

— E o que aconteceu? — perguntou Beatriz apreensiva, imaginando a angústia que a mãe da menina deveria estar sentindo. — Tiveram alguma notícia? Já a encontraram?

— Agora há pouco, quando eu voltava para casa, um colega me ligou comunicando que a polícia encontrou o corpo da menina, atirado em um terreno baldio, com marcas de estrangulamento e contusões terríveis da cabeça aos pés.

— Meu Senhor! — exclamou Beatriz chocada, colocando as mãos no rosto.

Entendendo agora a reação que Jader tivera ao ver a filha exposta a uma possível situação de perigo, Beatriz abraçou seu assustado marido, que tremia.

— Amor... Vai lá falar com ela!

— Não. Não tenho nada que me desculpar. Ela estava errada e ponto final! — respondeu Jader decidido.

Vendo que o marido não iria ceder, Beatriz tomou para si a árdua missão de dialogar com a filha emburrada.

— Heleninha, é a mamãe. Abre a porta!

— Não quero falar com ninguém — disse uma voz abafada dentro do quarto.

— Filha, seu pai não está aqui. Abre a porta para conversarmos!

Alguns minutos depois, Helena destrancou a porta e espiou por uma fresta, olhando de um lado a outro para garantir se seu pai não estava por perto. Deixou a mãe entrar e trancou a porta novamente.

Sentada na cama, Helena olhava para baixo, agarrada em seu travesseiro. Beatriz sentou-se ao lado da filha e acariciou seu rosto delicado, cujos belos olhinhos se encontravam inchados e vermelhos.

Depois de alguns segundos de silêncio, Beatriz deu início à conversa:

— Meu bem, seu pai não fez aquilo por maldade.

— Não quero saber. Eu o odeio! — proferiu Helena com raiva, enquanto lágrimas quentes escorriam de seus olhos.

— Não diga isso, filha... Seu pai a ama! E muito mais do que você imagina. — Beatriz sabia que Helena havia dito aquilo da boca para fora, movida pela mágoa do momento.

Beatriz contou a Helena o acontecimento que havia deixado Jader tão abalado. Helena ficou pensativa, mas não mudou de atitude. Mais um longo silêncio se fez, até que Helena resolveu se pronunciar:

— Mãe, me diz o que aquela velhinha, que mal conseguia se aguentar nas próprias pernas, poderia fazer de ruim para mim?

— Filha, você sempre foi uma menina muito ingênua para a sua idade. Porém já está mais do que na hora de começar a aprender que não podemos confiar em qualquer um que cruzar nosso caminho!

— Ao contrário de outras pessoas, que poderiam prestar auxílio e não fazem nada, eu queria muito ajudá-la!

— Helena, você não tem o direito de insinuar que não ajudamos as pessoas. Quem sustenta o Eduardo na Somália é o seu pai! E você acha que eu só jogo conversa fora com as mulheres do clube beneficente, enquanto tomamos chá com biscoitos? Filha, nós arrecadamos alimentos e roupas para muitas pessoas carentes!

— Então, por que vocês não ajudam a Vânia também?

— Sobre essa velhinha com quem você andou dialogando... Nós já havíamos entregado ranchos e roupas na sua casa durante algum tempo. No entanto, descobrimos que seus filhos vendiam tudo para comprar drogas.

— Mas ela não tem culpa!

— Filha, eu sei... Mas não dá para ajudar todas as pessoas pobres que encontrarmos! Você acha que vai fazer alguma diferença ajudar apenas uma pessoa, enquanto que mais de um bilhão passa fome no mundo?

— Se aquela única pessoa ajudada fosse você, será que faria alguma diferença? — inquiriu Helena, enquanto olhava nos olhos da mãe, que parecia espantada com a pergunta. Não esperando uma resposta, Helena continuou: — Ao menos para você, tenho certeza que faria!

Chocada, Beatriz não conseguiu encontrar argumentos para contrariar aquela afirmação, nem para repreender a filha por seu desrespeito.

Helena ficou alguns dias sem falar com o pai, mas como sempre foram muito apegados um ao outro, acabaram se entendendo. Jader prometeu ajudar dona Vânia, contanto que a arte cometida por Helena não se repetisse. Vânia tinha ido duas vezes à igreja naquela semana e já havia comunicado ao pastor Antônio que gostaria de descer as águas no próximo batismo.

Jader estava planejando a melhor maneira de ajudar a vovozinha "adotada" pela filha, pois sabia que qualquer coisa que entregasse na casa dela, seus filhos trocariam por drogas. Durante esse tempo, Vânia continuou recolhendo sucatas com o seu velho carrinho. Porém, Jader instruiu Belinha a esperá-la todas as manhãs com uma refeição bem reforçada, pois ficara sabendo que em casa ela praticamente não se alimentava; seus filhos tratavam-na como um lixo e só permitiam que Vânia morasse naquele casebre porque dependiam do seu parco dinheirinho. Em um desses dias, Helena quis acompanhar Belinha e entregou para Vânia uma poesia (que lhe disse ter feito especialmente para ela).

— Você sabe ler? — perguntou Helena.

— Sim — respondeu a velhinha, demonstrando curiosidade ao olhar para a folha de caderno que estava em suas mãos. — Eu estudei até a quarta série do ensino primário. Pelo menos ler e escrever eu aprendi!

Os olhos de Vânia percorriam vagarosamente as linhas daquele papel, quando de repente começou a fungar e emocionar-se, ao meditar na poesia que Helena lhe entregara:

POBRE E RICA

Sou pobrezinha
Pois sou pequena e indefesa
Não tenho quem me proteja
Dos perigos deste mundo.
Sou pobrezinha
Pois sou desprezada
E as pessoas me pisam
Como se não fosse nada.
Sou pobrezinha
Pois não almejo grandes coisas
Não alimento grandes sonhos
Mas sei que o pouco me fará feliz.
Sou pobrezinha
Pois muitas vezes fico triste
Por não ter quem me compreenda
Nem tampouco me respeite.

Sou pobrezinha
Apenas na aparência
Mas interiormente sou muito rica
Pois tenho um Deus que cuida de mim
E o amor de Jesus que me faz feliz.

— Pai... Vá até a casa dela verificar o que aconteceu... — Helena insistia, com uma voz melosa e cantada, tentando assim convencer Jader a fazer a sua vontade. Já fazia dois dias que a velhinha Vânia não passava em frente à residência da família de Jader, e Helena desconfiava que ela pudesse estar doente.

— Tudo bem... Eu vou! — exclamou Jader dando-se por vencido, pois não aguentava mais a filha azucrinando nos seus ouvidos a todo momento.

Trocou de roupa, colocou a vestimenta mais simples que possuía e avisou Beatriz que faria uma visita à "protegida" da filha. Antes de sair, porém, fez uma oração entregando sua vida nas mãos de Deus. Estava ciente dos riscos que correria no bairro onde Vânia morava, famoso nas redondezas por abrigar traficantes, assaltantes e pessoas de caráter questionável.

Jader já tinha passado de carro por aquele lugar algumas vezes, mas agora, prestando uma maior atenção (pelo fato de estar locomovendo-se a pé), surpreendeu-se com o alto nível de pobreza daquelas favelas horrendas, tão próximas do seu bairro, nobre e civilizado. Um vento forte passou por ele, impregnado de um odor fétido, insuportável de respirar. Jader tossiu, sentindo-se intoxicado, e olhou a sua volta, cobrindo instintivamente o nariz e a boca com a mão. Mais adiante descobriu a origem do mau cheiro: um valão a céu aberto, denunciando que aquelas pessoas provavelmente não usufruíam nem ao menos de um sistema de saneamento básico.

Jader avistou uma mulher estendendo roupas em frente a um casebre humilde, todavia bem cuidado, mostrando que a dona daquela casa, apesar de financeiramente incapacitada, era dada ao capricho.

— Com licença... — disse Jader timidamente. — A senhora poderia me informar onde fica a residência da dona Vânia, uma vovozinha que costuma recolher... — Jader ia dizer "lixo", mas procurou em seu vocabulário um termo menos grosseiro — materiais recicláveis pelas ruas com um carrinho todas as manhãs?

A mulher olhou desconfiada de alto a baixo para Jader, e com uma cara fechada apontou para o outro lado da rua, sem dizer nenhuma palavra.

Jader agradeceu a informação e parou em frente à suposta residência da velhinha que estava lhe dando tanto trabalho. O pátio imundo abrigava uma casinha de madeira quase caindo aos pedaços, cercada por um matagal que certamente era refúgio de uma infinidade de animais peçonhentos. Jader ouviu o barulho de criança chorando dentro do barraco e de um homem gritando com uma mulher, que parecia suplicar-lhe qualquer coisa. Dois vira-latas magrelos e sarnentos caminharam até ele, mas limitaram-se a cheirá-lo. Jader enxotou-os, e ao fazê-lo, percebeu que uma criança desnutrida e maltrapilha, com uma barriga enorme e o nariz escorrendo, observava-o em frente à porta que estava entreaberta. Jader pôde ver que havia uma televisão ligada dentro da casa, e lembrou-se do que Beatriz lhe falara certa vez, ao voltar de um serviço comunitário em um vilarejo muito necessitado, que por mais pobres e miseráveis que fossem as famílias, todas possuíam ao menos uma televisão em suas moradias.

— Menino — disse Jader —, você conhece a dona Vânia, uma velhinha que trabalha recolhendo sucatas por aí?

— Ela é a minha avó — disse o garoto, que parecia ter uns 7 anos.

— Você pode chamá-la para mim?

— Não dá.

— Por que não?

— Anteontem ela não levantou para trabalhar, e meu tio foi olhar e ela estava morta no sofá.

— Senhor — disse uma voz delicada. Jader virou o rosto em direção àquela voz e avistou uma simpática jovem que olhava para ele, parada próxima a cerca do pátio ao lado. — Desculpe a intromissão, mas não pude deixar de ouvir sua conversa com o garoto. O senhor está querendo saber notícias da dona Vânia, estou certa?

— Sim — respondeu Jader, surpreso com o interesse da mocinha.

— Ela faleceu há dois dias. Seu filho mais novo encontrou-a já morta no sofá. Como sua morte não fez nenhuma diferença para seus filhos, minha mãe e alguns vizinhos se reuniram e organizaram um enterro decente para ela.

— Moça, para falar a verdade eu mal a conhecia, ela era amiga da minha filha. Mas se não for pedir muito, você poderia me falar um pouco sobre ela?

— Claro! Eu a conhecia desde criança. Lembro-me que sempre que meu pai bebia e batia em mim e na minha mãe, a dona Vânia me levava para caminhar com ela e conversava comigo até a dor passar. Ela era a avó que eu gostaria de ter tido, mas seus filhos não a valorizavam. Até mesmo batiam nela quando estavam drogados.

Jader agradeceu a mocinha e saiu dali a passos largos. Sentia-se enojado, ansioso para chegar logo em casa. Lembrou-se de Eduardo e imaginou que a realidade financeira daquelas pessoas não deveria ser muito diferente da vivida por seu filho na Somália.

Enquanto voltava para casa, agradeceu a Deus por Eduardo e Ayanna estarem bem. Eles haviam mandado notícias dizendo que, apesar da intensa resistência inicial ao evangelho, o coração do povo estava abrandando e já haviam ocorrido algumas conversões a Cristo.

Ao receber a notícia da morte de dona Vânia, Helena não chorou, nem ao menos ficou triste. Sabia que finalmente a vovozinha tinha recebido o seu merecido descanso; estava a salvo e bem cuidada na casa do Pai.

Enquanto jantavam em silêncio naquela noite, Helena entregou uma cartinha ao pai e disse-lhe que havia feito especialmente para ele durante o tempo em que ficaram sem se falar. Jader imaginou que fosse mais uma das muitas cartinhas de amor que Helena costumava lhe presentear, desde o dia em que aprendera a escrever. Guardou-a no bolso da camisa para ler com calma em seu quarto mais tarde.

Algumas horas depois do jantar, Jader encontrava-se na sala de estar, assistindo ao vídeo de um congresso evangelístico em outro Estado. Ele era o único que ainda estava acordado naquela casa, mas o sono já começava a abater-lhe.

Jader subiu até seu quarto e viu que Beatriz dormia profundamente, toda encolhida na cama. Retirou um edredom de dentro do roupeiro e cobriu a esposa. Ao trocar de roupa, lembrou-se da cartinha que Helena lhe entregara durante o jantar, e ao abri-la, encontrou a poesia que a filha havia dito que fizera "especialmente para ele":

VEJO

Vejo o sol a despontar no horizonte
E sinto-me feliz
Olho os pássaros aninhando-se sobre as árvores
E sinto-me feliz
Contemplo o verde da floresta nativa
E sinto-me feliz.
Observo as crianças brincando despreocupadamente
E sinto-me feliz.
Olho para o prato repleto sobre a mesa
E vejo como sou feliz.
Vejo o amor preenchendo o meu coração
E sinto-me feliz.
Vejo que a roupa quentinha agasalha o meu corpo no inverno
(Muitos não têm)
E sinto-me feliz.
Vejo a paz invadindo o meu coração
Quando muitos não a alcançam
Porque não sabem onde procurar
E sinto-me feliz.
Sinto o ar puro transitando pelos meus pulmões saudáveis
E lembro-me que há tantos doentes sofrendo
Com dificuldades em respirar normalmente
E sinto-me feliz.
Vejo com prazer a minha imagem perfeita refletida no espelho
E sei que outros deixaram a feiura do seu interior
Transparecer no seu exterior
E sinto-me feliz.
Vejo-me a cantar alegremente uma canção
Enquanto há muitos que já não têm mais motivos para cantar
E sinto-me feliz.
Mas entristeço-me com a lembrança
De que tantos vivem sem carinho e sem atenção.
Vejo os meus sonhos e planos
Concretizando-se a cada dia
E recordo as multidões que vivem
Sem perspectiva e esperança
E fico triste.

Vejo uma bela flor sendo esmagada
Pelas mãos de alguém que odeia
E fico triste.
Vejo a falta de interesse das pessoas
Por uma criança abandonada
E fico triste.
Vejo a escuridão no olhar de quem
Já perdeu a esperança
E fico triste.
Vejo o rancor brotar dos lábios de quem nunca foi amado
E fico triste.
Vejo o piso frio, que aninha em seus braços
Um corpo esquelético quase a morrer de fome.
Vejo as multidões seguindo o seu próprio caminho
Do cinismo, da imoralidade, da falta de amor ao próximo.
Vejo o egoísmo estampado no olhar dos poderosos.
Vejo que há tanto por fazer
Mas tão poucos a estender a mão.
Se a minha felicidade se restringe apenas ao meu círculo social
Então eu sou egoísta e não tenho o direito de ser feliz
Por querer o melhor para mim
E não dividir com aqueles que nada têm.

Jader sentou-se pesadamente em sua cama e chorou, sentindo-se envergonhado diante de tamanha nobreza e bondade que havia no coração da própria filha.

4

Capítulo

Dois anos já haviam se passado desde que Eduardo e Ayanna foram para a Somália, e de acordo com a última notícia recebida do casal, Ayanna estava grávida. Aquele não era o momento mais propício para o nascimento de uma criança, pois juntamente com a ascensão do islamismo radical naquele país, as perseguições aos cristãos também aumentavam a cada dia. Mas apesar dos riscos, todos na casa de Helena estavam felizes com a novidade. Confiavam que Deus continuaria protegendo a vida dos seus amados.

Da cozinha (cuja mobília fora especialmente projetada por Jader, como presente para Beatriz pelos seus vinte e cinco anos de matrimônio) saía um delicioso aroma de café recém-passado que inundava toda a casa. Sentada junto à mesa de serviço com uma xícara de café já pela metade entre as mãos, Helena bebericava sem muito entusiasmo aquele líquido amargo, enquanto observava em silêncio Belinha lavar a louça do almoço. Certo dia havia escutado Lorenzo dizer para Juliana que ela não deveria ingerir café preto até ficar adulta, pois poderia interferir no seu crescimento. A partir de então, Helena passou a tomar café esporadicamente como se fosse um remédio. Mas para sua tristeza, ainda continuava crescendo.

— Belinha, vai com a gente à igreja hoje à noite! — Helena disse em tom de súplica, quebrando o silêncio. — Por favor!

— Quem sabe outro dia, menina. — Belinha apressou-se em sair dali, não querendo mais ouvir nenhum apelo. Já havia perdido as contas de quantas vezes Helena lhe fizera o mesmo pedido, só durante a manhã!

Mabel, mais conhecida naquela casa por Belinha, estava com a família desde o nascimento de Helena. Fora admitida como uma babá temporária, porém, acabou ganhando a confiança de seus patrões de tal forma que passou a morar com eles, atuando como doméstica da família. Belinha era baiana, e viera a São Paulo quando ainda era muito jovem, com a intenção de tentar obter uma vida melhor que a de seus irmãos (que continuaram na Bahia trabalhando como cortadores de cana-de-açúcar). Durante muitos anos, perambulou de um emprego a outro em casas de família, até que os pais de Helena a acolheram, tratando-a como um novo membro da família, dando a ela um emprego-moradia e um salário justo pelo seu desempenho. Mas ela nunca quis saber de Jesus. Por mais que Jader e sua família insistissem, ensinando-lhe a verdade, Mabel não queria abandonar a crença nos santos e guias da sua família. Foi no casamento de Eduardo e Ayanna que ela finalmente entregou sua vida a Jesus, e durante aqueles dois anos de conversão vinha frequentando os cultos com imensa alegria, porém, agora estranhamente estava relutando em ir à igreja. Quase nem cantava mais "Porque Ele vive", o seu hino preferido, e quando o fazia, sua voz transparecia imensa tristeza! Jader e Beatriz diziam que ela encontrava-se apenas cansada, mas Helena estava preocupada. Desconfiava que houvesse algo errado com Belinha.

— Que estais vós a pensar, taciturna amiga? — indagou Helena, sentada no sofá da sala de estar da sua casa, com um imenso dicionário aberto sobre o colo.

— Ah, não começa, por favor! — Juliana choramingou, parecendo aborrecida com alguma coisa.

— Certo, amiga minha — respondeu Helena, enquanto fechava o dicionário e depositava-o ao lado. — Compreendo que menosprezais a minha erudição. Já que dais tanta importância a um vocabulário coloquial, consentirei pesarosamente em assim vos falar. Destarte, procrastinaremos a prática da perfeita elocução lusitana para uma ocasião mais propícia.

Juliana balançou a cabeça e torceu o nariz. Sua amiga havia passado as duas últimas semanas aprendendo palavras novas e treinando um linguajar culto, pois dizia que uma futura letrada tinha que saber escrever e falar impecavelmente. No começo, Juliana até achou aquilo divertido, mas agora, depois de dezenas de diálogos simplesmente incompreensíveis, já estava começando a ficar irritada.

— Helena, falando sério — disse Juliana. — Tenho pensado muito no meu futuro e estou preocupada com algumas coisas. — Helena olhava para ela em silêncio, com as mãos apoiadas no rosto. — Daqui a três meses farei 15 anos, e papai já avisou que não terá dinheiro para bancar uma festa. Tudo bem, isso é o que menos importa, é só mais um sonho desfeito. Mas ano que vem, pela primeira vez na vida, vamos estudar em escolas diferentes. — Helena, que tinha o dom de ser uma boa ouvinte, continuou escutando-a com toda a sua atenção. — E talvez você não acredite, mas estou com uma saudade imensa do meu irmão! Admito que quando Rafael saiu de casa eu me senti aliviada, fiquei feliz por não ter mais que aturar o seu mau gênio, suas provocações e as brigas com papai. Mas agora, quando penso nele, sinto uma dor que não consigo explicar... Por pior caráter que fosse, ele era o meu irmão, minha carne! — continuou Juliana, com o semblante tristonho. — E também tenho pensado bastante a respeito da minha vida sentimental. Será que vai valer a pena algum dia todo o esforço que estamos fazendo para não "ficar" com nenhum garoto até conhecermos "aquele"? Ah, sei lá, Helena... E se depois de tanto sacrifício percebermos que perdemos tempo, e que poderíamos ter nos divertido com os garotos como fazem as outras meninas, sem que isso afetasse nosso futuro?

— Ju, quanto ao seu aniversário de 15 anos e a troca de escola, eu já tenho um plano. E em relação ao Rafael, por que você não diz para seu pai procurá-lo? Vocês podem colocar um anúncio em algum jornal ou rádio, buscando por ele.

— Papai não quer. Ele diz que quem tem que nos procurar é o Rafael, e não o contrário.

— Posso contar um segredo? — disse Helena.

— E desde quando temos segredos?

— Bem, da minha parte esse é o único. Quando eu era criança, eu... Bem... — Helena parecia envergonhada. — Eu era loucamente apaixonada pelo Rafael.

— Não acredito! E por que você nunca me contou?

— Ele era seu irmão, Ju! Era um pouco esquisito por você ser minha melhor amiga.

— Eu não aprovaria um relacionamento entre vocês. Ele era terrível! Desobediente, respondão, cruel... Lembro-me de que ele ia à igreja com a única finalidade de conquistar as garotas...

— Que caíam como um patinho na conversa do sósia do *Brad Pitt* jovem — complementou Helena. — Eu morria de ciúmes!

— Ainda gosta dele?

— Nem penso mais nisso. Como diz o ditado, "Quem não é visto não é lembrado".

— E qual o seu plano para o meu aniversário e a troca de escola?

— Ah! Olha só o que eu pensei: Como você faz aniversário em novembro e eu em dezembro, vamos fazer uma única festa para nós duas, com direito a tudo o que sempre sonhamos! Assim o tio Lorenzo não vai precisar gastar nenhum centavo!

— Nem pensar, Helena! Isso não seria justo, e papai jamais iria aceitar. E eu nem me importo de comemorar meu aniversário com festa.

— Não foi exatamente isso que você disse antes! Pense bem, seria perfeito! E pode apostar que iremos iniciar o Ensino Médio no ano que vem na mesma escola, como sempre foi.

— Simplesmente não existe a possibilidade de eu ir para a escola particular em que seu pai vai te matricular — proferiu Juliana. — E ele jamais iria concordar que você estudasse na minha futura escola, uma "reles" escola pública!

— Deixe comigo. Eu vou dar um jeito.

Um som de *plac, plac* distraiu as meninas da sua conversa. Era Belinha, que entrou na sala fazendo barulho com o salto dos seus tamancos, deixando o ambiente envolto com o aroma adocicado do perfume que usava.

— Até mais, minhas meninas! — disse Belinha, que passou sorrindo na frente delas, toda arrumada e com sua Bíblia na mão. Mesmo não sabendo ler, ela a carregava para onde quer que fosse.

Fazia alguns dias que Belinha tinha começado a ir a uma humilde igrejinha daquelas redondezas, onde não se fazia uso nem ao menos de um microfone, e os únicos instrumentos que acompanhavam o louvor eram um violão e uma gaitinha de boca. Ninguém entendia o motivo de Belinha não querer mais ir à igreja onde fora batizada, e quando era questionada, mudava de assunto, deixando claro que não queria falar sobre aquilo. Mas como ela estava indo assiduamente aos cultos e parecia feliz, deixaram-na ir em paz à igreja que escolheu, sem mais a importunarem.

— O que houve com o seu pescoço? — indagou Juliana antes que Belinha saísse pela porta, ao notar um enorme esparadrapo na parte de trás do pescoço dela, próximo à nuca.

— Você se machucou? — perguntou Helena, que não havia percebido nenhum ferimento em Belinha até aquele momento.

— Não se preocupem, foi apenas uma "arranhadura" — disse ela enquanto ajeitava com a mão os cabelos, que por serem muito curtos não encobriam o curativo.

O que será que a dona Mabel está fazendo de tão importante, que ainda não teve tempo de sair do quarto para aprontar meu desjejum?, pensou Helena, que fora obrigada a se virar por conta própria para se alimentar naquela manhã. Beatriz disse a ela para deixar a empregada descansar sossegada, mas Helena precisava que Belinha se levantasse para preparar o almoço, se não, teria que comer sanduíche outra vez. Helena e seus pais passaram o dia anterior inteirinho à base de sanduíche, pois Belinha estava muito indisposta para lhes atender, e sua mãe sequer sabia fritar um ovo. Dirigiu-se ao aposento da empregada, pensando que ela bem que merecia um puxão de orelha, pois andava muito preguiçosa ultimamente.

— Belinhaaaa... — Helena bateu de leve na porta. — Belinha, sua preguiçosa. Saia daí!

Como não obteve nenhuma resposta, Helena continuou a insistir:

— Belinha, vamos! Já passa das dez da manhã e eu quero comer nhoque no almoço! Minhas lombrigas estão pedindo!

Helena encostou o ouvido na porta e notou que a TV estava ligada. A televisão de Belinha era programada para ligar automaticamente às 6 horas da manhã em um canal de notícias, mas ela nunca assistia TV no horário em que deveria estar trabalhando. *Hum... Tem alguma coisa errada*, pensou Helena, concluindo que aquilo só servia para aumentar suas suspeitas de que Belinha estava escondendo alguma coisa.

Instintivamente Helena colocou a mão na maçaneta e girou-a. A porta estava aberta. Entrou devagarinho e acendeu a luz.

— Ahhh! — gritou Helena, estarrecida com o que viu no chão. Saiu correndo, em prantos e com a mão na boca, tentando não vomitar.

— Mãe, mãe! — gritou Helena a plenos pulmões, enquanto pegava o telefone da mesinha da sala e discava para o serviço de emergência.

— O que foi Helena? — exclamou Beatriz. — Parece que viu um fantasma!

— Vá logo até o quarto da Belinha! Ela está morrendo! — disse Helena chorando.

Diante daquela cena, Beatriz não pensou duas vezes.

— Alô! — disse Helena ao telefone, completamente histérica. — Eu preciso urgente de uma ambulância e alguns paramédicos para o seguinte endereço...

Enquanto Helena falava ao telefone, Beatriz correu o mais rápido que pôde até o quarto de Belinha.

Ao chegar ao dormitório da empregada e deparar-se com o que deixou a filha tão aterrorizada, Beatriz perdeu as forças. Sua cabeça começou a girar, as pernas amoleceram e ela sentiu que iria desmaiar.

Deitada no chão, vestindo apenas uma camisola ensanguentada, Belinha gemia e se contorcia em espasmos consecutivos. A cada novo espasmo ela erguia todo o corpo para cima, apoiando-se no chão apenas com os pés e a cabeça. Belinha tinha os olhos arregalados e os lábios arregaçados em um sorriso macabro. Parecia que todos os músculos da sua face estavam sendo puxados para trás. O sangue que saía por entre os dentes, extremamente serrados, escorria pelos cantos da boca, manchando a camisola ensopada de suor.

Apavorada e sem saber o que fazer diante de algo com o qual jamais havia lidado, Beatriz apoiou as mãos na parede e respirou fundo, lutando para permanecer em pé.

— Vamos, Beatriz, seja forte! — disse para si mesma, lembrando que só estavam ela e Helena em casa naquele momento. — Não é hora de bancar a dondoca. Você não tem o direito de desmaiar agora!

Belinha encontrava-se internada há uma semana na Unidade de Terapia Intensiva do Hospital Albert Einstein, situado próximo ao bairro onde a família de Helena morava. Até aquela tarde ainda não havia sido permitido nenhuma visita, e as informações recebidas a respeito do seu estado de saúde não foram muito claras. Só sabiam que ela estava sedada e viva.

Na sala de espera da UTI, Jader, Beatriz, Helena e Juliana aguardavam apreensivos a chegada do médico que estava cuidando do caso de Belinha. Um distinto senhor de óculos, vestindo um jaleco impecavelmente branco, dirigiu-se até eles e cumprimentou-os friamente.

— Vocês são os responsáveis pela Mabel?

— Somos a família dela, doutor — afirmou Jader.

— Como ela está? — perguntou Beatriz.

— Antes de lhes informar sobre as condições da paciente, eu gostaria que me fornecessem algumas informações — disse o médico, enquanto lia alguma coisa na sua prancheta. — Vocês sabiam que Mabel tinha um ferimento no pescoço?

— Sim. Há uns quatro dias eu vi um curativo no pescoço dela, mas ela não quis falar a respeito — disse Helena.

— E vocês sabem o que causou o ferimento ou o que havia no local, antes da lesão? — perguntou o médico. Jader e Beatriz olharam um para o outro, não entendendo o que ele estava querendo lhes dizer. — Podem me dizer se havia algum sinal, uma verruga...

— Sim! — disse Helena. — Ela tinha uma verruga enorme no pescoço! Jader e Beatriz concordaram.

— Havia vestígios disso. O caso é que ela ou alguém cortou aquela protuberância, e ela teve a má sorte de contrair tétano cefálico — disse o médico num tom de voz aborrecido.

— Mas por que ela faria isso? — perguntou Beatriz. — Mabel sempre teve aquele sinal saliente, e jamais notei que ela se sentisse incomodada com ele.

— A paciente não quis me contar. Por isso eu quero que vocês perguntem a ela...

— Belinha já está acordada? — exclamou Helena. — Podemos vê-la?

— Calma, garota. Primeiro eu preciso obter alguns esclarecimentos de vocês.

— Então fale, doutor! — disse Jader impaciente.

— Se ela contraiu tétano, é evidente que não foi devidamente imunizada, e isso mostra o descaso de vocês para com a saúde dela!

— Doutor — disse Beatriz —, ela tinha pavor de agulhas, e nunca insistimos para que se vacinasse por que jamais imaginamos que algo assim pudesse acontecer. Não na nossa casa, no nosso pátio, onde tudo é muito limpo e higienizado!

— Agora é tarde.

— O que o senhor quer dizer com isso? — perguntou Jader.

— Vou ser bem franco com vocês. A Mabel contraiu o tipo mais raro de tétano, e que na maior parte dos casos é fatal.

Ao ouvir aquelas palavras, Helena começou a chorar. Juliana levou-a até uma cadeira e a abraçou, tentando acalmá-la.

O médico pediu para falar a sós com Jader e Beatriz.

— A paciente está muito debilitada. Ela fraturou duas vértebras e teve uma parada respiratória devido a graves complicações pulmonares. Conseguimos reanimá-la a tempo, mas seu estado é bastante crítico. Também teve lacerações na língua devido aos espasmos e foi traqueostomizada. O tubo endotraqueal foi provisoriamente removido, mas ela ainda não está conseguindo falar com clareza.

— E não há nada que possa ser feito para reverter o caso dela? — perguntou Jader.

— Estamos fazendo tudo o que está ao nosso alcance para neutralizar a ação da toxina tetânica e manter a Mabel viva. Mas sua recuperação vai depender unicamente de como o seu organismo responderá ao tratamento.

— Gostaríamos de vê-la agora, doutor — solicitou Jader.

— Sim — disse o médico, abrindo a porta do quarto em que se encontrava Belinha. — Mas um de cada vez!

Beatriz pediu para ser a primeira a entrar. Ao ver a patroa se aproximando, Belinha sorriu.

— Oi — disse baixinho.

— Oi, Belinha! — Beatriz teve que se segurar para reprimir as lágrimas e permanecer calma. Belinha estava com uma aparência assustadora! Havia perdido peso e parecia ter envelhecido uns dez anos. Beatriz acariciou os cabelos grisalhos e sedosos de Mabel e sentou-se ao seu lado. — Como você está? — perguntou com um sorriso triste.

— Bem... Jesus esteve sempre comigo. Acho que já estou melhorando, pois hoje Ele não veio me visitar.

Acreditando que Belinha estivesse confusa, Beatriz decidiu não perder tempo.

— Belinha, como foi que você se feriu?

Belinha fez um beiço e virou a cabeça para o lado, deixando claro que aquele assunto a entristecia.

— Belinha, por favor... Isso é muito importante para que possamos cuidar melhor de você! Tem que me contar quem te machucou e como foi que isso aconteceu!

— Eu mesma me cortei!

— De que jeito?

— Com uma ferramenta.

— Por que, Belinha?

— Eu não aguentava mais! — Belinha começou a chorar. — Todo o culto era a mesma coisa. Aquelas moças sentavam atrás do meu banco e ficavam rindo e debochando de mim, dizendo que eu tinha uma verruga de bruxa. — Belinha soluçava. — Eu queria prestar atenção na Palavra, e elas ficavam o tempo todo rindo e falando da minha verruga. Tive que fazer alguma coisa!

Beatriz fechou os olhos e suspirou. Inclinou-se com as mãos no rosto, tentando assimilar o que acabara de ouvir. Então era por isso que Belinha não estava mais querendo ir à sua igreja! Como ela pôde deixar de perceber que havia alguma coisa errada? Não tinha conhecimento do que essas moças estavam fazendo, por que gostava de sentar nos primeiros bancos da igreja junto com Helena e Juliana, enquanto Belinha sentava-se sempre no penúltimo banco, pois era muito tímida e não queria chamar atenção. Mas Helena bem que a advertira, porém ela não acreditou. Pensou que Belinha só estivesse cansada.

— Belinha, que instrumento você utilizou para cortar a verruga?

— A tesoura do Jarbas — respondeu Belinha referindo-se ao jardineiro que uma vez por semana cuidava do jardim de Beatriz. — Ele a esqueceu em cima do balde de adubo, e a tesoura recentemente havia sido afiada...

— Meu Deus, Belinha! Você esterilizou a tesoura antes de usá-la?

— Como assim?

— Você passou álcool ou colocou no fogo para limpá-la? — repetiu Beatriz em uma linguagem mais simples, para que a mulher entendesse.

— Mas ela estava bem limpinha! Eu só passei um paninho para tirar uns grãozinhos secos de terra.

Compreendendo agora a gravidade do problema, Beatriz segurou a mão de Belinha limitando-se a olhar em silêncio para seu rosto. Belinha estava internada no melhor hospital do Estado, aos cuidados de profissionais experientes, então, já não havia mais nada a fazer por ela. Sua vida estava nas mãos de Deus.

— *Porque Ele vive, posso crer no amanhã... Porque Ele vive temor não há...*

Belinha começou a cantar baixinho o hino de que tanto gostava, olhando para um ponto fixo na parede. Beatriz notou que sua mão estava extremamente quente e seu abdômen parecia rígido. Ela estava começando a sofrer novos espasmos.

— Belinha, Belinha! Fale comigo! — exclamou Beatriz.

Belinha não ouviu Beatriz, e continuou cantando baixinho, com os olhos voltados para a parede.

— *Mas eu bem sei, eu sei que minha vida, está nas mãos de meu Jesus, que vivo está!* Jesus, Jesus, meu Jesus... — Belinha disse sorrindo e chorando ao mesmo tempo. — Finalmente Você veio me buscar!

Ao ouvir o apito contínuo do aparelho que monitorava os sinais vitais de Belinha, Beatriz percebeu que ela estava tendo uma parada cardíaca. Apertou a campainha de emergência, correu até a porta e abriu-a, gritando:

— Socorro, socorro! Por favor, Mabel está sofrendo um ataque cardíaco!

Médicos e enfermeiras entraram apressados no quarto e fecharam a porta atrás de si. Do lado de fora, Beatriz, Jader, Helena e Juliana oravam abraçados, enquanto os médicos alvoroçados tentavam em vão revivê-la.

— Eu sinto muito — disse o médico que antes os atendera, ao sair do quarto.

— Não! — gritou Helena, correndo até a cama de Belinha, aos prantos. Ao olhar para o corpo já sem vida da babá que ela tanto amara, parou de chorar e limitou-se a contemplá-la, maravilhada. Inerte, porém com um sorriso no rosto e um semblante de plena paz, Belinha tinha os olhos voltados como que para o infinito, para algo ou alguém naquele aposento que só ela conseguiu enxergar.

Ao serem informados da morte de Mabel, seus irmãos que moravam na Bahia pediram o corpo dela para que fosse sepultado na terra em que nascera, e onde também jaziam seus pais. Jader concordou, financiando o transporte e todas as despesas com o velório e o sepultamento.

Helena preferiu não acompanhar Jader e Beatriz até a Bahia, onde o velório seria realizado, porém, antes que seus pais partissem, entregou-lhes uma carta, pedindo que a colocassem dentro do caixão de Belinha.

Surpreendido com o conteúdo da carta, Jader decidiu mandar fazer uma lápide para o túmulo de Mabel, tendo incrustrada a poesia que Helena havia feito para ela:

O DOM DO SORRISO

Um dia...
Um dia, ao apagar-se a luz
E fecharem-se as janelas
Restará a lembrança
De um ser querido que se foi.

Analisando sua vida
Ver-se-á que foi alma boa, sensível e terna
Tarde demais para valorizá-la.
Mal compreendida, desprezada, humilhada
Não havia lugar para ela na sociedade.
Pessoa comum, simples, sossegada
Gostava de olhar o céu estrelado
E contemplar toda a sua beleza...
Olhar uma flor desabrochar
E admirar a sua perfeição.
Sentir o vento fresco batendo em seu rosto
Numa tarde primaveril.
Sentia-se feliz com as pequenas coisas
E sonhava com algo melhor.
A alegria estava nas pequenas coisas
Sentir o perfume de uma rosa
Ouvir o canto dos pássaros
Examinar a chuva caindo...
Cantar com a alma, e o coração
Repartir o pão
Apreciar o sorriso inocente de uma criança
Pequena e ingênua
Desejar navegar num barquinho
Que é levado pela brisa suave
Atravessar o mar.
Ir à Bolívia, Portugal e Espanha
Conhecer gente simples e sincera
Identificar-se com os pobres
Ter muito dinheiro para ajudá-los.
Analisando-se uma pessoa assim,
Dir-se-á que tal não existe.
Na verdade não existe mais,
Deixou de existir.
Uma pessoa sem valor, sem posses,
Sem o dom da amizade, da conversa fácil
Porém, com o dom do sorriso
Do abraço, do carinho.
Pessoa mal compreendida, desprezada

Não havia lugar neste mundo para ela,
Por isso ela não está mais aqui.
Jesus a recolheu para si.

Encontramo-nos qualquer dia desses no céu (se você falar com Jesus, diga a Ele para não se esquecer de mim!). Com amor, sua amiga Helena.

Todos os irmãos da igreja já sabiam o que havia acontecido com Belinha, e naquele culto de domingo, enquanto Jader e Beatriz participavam do velório de Mabel em outro Estado, o pastor Antônio ministrava a Palavra: "Em Provérbios 9.7-10 está escrito: '*Se você tentar corrigir uma pessoa perversa e debochada, acabará sendo ofendido e odiado. Se você tenta corrigir uma pessoa assim estará prejudicando a si mesmo. Por isso, deixe essas pessoas de lado, não se meta com elas! Corrija e ensine a pessoa sensata e ela ficará melhor e mais sábia. Ensine o justo e ele será ainda mais honesto e sincero. A base de toda a sabedoria é a obediência e o respeito ao Senhor. Sim, quem conhece o Santo Deus tem a verdadeira compreensão da vida*'".

O pastor Antônio tirou os olhos da Bíblia e olhou para a plateia, que o ouvia em profundo silêncio.

"Nossa irmã Mabel, que agora se encontra com o Senhor, era uma pessoa tão bondosa, tão pobre de espírito, que não quis revelar o nome das duas moças debochadas, que perturbaram seu coração de tal forma, a ponto de levá-la a mutilar o próprio corpo. Mesmo sendo o vosso pastor, decidi que não quero saber a identidade de vocês. Só quero dizer para as duas, se estiverem aqui nesta noite, que vocês carregam a culpa de um assassinato! E se não se arrependerem e mudarem o seu comportamento, terão de lidar com a ira de Deus!"

— Helena — disse Juliana ao pé do ouvido da amiga, impressionada com aquela mensagem. — Jamais na minha vida vou debochar de qualquer pessoa!

Juliana não tinha o costume de conversar na hora do culto, mas não pôde evitar fazer um comentário.

— Eu também não — disse Helena fungando, pois estava muito magoada e ainda lutava para conseguir acreditar que aquele pesadelo terrível que resultou na morte de Belinha fora ocasionado por causa de uma simples verruga. — Sempre vou tratar meu próximo como gostaria de ser tratada, ou até mesmo como sendo superior a mim.

Naquele momento os ouvintes meditavam com a cabeça inclinada. Porém, lá no último banco duas moças se remexiam em seus lugares e tentavam a todo o custo esconder-se atrás das pessoas que estavam a sua frente.

"E eu pergunto a vocês — o pastor continuou — que culpa tinha a nossa querida irmã Mabel de ter nascido com uma verruga feia no pescoço? Será que Jesus a amava menos por causa desse detalhe?"

Ele falava em um tom de voz cada vez mais alto, evidenciando estar furioso.

"Digam-me, que culpa um deficiente físico ou mental tem por ter nascido assim? Ou uma pessoa destituída de atrativos físicos, ou alguém que por ser financeiramente incapacitado só tem roupas velhas para usar? Será que já não basta o fato de sofrerem por se encontrarem nessa situação? Ainda têm que padecer com deboches e zombarias?"

O pastor Antônio bateu as duas mãos com força em cima do púlpito e gritou: "E o pior de tudo, dentro da casa de Deus?"

Após um momento de silêncio, o pastor fechou os olhos e orou, enquanto lágrimas ressentidas banhavam seu rosto: "Tem misericórdia Senhor... Perdoe as nossas misérias! Ensine-nos a compreender o que realmente é importante para ti... E não permitas que jamais venhamos a desprezar qualquer um dos teus pequeninos. Tem misericórdia de nós, Senhor, tem misericórdia!"

O pastor Antônio despediu a igreja sem as cerimônias habituais, e todos partiram para seus lares, sérios e pensativos, sem ânimo para as reuniõezinhas e as conversas costumeiras de final de culto. Aquele tinha sido o culto mais sofrido e pesado presenciado por eles.

O tempo passou, e a festa de 15 anos de Juliana e Helena finalmente aconteceu. Algumas semanas antes, porém, Helena havia decidido que não queria mais comemorar seu aniversário, pois ainda tinha o espírito enlutado pela perda de Belinha. Mas Beatriz, no anseio de mãe que quer apresentar a filha debutante para a sociedade, com muito esforço conseguiu convencê-la. O mais difícil foi fazer Lorenzo consentir que Jader patrocinasse a festa de Juliana, pois seu amor-próprio não permitia aceitar nenhum tipo de ajuda financeira. Para conseguir dobrar o amigo de sangue italiano, Jader teve que usar uma estratégia, arquitetada pela própria Helena: prometeu a ele que, se concordasse em fazer a festa de Juliana junto com a da sua filha, colocaria Helena na mesma escola em que Juliana iria estudar no próximo ano. Ao saber disso, Juliana viu-se obrigada a persuadir o pai, até que todos entraram em comum acordo: Helena e Juliana teriam uma única festa, com todas as despesas pagas por Jader.

A festa realizou-se em grande estilo num elegante salão envidraçado, com a presença de mais de 300 convidados. Helena e Juliana foram as estrelas do momento. Brilharam e encantaram como é comum a todas as debutantes. Durante a ocasião, Juliana recebeu duas propostas de namoro e Helena uma. Recusaram, é claro, pois não gostavam dos pretendentes a ponto de quererem namorá-los. Apesar de acharem aqueles rapazes muito atraentes, sabiam que se fossem ter alguma coisa com eles seria somente por curtição — e isso não estava em seus planos.

Já era quase de manhãzinha, e Juliana e Helena ainda não haviam dormido. Mesmo a festa já tendo acabado, decidiram permanecer com seus belos vestidos de princesa o máximo de tempo possível, pois aquela ocasião logo terminaria e só restariam as recordações.

O quarto de Helena estava abarrotado de presentes. As duas amigas haviam ficado mais de uma hora apreciando cada um deles enquanto conversavam, relembrando os pormenores da festa. Helena dividiu sua parte dos presentes com a amiga, coagindo-a a escolher os que mais lhe agradaram. Na verdade, ela nem se importava com os presentes. Não precisava de nenhum deles, e sabia que muitos ali seriam úteis para Juliana.

— Ju — disse Helena, enquanto segurava uma caixinha embrulhada com papel seda vermelho que retirara de dentro da gaveta da sua penteadeira. — Antes de dormir, gostaria de lhe dar o meu presente.

Juliana olhou surpresa para a amiga e pegou o presente da mão dela. Ao abri-lo, encontrou duas correntinhas de ouro. Cada uma continha um pingente em formato de coração, tendo incrustrado no meio as letras *P.E.A.*

— Obrigada, Helena! É lindo, mas tenho de admitir que não entendi muito bem o significado desse presente — disse Juliana, que estranhou ter ganhado duas correntinhas.

Helena pegou uma das correntes, colocou no seu próprio pescoço e entregou a outra para Juliana.

— A meu pedido, papai mandou fazer essas gargantilhas na mesma joalheria em que foram feitas as alianças de casamento dele e da mamãe, há quase trinta anos. Bom Ju, o fato é que conseguimos chegar até aqui puras, sem termos dado nem ao menos o nosso primeiro beijo, mesmo já tendo 15 anos... E você sabe que não foi fácil! — Juliana concordou, lembrando-se das muitas tentações e desafios que enfrentaram até aquele momento, principalmente na escola, com o assédio de garotos incríveis e a pressão das colegas para que fossem iguais a elas. — Ju, eu gostaria que você fizesse um pacto de santidade comigo. Se você concordar, então a partir de hoje, quando você colocar o seu colar, começaremos a nos esforçar ao máximo para sermos ainda mais fiéis a Jesus. E também não "ficaremos" com ninguém! Vamos viver uma vida pura e santa por amor a Cristo, usando nossa amizade para nos ajudar mutuamente a jamais desistirmos do nosso objetivo.

— Isso é realmente muito legal! Mas o que quer dizer as iniciais *P.E.A.* que estão nos pingentes?

— Ah, esse é o ponto principal, a essência do meu presente — disse Helena, segurando o seu pingente. — Quer dizer que só vamos dar o nosso primeiro beijo quando tivermos encontrado um rapaz que seja o nosso *P.E.A.*, ou seja, o nosso *Perfeito e Eterno Amor*. Você aceita?

— É claro que sim! — exclamou Juliana adorando a ideia. — Mas Helena, não tenho nenhum presente para lhe dar. Não me lembrei de providenciar nem ao menos uma lembrancinha, mesmo depois de você ter partilhado comigo a sua festa, os seus presentes...

— Sua amizade é o maior presente que eu poderia querer! Feliz aniversário, Juliana.

— Feliz aniversário para você também, amiga.

Juliana dirigiu-se até Helena e surpreendeu-a com um sincero abraço fraternal.

5

Capítulo

Três anos depois.

Era uma agradável noite de 24 de novembro — dia do aniversário de 18 anos de Juliana — e alguns jovens da igreja alegravam a sala de estar da casa de Lorenzo com sua animada presença. Os rapazes, acompanhados de um violão, resolveram improvisar uma serenata para as garotas, porém, a canção inventada por eles era tão estapafúrdia que foram aclamados por elas com muitas vaias e gargalhadas. Mesmo assim, continuaram cantando e fazendo bagunça, no maior clima de brincadeira e descontração.

Juliana e Helena estiveram envolvidas de tal forma com os estudos, o curso de inglês e as atividades na igreja naqueles últimos três anos que praticamente não viram o tempo passar. Quando se deram conta, já eram quase adultas. Tornaram-se moças muito formosas e desejadas, o que contribuiu para que passassem por diversas provações na área sentimental. Porém, permaneceram firmes em seu propósito, no pacto do *P.E.A.* Terminariam os estudos naquele ano e estavam se preparando para prestar o vestibular, mas seu maior desejo era conhecer logo aquele que seria o seu *Perfeito e Eterno Amor.*

Na cozinha, enquanto preenchiam algumas bandejas com mais docinhos e salgadinhos para levar aos convidados, Helena e Juliana se divertiam ouvindo a música cômica que vinha da sala.

Juliana, adepta da simplicidade, vestia calça jeans e uma delicada blusa de crochê, feita por ela mesma. Sua amiga usava um vestido branco de seda, levemente rodado, que lhe caia graciosamente até os joelhos. Há alguns meses, Helena decidiu começar a se vestir melhor, assumindo finalmente sua magreza. Abandonou as camisetas e as calças largas, passando a usar roupas mais apropriadas para uma moça da sua idade. Quando era pré-adolescente, Helena tinha um complexo tão grande por ser muito magra que às vezes usava mais de uma calça, uma por cima da outra, a fim de dar mais volume a suas pernas compridas e finas.

— Meninas — disse Lorenzo ao entrar na cozinha e abrir a geladeira, retirando de dentro uma pequena torta —, vou levar o bolo para a mesa. Venham logo para cantarmos os parabéns!

Lorenzo colocou o bolo em cima de uma mesa improvisada no centro da sala (o maior cômodo da casa) e os jovens se reuniram ao redor, com Juliana na ponta. Cantavam os parabéns contemplando a aniversariante, quando, de repente, estranharam sua atitude; Juliana olhava fixamente para frente, com ar de espanto. Todos se viraram para ver o que assustara a jovem, deparando-se com um rapaz alto e loiro, dono de uma beleza estonteante que sorria timidamente parado na porta.

— Rafael, meu filho! — ao avistá-lo Lorenzo correu até ele e o abraçou com força. Naquele momento tão especial de alegria e reencontro, não havia nenhuma lembrança do que Rafael havia feito nem da mágoa que ele deixara. Prevalecia somente a alegria por seu filho estar vivo e de volta ao lar.

Diante de tamanha comoção por parte de Lorenzo e Juliana, os convidados entenderam que aquela era uma ocasião que necessitava de privacidade. Combinaram entre si de ficar pouco tempo para que a família pudesse aproveitar melhor o inesperado reencontro, a volta do "filho pródigo".

Depois que os convidados foram embora, Lorenzo se encontrava sentado de um lado de Rafael e Juliana do outro. Helena, sentada no sofá da frente, apenas os observava.

— Pai, em primeiro lugar, eu quero lhe pedir para não levar a sério as coisas que eu disse no passado...

— Tudo bem, meu filho! Eu já o perdoei! — disse Lorenzo emocionado e com a voz embargada.

— E quanto ao dinheiro... — Rafael parecia constrangido. — Vou fazer um cheque com aquele valor mais os juros referentes a esses cinco anos.

Lorenzo nem se importou com o que Rafael lhe dissera, pois não estava interessado no dinheiro. O que realmente importava é que seu filho estava ali do seu lado, são e salvo.

— Rafael, por onde você esteve durante todo esse tempo? — indagou Juliana. Ela não quis perguntar por que ele nunca veio visitá-los ou mandado notícias, pois já sabia a resposta. Depois de ter roubado seu pai e deixado aquela carta infame, deveria ter sido difícil encontrar coragem para procurá-los.

— Comecei um negócio próprio em sociedade com um amigo em Santa Catarina, mas não deu muito certo, durou apenas um ano. Algum tempo depois, um conhecido que admirava meu trabalho e dizia que eu tinha um jeito único de fotografar, me convidou para trabalhar no estúdio dele no Rio de Janeiro. A partir daí as oportunidades foram surgindo. O meu último emprego foi em uma das agências de moda mais afamadas em Nova York.

— Nova York! Eu não acredito! — exclamou Juliana, que desde criança sonhava em conhecer os Estados Unidos.

— Pois é, maninha! — disse Rafael sorrindo, surpreso com a bela jovem que sua irmã havia se tornado. — Como você cresceu! Ainda me lembro da pirralha implicante que você era. Sempre me incomodando e mexendo nas minhas coisas!

— Não é exatamente isso o que consta na minha memória, Rafinha! — Juliana riu.

— É eu sei. — Agora Rafael estava sério. — Mas eu mudei, sabia?

— E o que o fez voltar, filho? — perguntou Lorenzo.

— Eu tinha alguns assuntos pendentes relacionados ao meu primeiro negócio em Santa Catarina e então pensei, por que não dar um oi para a minha família? Afinal, eu passei os primeiros vinte e três anos da minha vida com vocês!

Durante esse tempo, Helena permaneceu calada. Com as pernas cruzadas, apenas observava os três conversarem, até que Rafael finalmente dirigiu-se a ela.

— Helena magrela! Ainda não acredito que é você!

— "Helena magrela cabeça de berinjela", "lombriga esticada", "pau-de-arara", "taquarão"... Ainda me lembro de todos os adjetivos que você me dava — disse Helena, num esforço para não demonstrar a mágoa que sentia ao relembrar aquelas cenas de sua infância.

— Ah, por favor, Helena. Esqueça isso! Naquele tempo eu era um paspalho. Mas eu mudei, acredite!

Helena não disse nada e limitou-se a olhar para um quadro na parede. Rafael a encarou por alguns segundos, estranhamente pensativo, até que disse:

— Uau! Mas você se transformou em uma mulher muito bonita!

— Obrigada — agradeceu Helena de forma séria, porém, evidentemente embaraçada com o elogio, que lhe pareceu ter sido realmente sincero.

— Bom, meu filho — disse Lorenzo mudando de assunto —, o seu quarto continua no mesmo lugar. É só colocarmos um colchão, lençóis e um travesseiro e você terá onde para passar a noite!

— Ah, não pai — disse Rafael, que continuava olhando para Helena, parecendo perturbado. Dando-se conta da sua atitude, virou o rosto e olhou para seu pai. — Estou hospedado em um hotel aqui perto, e todas as minhas coisas estão lá.

— E quanto tempo você pretende ficar em São Paulo?

— No máximo uma semana.

— Filho, venha nos visitar sempre que puder!

— Claro! Prometo que amanhã mesmo eu venho almoçar com vocês.

Lorenzo, Juliana e Helena acompanharam Rafael até seu carro esporte conversível, que mais parecia uma nave.

— Ah, é alugado — disse Rafael, percebendo a admiração de todos. — Maninha, eu trouxe um presente para você. — Rafael abriu a porta do carro, pegou uma sacola e entregou-a a Juliana. — Espero que goste.

Dentro da sacola havia uma caixa embrulhada. Ao abri-la, Juliana suspirou, deslumbrada. Dentro estava o relógio mais lindo que ela já tinha visto! Todo dourado e com pedrinhas coloridas brilhantes, o relógio parecia uma joia.

— Obrigada, Rafa! Isso deve ter custado uma fortuna!

— Você merece, irmã! Helena, você vai dormir aí hoje?

— Não... Lorenzo e Juliana vão me acompanhar até minha casa.

— Entra aí. Eu te levo. — Helena hesitou — Vamos! Tua casa fica no caminho do lugar onde estou hospedado — disse ele abrindo a porta do carro e fazendo menção para que ela entrasse.

Helena olhou para Lorenzo e Juliana, mas eles não esboçaram nenhuma reação. Percebeu que queriam que ela decidisse por conta própria.

— Tudo bem — disse Helena enquanto entrava no carro.

Após partirem, Rafael deu início à conversa.

— E aí, Helena. Você ainda vai à igreja?

— Sim.

Pode me dizer os dias de culto da igreja de vocês? É que eu ando meio sem tempo, sabe como é, mas não posso deixar de congregar.

Então ele está indo à igreja! Isso é maravilhoso!, pensou Helena, gritando de alegria em sua alma.

— Os cultos acontecem nas terças, quintas e sábados às 20 horas, aos domingos de manhã a partir das nove e à noite às 19 horas. Quarta-feira às 15 horas tem reunião das mulheres, mas acredito que não é do seu interesse.

— Certamente que não — Rafael riu.

Quando estacionou em frente à casa de Helena, Rafael desceu rapidamente e abriu a porta para que ela saísse.

— Valeu pela carona, Rafael. Fico feliz que você tenha voltado. Não por mim, mas pelo Lorenzo e a Juliana...

— Tudo bem — disse Rafael sorrindo, percebendo que ela estava nervosa. — Então nos vemos no culto amanhã à noite?

— Com certeza! — disse Helena, finalmente mostrando um sorriso.

Rafael esperou que o portão fosse aberto e Helena entrasse em casa para então partir.

No fim daquele culto de domingo, Rafael, Helena e Juliana conversavam em frente à igreja.

— Que mensagem maravilhosa! — disse Helena, parecendo revigorada.

Juliana e Rafael concordaram.

— Mas me digam, meninas, vocês têm namorado?

— Eu não — disse Juliana.

— Eu também não — disse Helena, que cruzara os braços apertando-os firmemente para não mostrar que suas mãos estavam tremendo.

— Mas é difícil acreditar que esse monte de rapazes — Rafael olhou ao redor — ainda não repararam em vocês. Devem ser muito molengas mesmo!

Helena e Juliana riram. Ao seu redor, grupinhos de meninas também riam e cochichavam umas com as outras, tendo os olhares voltados para Rafael. Os rapazes, prevendo forte concorrência na área, conversavam carrancudos, olhando desconfiados para o irmão de Juliana.

— E você, Rafael, tem namorada, noiva, esposa? — perguntou Juliana. — Será que eu tenho algum sobrinho perdido por aí? — disse ela em tom zombeteiro.

— Não sou tão irresponsável como você pensa, maninha. E atualmente "estou sem tampa para a minha panela" — disse Rafael olhando provocadoramente para Helena, que enrubescida baixou a cabeça.

— Qual é o próximo dia de culto mesmo? — quis saber Rafael

— Terça-feira — responderam Juliana e Helena ao mesmo tempo.

Um mês já havia se passado, e Rafael continuava em São Paulo. Teve problemas com o passaporte e por isso teria que permanecer ali ainda algum tempo. Ele acabou aceitando o seu antigo quarto e estava indo assiduamente à igreja. Até ajudava Juliana com o serviço de casa lavando a louça! Rafael não parecia mais o mesmo de cinco anos atrás.

Helena e Juliana já tinham se formado na escola e prestado o vestibular (Helena para Letras – Português e Literatura, e Juliana para Letras – Português e Inglês). Ambas foram aprovadas, tendo suas notas em uma posição de destaque. Além de estarem felizes porque logo iriam começar a tão sonhada vida universitária, encontravam-se muito contentes porque poderiam fazer algumas disciplinas juntas, que eram comuns aos dois cursos. Juliana e Helena também haviam participado de uma seleção em que uma universidade inglesa, em um programa de intercâmbio com o Brasil, estava ofertando dez bolsas para estudantes brasileiros, aprovados em universidades federais naquele último vestibular. Os ganhadores fariam suas graduações na Inglaterra, com todas as despesas pagas. A única exigência era que os dez primeiros colocados na avaliação final tivessem fluência em inglês e não fossem acadêmicos de instituições privadas. As amigas fizeram a prova classificatória e foram aprovadas. Mas o que contava mesmo era a avaliação eliminatória, que seria realizada no próximo mês.

Helena passava quase todas as tardes na casa de Juliana, e ela e Rafael haviam se tornado bons amigos. Beatriz tinha contratado uma nova empregada, mas Helena não gostou nem um pouquinho dela. Quando seus pais saíam, procurava ficar o máximo de tempo na casa da amiga, para não ter que suportar a companhia daquela mulher, que ela achava muito mal encarada.

Juliana notava que os sentimentos da amiga por seu irmão estavam começando a voltar, embora ela evitasse falar sobre isso. Percebia também que Rafael estava caidinho por Helena. Numa tarde, enquanto Rafael tinha ido ao armazém buscar pão para o café, Juliana resolveu lembrar Helena do pacto que elas haviam feito quando tinham 15 anos.

— Calma, Ju! Não vou fazer nada errado! — respondeu Helena, incomodada com a suspeita de Juliana. — Mas e se for ele o meu *P.E.A.*? Ju, o que eu faço? Eu realmente gosto dele, e parece estar tão mudado! Ele me trata como se eu fosse uma princesa, com todo o respeito e carinho!

— É... Ele realmente parece outra pessoa. Mas em se tratando do Rafael, amiga, eu tenho as minhas dúvidas.

— Ai, Ju, como você é desconfiada! Não é capaz de dar um voto de confiança para o seu próprio irmão?

— Tenho muitos motivos para isso, Helena, mas talvez você tenha razão. Quem sabe ele mudou mesmo e eu esteja sendo injusta desconfiando dele...

— Será que eu ouvi meu nome? — disse Rafael ao entrar pela porta da sala. Rafael devia estar perto de fazer 30 anos, mas parecia que o passar do tempo só serviu para acentuar ainda mais sua beleza.

Após tomarem café, Rafael convidou Helena para darem uma caminhada.

— Ju, vem com a gente? — perguntou Helena.

Rafael, que estava atrás de Helena, fez uma careta para a irmã e um sinal negativo.

— Não, Helena. Vou deixar vocês conversarem sossegados. Mas comportem-se, hein? — disse Juliana, olhando de atravessado para Rafael.

Ao saírem, Rafael virou-se para trás e mostrou a língua para a irmã, que lhe retribuiu da mesma maneira. Depois que eles saíram, Juliana ficou pensando que talvez devesse ter ido com eles.

— Helena, desde o dia em que nos vimos no aniversário da minha irmã eu estou tentando dizer uma coisa que está presa no meu peito, mas tenho medo do que você possa vir a pensar de mim.

Helena sentiu que seu coração, fígado e pulmões estavam prestes a sair pela boca. Caminhava com as pernas frouxas. Estava tão nervosa que sentia até mesmo uma dorzinha de barriga!

— Diga mesmo assim! — Helena esforçou-se para manter a compostura.

— Eu te amo, Helena, e quero me casar com você.

Ao ouvir aquelas palavras, Helena quase desmaiou. Pararam de caminhar por um momento e Rafael olhou para ela sorrindo, enquanto fazia um carinho em seu rosto. Helena parecia hipnotizada, mas ele não a beijou. Já sabia do pacto de santidade que ela e sua irmã haviam feito.

— Ah, eu também te amo, Rafael! — disse Helena por fim, como se estivesse voltando à realidade. — Eu sempre te amei!

Deram meia-volta em direção à casa de Lorenzo de mãos dadas e em silêncio, apenas desfrutando da companhia um do outro.

— Helena, sei que o seu aniversário é daqui a alguns dias e tenho um presente no meu quarto, muito especial, esperando por você.

— Também tenho algo para você, Rafael — disse Helena, olhando para ele com os olhos cintilando de felicidade.

Ao chegarem em casa, Helena pegou sua bolsa e retirou de dentro uma cartinha, entregando-a a Rafael.

— Escrevi esse poema especialmente para você já faz algum tempo, mas nunca tive coragem de entregar.

Ele colocou a carta no bolso da calça e disse que leria com calma mais tarde. Foi até seu quarto e voltou com um envelope, que entregou a Helena.

— Abra! — disse sorrindo.

Helena abriu o envelope e retirou o papel que havia no seu interior. Ao ver do que se tratava, ficou extremamente surpresa. Ele estava dando a ela uma ficha de inscrição para concorrer ao concurso de Miss São Paulo!

— Por que isso, Rafael? — indagou Helena espantada.

— Porque eu olho para você e vejo sucesso, Helena!

— Sucesso, eu? — Helena riu.

— Talvez você não tenha noção da beleza que possui, mas estou lhe dizendo, você tem um tipo de beleza rara, muito valorizada hoje em dia no mundo da moda. E não estou lhe dando apenas a inscrição para o concurso, mas também a entrada para o *hall* da fama! — Rafael estava tão entusiasmado que andava de um lado para outro, gesticulando com os braços enquanto falava. — Tenho certeza de que você vai vencer esse concurso. E se por acaso não vencer, alguma agência vai notar o seu potencial. E para isso eu posso dar uma mãozinha!

— Bom, mesmo que acontecesse isso que você está dizendo, o tipo de vida que uma modelo leva vai contra os meus princípios.

— Aí é que você se engana, Heleninha! Em Nova York, eu trabalhei com muitas modelos, e algumas delas eram evangélicas! E reflita um pouco, vamos sonhar alto por um momento e imaginar que você faça sucesso e seja mundialmente conhecida. Pense no enorme número de pessoas para quem você poderá falar do amor de Jesus! — Rafael parecia emocionado. — E o seu irmão não é missionário? — Helena concordou, lembrando que já tinha até mesmo uma sobrinha na Somália. — Então? Você pode usar o dinheiro que ganhar, ou parte dele, para ajudar a missão! Helena, me diga, qual é sua altura?

— Um metro e oitenta e três centímetros — Helena ficava feliz em dizer sua altura sempre que alguém perguntava, pois já tinha quase 18 anos e não havia chegado aos temidos dois metros e doze centímetros — o maior pesadelo da sua infância e adolescência.

— Altura de *top model* você já tem!

Nisso Helena teve que concordar com ele!

— E nem preciso falar desse corpo perfeito, desse rostinho lindo e desses olhos azuis, mais belos que o oceano... — disse Rafael sorrindo, olhando demoradamente de alto a baixo para Helena enquanto se aproximava e começava a segurá-la pela cintura.

Helena se afastou, deixando claro que não queria aquele tipo de aproximação. Olhou para o relógio e se deu conta de que já estava quase na hora do jantar.

— Já vou indo, Rafael, senão minha mãe vai ficar preocupada. Prometo que vou conversar com ela a respeito desse assunto, ok? — Rafael concordou, com um sorriso esperançoso.

Helena foi até o quarto da amiga, que estava passando o aspirador de pó no tapete, e se despediu. Passou em frente ao escritório de Lorenzo e, ao ver a porta entreaberta, entrou.

— Tchau, tio... — disse Helena baixinho, porém ele não respondeu.

Chegou mais perto de onde Lorenzo estava e viu que ele roncava, ajoelhado no chão com a cabeça inclinada em cima de uma cadeira. Provavelmente havia cochilado enquanto orava.

Ao sair para a rua, Helena olhou para trás. Rafael, parado na porta da sala, acenou-lhe e gritou, com o sorriso mais encantador do mundo:

— Pense nos missionários!

Depois que Helena já tinha ido embora, Rafael pegou a cartinha que ela havia lhe dado e encontrou o seguinte poema:

AMO-TE

Amo-te muito
Amo-te tanto
Que não sei o quanto
De tanto te amar.
Amo-te por amar
Amo-te sem pensar
E por isso fico a divagar
De tanto que te amo.

E amo sem querer
E amo por te amar.
Amo-te por mais que eu não queira
Amo-te sem pensar no amanhã
E sem medir consequências.
Sou louca por te amar
E desejo querer mais.
Amo-te e não sei o quanto
De tanto te amar.

De todo o meu coração, Helena Santanna.

Ao terminar a leitura da carta, Rafael sorriu. Amassou-a entre as mãos e a arremessou dento da cesta de lixo. Afinal, ele sempre havia detestado poesias.

"Tá no papo!", murmurou, com um sorriso triunfante.

Helena estava tão apaixonada por Rafael que quase não sentia fome. Milagrosamente tinha que se esforçar para conseguir comer alguma coisa. Tudo o que fazia era voltado para ele. Sua mãe dizia que ela estava meio maluquinha, e era assim mesmo que Helena se sentia. Andava sempre suspirando, e quando ouvia uma música romântica começava logo a chorar. Às vezes sentia uma vontade louca de estar perto dele, e quando isso acontecia, nem conseguia aproveitar direito o momento, pois passava mal; seu coração disparava, suava frio, sentia cólicas e ficava completamente desnorteada. Eles ainda não estavam namorando, pois Rafael lhe dissera que sentiu a direção de Deus de só começarem um compromisso sério com a bênção de Jader, depois do término do concurso. Enquanto isso, ele estava sendo um perfeito cavalheiro com ela.

Jader ainda não sabia do interesse de Helena pelo filho de Lorenzo, pois Helena resolveu contar primeiro para sua mãe, que era muito mais compreensiva. Ao receber a notícia, Beatriz aconselhou-a a não se precipitar e buscar conhecer a vontade de Deus, mas ficou feliz pela possibilidade de sua filha finalmente começar a namorar. Rafael não era muito do seu agrado. Ela o achava velho demais para Helena e tinha um pouco de medo do seu passado, mas notava que Rafael estava cada vez mais transformado. Ele havia se reconciliado com a igreja, tratava Lorenzo com um respeito que jamais tivera com ele e até mesmo chorava nos cultos! Decidiu, então, dar uma chance ao rapaz, pois também estava preocupada com Helena, que já tinha 18 anos e nunca havia demonstrado interesse por nenhum rapaz.

Helena sabia que seu pai tinha uma viagem programada a serviço para o Canadá por um período de cinco meses. Então, determinou-se a esperar até ele partir para contar a sua mãe sobre o concurso de Miss São Paulo. Ela estava certa de que seu pai jamais concordaria com aquilo. No dia em que Helena contou para Beatriz, resolveu que seria melhor não lhe dizer que era Rafael quem queria que ela participasse. Falou para a mãe que a iniciativa de participar do concurso havia sido somente sua. Beatriz relutou no começo, mas Helena insistiu tanto que ela acabou concordando. Porém, impôs uma condição: quanto às atividades do concurso, sempre acompanharia Helena aonde quer que ela fosse.

Helena encontrou uma maneira de passar mais tempo com Rafael sem que ninguém soubesse: Dizia para sua mãe que iria à casa de Juliana, mas ia somente até um pedaço do caminho. Lá Rafael a encontrava. Helena não via nada de mal naquilo, pois eles só conversavam, e o máximo de contato físico que tinham era ficar de mãos dadas. E além do mais, sua amiga a havia deixado de lado; depois que Helena avisou-a que não faria mais a avaliação final do programa de intercâmbio da Inglaterra (pois queria dedicar seu tempo apenas ao concurso de Miss), Juliana passava quase o tempo todo trancada no quarto ou reunida com algumas ex-colegas, estudando para a prova eliminatória. Ela havia decidido que mesmo que Helena não participasse, ainda assim iria lutar por uma vaga.

Helena esperava Rafael no lugar de sempre, quando um fusquinha parou do seu lado. Era o carro de Lorenzo, e Rafael estava no volante.

— Entra aí! — disse Rafael abrindo a porta para ela.

Helena achou aquilo um pouco estranho, pois eles nunca tinham saído sozinhos de carro para um passeio. Mas entrou. Confiava demais em Rafael para questionar qualquer atitude sua.

Quando já estavam na estrada, e vendo que Rafael não iria dizer nada, Helena resolveu perguntar:

— Aonde estamos indo?

— Vou levar você para conhecer um amigo. Nós temos menos de dois meses para as etapas de seleção, e eu quero que você aprenda algumas coisas com ele.

— Que tipo de coisas? — perguntou Helena, com uma pontinha de receio.

— Helena, não quero que você desconfie de mim. Jamais, ok? Minhas intenções são as melhores possíveis! — Helena olhou timidamente para ele e concordou com a cabeça. — Esse meu amigo já treinou várias modelos famosas a ser o que são hoje. Atualmente ele está um pouco estagnado, devido a problemas que não vêm ao caso agora, mas com a experiência que possui no ramo da moda, poderá te ajudar muito!

Rafael estacionou em frente a um esplêndido salão de estética de dois andares, que devia ser o santuário de rituais de beleza frequentado por muitas mulheres da alta classe social. Na frente do prédio, uma enorme e espalhafatosa placa de neon estampava o nome *Angel Beauty*. Rafael apertou a campainha e em seguida um homem loiro, magro, de média estatura, beirando os 40 anos (e vestido com roupas que pareciam ser de alguma boutique famosa) veio recebê-los. Ele tinha os braços abertos e um sorriso franco no rosto.

— Rafaelzinho, há quanto tempo, meu querido!

— Por favor, Ângelo... — Rafael murmurou entre os dentes. — Não me chame assim!

— Tudo bem, emburradinho! — disse o homem com as mãos nos quadris e fazendo um beicinho.

— Helena, esse é o Ângelo. Ângelo, essa é Helena, a moça de quem eu te falei.

Helena cumprimentou o simpático Ângelo e sentiu que gostou dele já desde o início. Mas quando olhava para ele, não conseguia parar de pensar na calopsita que sua vizinha possuía como mascote. Com um majestoso topete loiro e muito blush nas bochechas, ele realmente lembrava a ave exótica.

— Ah, que mocinha linda! — disse Ângelo enquanto segurava a mão de Helena com delicadeza. — Vamos entrando! Mas venham pelos fundos, que o salão principal está uma loucura hoje!

Helena e Rafael acompanharam Ângelo e entraram por uma porta atrás do prédio.

No recinto onde eles estavam, não havia mais ninguém além deles. Porém, aparentemente se encontravam ali todos os apetrechos necessários a um salão de beleza.

— Querida, tire a roupa — disse Ângelo sem fazer cerimônias, com uma fita métrica na mão.

Helena nem se mexeu. Bem capaz que ela tiraria sua roupa na frente de dois homens, e ainda mais estando sozinha com eles!

— Vamos, Helena! — pediu Rafael. — Ele não vai paquerar você. E eu prometo que não olho até você estar vestida.

Helena hesitou um pouco, mas não podia dizer não a Rafael. Tirou a calça e a blusa, sempre se certificando de que Rafael continuava olhando para o outro lado.

Ângelo começou medindo seu tronco e foi descendo, até chegar a suas coxas.

— Medidas perfeitas de busto, cintura e quadril! E as pernas são tão longilíneas e torneadas que dá até vontade de mordê-las! — Ângelo fez de conta que iria lhe dar uma mordida e beliscou de leve o rosto de Helena, enquanto caminhava ao seu redor, admirando-a. — E esse rostinho, meu amor... Ai, ai!

Helena vestiu-se e avisou Rafael que já podia se virar.

— Rafael, você me disse por telefone que ela nunca desfilou, é verdade?

— É... Estou apostando alto. Acha que ela tem chance?

— Vou ser bem sincero contigo, Rafa; fazia tempo que eu não via uma beleza como a dela. Mas teremos muito trabalho pela frente! Ela vai competir com meninas experientes na passarela, algumas que desfilam desde os 12 anos de idade!

Na semana seguinte Helena e Rafael se encontravam novamente no salão de Ângelo. O pai de Helena estava viajando, sua mãe pensava que ela estava na casa de Juliana, e Lorenzo e Juliana acreditavam que ela estivesse em casa ou ensaiando com a própria produção realizadora do concurso. E Juliana estava tão absorta nos estudos, que não teve tempo para investigar o porquê de sua amiga quase não ir mais a sua casa, nem mesmo procurá-la via internet ou telefone.

— Senta aí, meu bem. — Ângelo indicou a Helena uma poltrona de cabeleireiro. — Vamos afinar e alinhar essas sobrancelhas.

— Mas eu gosto delas assim! — protestou Helena, que era feliz com suas sobrancelhas do jeito que estavam. Desde a sua adolescência, ela costumava tirar apenas alguns pelinhos que teimavam em nascer onde não deviam.

— Querida, elas são muito grossas e a deixam com um visual pesado! Uma modelo precisa ter leveza! Leveza, leveza, leveza, entende? — disse ele levantando os braços e balançando as mãos, cada vez que repetia “leveza”.

— Precisarei pintar os cabelos? Tenho alguns fiozinhos brancos precoces...

— Não, meu bem — ele pegou a pinça e começou a arrancar um por um.

— Ai! — Helena reclamou.

— Quanto mais natural você se mostrar, melhor. Vamos apenas dar uma repicada nessa cabeleira.

— Helena, o Ângelo está em dívida comigo, e várias modelos famosas já passaram pelas mãos dele. Então, ele vai cuidar de você, ok? — disse Rafael. — Preciso sair para resolver um assunto urgente, mas daqui a pouco eu volto para te buscar.

— Tudo bem — respondeu Helena. Rafael deu-lhe um beijo no rosto e saiu.

Helena não tinha medo de ficar sozinha com Ângelo. Ele parecia ser uma pessoa de confiança. Na verdade, ela até se sentia bem à vontade com ele.

— Queridinha, vou lhe dar uma lista de atividades e quero que a partir de amanhã você comece a colocá-las em prática.

Helena pegou a lista e viu que ela começava com um monte de restrições alimentares: "eliminar doces, frituras, refrigerantes, cafeína, produtos refinados e industrializados...".

— Ângelo, eu não tenho tendência para engordar! Acho que não engordo nem com mau-olhado! — afirmou Helena, que viu que iria passar fome com aquela dieta de "corta-tudo".

— Não é pelo peso, mas para o benefício da sua pele! Ah, e pode me chamar de *Angel*, querida.

Helena continuou lendo a lista: "... iniciar um programa de exercícios, incluindo musculação moderada, ginástica aeróbica e muito alongamento, usar salto alto de ponta fina do momento em que acordar até a hora de dormir e uma cinta modeladora de compressão média...".

— Passar o dia todo em cima de um sapato de salto alto e ainda por cima de cinta... — Helena riu. — Tá de brincadeira, né? — Ângelo fez que não com a cabeça. — Durante toda a minha vida eu usei calçados do tipo rasteirinha para disfarçar minha altura! — exclamou Helena.

— Pois é, meu bem. Mas uma modelo que se preze, não importa a sua altura, tem que saber andar graciosamente em cima de um salto alto! E a cinta vai afinar ainda mais sua cintura e ajudará a manter uma postura adequada. Eu quero que a partir de amanhã você venha aqui todos os dias para ter aulas específicas de postura e passarela. E venha de salto alto, querida!

Já que Rafael não estava ali e Ângelo parecia conhecê-lo bem, Helena resolveu fazer algumas perguntas a seu respeito.

— O Rafaelzinho é uma boa pessoa — disse Ângelo. — Quando eu estava na maior fossa ele foi um dos poucos que me ajudou.

— Em que ele o ajudou?

— Ah, negócios, querida! E você, gosta dele?

— Muito!

— Percebo que as suas perninhas tremem quando ele está perto de você! — Ângelo falou, com um sorriso travesso.

— Você acha que ele poderia gostar de mim? — *Não acredito que estou expondo minha vida e pedindo conselhos a uma pessoa que eu nem conheço!*, Helena pensou.

— É claro, meu amor! Eu conheço bem o Rafael e sei que ele não presta favores a ninguém de graça. Se ele tomou a iniciativa de ajudá-la, é porque algum sentimento especial ele nutre por você!

— Pois é, mas eu tenho muitas dúvidas em relação a certas coisas...

— Querida, siga o seu coração! Ele nunca vai te enganar. Se o seu coraçãozinho está dizendo para você investir em um romance com o Rafael, então vai fundo, menina! Você jamais será feliz se contrariar seu coração.

— É... Acho que você tem razão.

Juliana foi aprovada em sétimo lugar na prova eliminatória do programa de intercâmbio para a Inglaterra. Ela pensou que seria um grande desafio conseguir convencer seu pai a deixá-la morar por quatro anos em um país completamente desconhecido, mas surpreendeu-se com o retorno positivo que obteve dele. Suas malas já estavam prontas e no outro dia bem cedinho ela partiria para a Inglaterra, juntamente com os outros nove bolsistas brasileiros.

— Filha, eu quero que você me prometa que não vai se corromper com os maus costumes e não vai deixar ninguém tirar a sua pureza! — disse Lorenzo enquanto jantavam.

— Sim, pai.

— E também vai procurar uma igreja compromissada com a verdade e congregará direitinho!

— Pai, não se preocupe! Vai dar tudo certo! — Juliana sorriu, imaginando o quão difícil deveria ter sido para seu velho pai permitir que ela embarcasse naquela aventura.

Helena entrou na cozinha e cumprimentou os dois, que repararam que havia algo diferente nela. Depois do jantar, Lorenzo foi para o seu escritório orar. Helena e Juliana conversavam na sala, que se encontrava abarrotada de malas. Helena estava entre as vinte finalistas do concurso de Miss São Paulo, e havia passado os últimos dias em diversas atividades contratuais com as outras candidatas. Tinha sido difícil arranjar um tempo livre para se despedir da amiga.

— Nem acredito que vamos nos separar — Helena falou.

— Nem eu... — disse Juliana um pouco triste. Quando olhou novamente para a amiga notou que havia algo faltando em seu pescoço. — Helena, cadê o seu colar?

— Ju... Eu estava esperando o momento certo para lhe contar — disse Helena envergonhada, enquanto Juliana olhava assustada para ela, já imaginando o pior. — Eu e o Rafael fizemos amor. — Helena sorriu timidamente.

— Eu não acredito, Helena! — Juliana se levantou nervosa. — E aquele papo de usarmos nossa amizade como apoio para nos mantermos puras, vivermos em santidade... Era tudo besteira, então?

— Ju, eu não creio que algo tão lindo como o que aconteceu entre mim e seu irmão possa ser errado! — disse Helena na maior naturalidade. — Quer saber como foi?

— Não, eu não quero! — Juliana estava irritada. — Helena, o que aconteceu com você?

— Ai, Ju... Você fala como se eu fosse um monstro! Eu simplesmente abri meus olhos para a vida, amadureci! E você acha que Deus tem tempo para ficar se importando com a virgindade das pessoas?

— Não é apenas a questão da virgindade em si, mas da iniquidade, seja ela qual for, que nos afasta dEle, Helena! Você já se esqueceu das entrevistas que fizemos quando tínhamos 13 anos? E das nossas conversas sobre santidade? — indagou Juliana, lembrando-se das muitas madrugadas em que elas passaram acordadas estudando a Bíblia e falando sobre os mistérios de Deus. — Sua mãe já sabe disso?

— Ainda não contei para ela. Mas pense comigo, Ju: eu e o Rafael vamos nos casar assim que ele resolver uma questão em Nova York, e tenho certeza absoluta de que é ele o meu *P.E.A.* Nós só adiantamos um pouquinho as coisas! Eu nunca pertenci a nenhum homem, só a ele, e se ele vai ser meu esposo, então vai dar na mesma!

— Não concordo com isso. Você está cega para a realidade! Também penso que a vida de modelo não é para você!

— Você está é com ciúmes de mim, Juliana. Admita!

— Não, Helena. Eu sinto pena de você!

— Mentirosa. — Helena se levantou, olhando com raiva para Juliana. — Está com ciúmes, sim, pois com essa alturinha e esses quadris largos você nunca poderia ser uma modelo!

— Olha, Helena, não quero mais discutir. Agora o meu pacto de santidade é com Jesus. — Juliana tirou seu colar do pescoço e atirou-o para Helena, que fez questão de deixá-lo cair no chão. — Vou manter-me pura somente por amor a Ele!

— Duvido que você consiga — Helena disse com um sorriso sarcástico. — Ainda mais na Inglaterra, onde os homens são cheios de charme!

— Eu não só vou me manter pura como também vou dar meu primeiro beijo na noite do meu casamento!

Helena saiu furiosa porta afora, e Juliana foi para seu quarto chorar. Deitada de bruços em sua cama, ela soluçava, enquanto era invadida por um misto de emoções conflitantes: tristeza, raiva, alegria, ciúmes, esperança... Todas ao mesmo tempo!

Quando já não havia mais o que chorar, Juliana ajoelhou-se na beira da cama e, resignada, orou por sua amiga. Depois, orou por si própria. Pediu a Deus que lhe desse forças e a ajudasse a conseguir cumprir aquela promessa.

Os dias passaram-se rapidamente, e a noite da etapa final do concurso de Miss São Paulo finalmente chegou. Helena estava entre as três finalistas. Ela e suas duas colegas aguardavam ansiosas atrás de uma cortina no camarim, até que seus nomes fossem chamados pelo apresentador, um ator famoso da televisão. Uma das candidatas foi anunciada. Após alguns minutos, Helena ouviu seu nome também ser chamado em voz alta: "A próxima finalista é a candidata de São Paulo, Helena Dahlin Santanna!"

Uma música alta e envolvente tocava enquanto Helena, com um ar insinuante e toda cheia de estilo entrava sorrindo no palco. Ela vestia um maiô preto tomara-que-caia que deixava as costas e a maior parte dos seus glúteos à mostra. No seu primeiro desfile, Helena teve que usar um biquíni extremamente pequeno, e havia se sentido muito embaraçada em exibir seu corpo para estranhos. Mas já se acostumara com aquilo. Na verdade, agora ela até gostava. Helena desfilou incrivelmente bem, com desenvoltura e graciosidade. Enquanto dava a volta na passarela, o apresentador continuou narrando: "Ela tem 18 anos, um metro e oitenta e três centímetros e pesa 74 quilos. Tem 59 centímetros de cintura, 90 centímetros de busto e 95 centímetros de quadril! Está no primeiro semestre do curso de Letras, é fluente em inglês e gosta de jogar vôlei e handebol. Escreve poesias, seu poeta preferido é Olavo Bilac e seu maior sonho é poder ajudar a melhorar o mundo!

Helena parou ao lado da sua colega, fazendo pose, enquanto a última candidata era chamada. Pôde ver sua mãe na plateia ao lado de Rafael, ambos torcendo por ela e sentiu-se mais segura. Desejou que Juliana também estivesse ali para vê-la na sua glória.

As três finalistas aguardavam de mãos dadas o resultado do concurso. O apresentador começou dizendo: "A terceira colocada é... Miss Itapecerica da Serra!"

Helena vibrou. Não havia sido ela! Ainda tinha chance de ser a Miss São Paulo!

"Ainda restam duas candidatas!", o apresentador continuou, fazendo o maior suspense. "Quem será a Miss São Paulo desse ano, que irá representar o nosso Estado no Miss Brasil, podendo chegar ao Miss Universo? Quem será a mais bela, a mais talentosa e capacitada para reinar por um ano? Estamos num momento de expectativa... É apenas uma vaga e eu já tenho o resultado da vencedora! Quem será coroada a rainha de São Paulo? A representante de Sumaré ou de São Paulo capital?"

Helena e a outra menina, de mãos dadas, se olhavam num nervosismo só. O fundo musical em estilo de mistério e suspense deixava a espera ainda mais angustiante. De repente, os tambores ressoaram e o apresentador prosseguiu: "E a Miss São Paulo desse ano é... Miss Sumaré!!!". A colega de Helena gritou, chorando, enquanto as duas se abraçavam. "Bárbara Shmitz Machado é a eleita! É ela a nossa rainha, a soberana de São Paulo!"

Finalmente uma música alegre começou a tocar e a rainha do ano anterior veio parabenizar a nova Miss São Paulo, colocando nela o manto de veludo e a coroa — traje próprio de uma Miss. Helena e a moça que havia ficado em terceiro lugar, sorriam e aplaudiam sua colega, que recebia as honras. Porém, a falsidade daquele gesto e a frustração que sentiam eram evidentes.

No camarim, sentada em uma banqueta com as mãos no rosto, Helena chorava, enquanto Ângelo tentava em vão consolá-la. Sua maquiagem escorria junto com as lágrimas.

— Querida, pare de chorar! — exclamou Ângelo. — Daqui a pouco você terá que dar entrevistas e não pode aparecer com os olhinhos inchados! — Ao ouvir essas palavras, Helena começou a chorar ainda mais. — Ai, ai... Já vi que vou ter que refazer todinha a sua maquiagem!

Rafael e Beatriz entraram no camarim. Após Beatriz abraçar a filha, Rafael também deu um abraço prolongado em Helena.

— Meu amor, você conseguiu! — disse Rafael emocionado, enxugando as lágrimas que escorriam pelo rosto de Helena.

— Eu não venci Rafael! — ela retrucou emburrada, enquanto arrancava a faixa presa no seu maiô (com o nome da sua cidade) e a atirava longe.

— Helena, a vencedora era candidata a Miss São Paulo pela terceira vez! — disse Rafael. — Você não tinha nenhuma experiência e ficou em uma posição excelente! — Rafael sentou-se ao lado dela e envolveu-a amorosamente com seus braços musculosos. Helena aninhou a cabeça junto ao peito dele.

— Você me ama mesmo eu sendo a segunda mais bela? — perguntou Helena, fungando.

— É claro, meu amor. E para mim, você é a número um! — Rafael a beijou, enquanto afagava seus cabelos negros. — Você é a Miss do meu universo, só minha!

O celular de Beatriz tocou. Ela olhou no visor e viu que era Jader. Beatriz demorou um pouco a atender, pois já imaginava o que viria pela frente.

— Como é que você pôde me deixar fora disso, Beatriz? — Jader, que ainda se encontrava no Canadá, estava furioso.

— Amor, você não iria concordar que Helena participasse... E esse concurso era muito importante para ela!

— É claro que eu não iria concordar! Mas será que eu não poderia ter sido ao menos informado dessa abominação?

— Nós iríamos lhe dizer na hora certa, querido. — Beatriz tentava falar da forma mais meiga possível, na tentativa de acalmar seu marido. — E como você ficou sabendo?

— Um amigo me ligou dizendo que MINHA FILHA — falou ele, enfatizando as últimas palavras — estava na televisão! Consegui assistir ao final do concurso pela internet! Beatriz, quando eu voltar, teremos que conversar seriamente sobre isso! — disse Jader em um tom de voz aborrecido. — Agora, me deixe falar com ela!

Beatriz passou o celular para Helena. Enquanto Helena conversava com seu pai, Rafael — que também recebera uma ligação — falava ao telefone (em um inglês terrível), parecendo, porém, bastante animado.

Rafael esperou Helena terminar de falar com o pai para notificá-la sobre o que o havia deixado tão feliz.

— Helena, acabei de receber a ligação do próprio diretor da agência onde eu trabalhava em Nova York, uma das mais respeitáveis dos Estados Unidos! — Rafael não cabia em si de tanta felicidade. — Ele quer assinar um contrato de trabalho com você, e ofereceu-me de volta o meu antigo emprego como fotógrafo!

Helena, toda melindrosa, não sabia se ria ou se voltava a chorar.

— Só que ele tem pressa — continuou Rafael — e quer que embarquemos em um avião para Nova York na próxima semana!

Beatriz caiu sentada em uma cadeira, completamente desolada. Agora sim que seu marido a enterraria viva!

6

Capítulo

Mesmo estando na carreira de modelo há pouco mais de um ano, Helena conquistou o seu espaço no mercado da moda, tão austero e restritivo. Tornou-se um sucesso! Volta e meia era capa de alguma revista de grande circulação, representava uma marca ilustre de calçados e havia participado do último videoclipe de uma conhecida cantora de música *pop* dos Estados Unidos — o que lhe rendeu muitas entrevistas e ainda mais popularidade.

Ela e Rafael moravam em um apartamento luxuoso em Nova York, e trabalhavam para a mesma agência que os havia contratado logo após o concurso de Miss São Paulo (no qual Helena ficara em segundo lugar). Como na época Helena já tinha 18 anos, decidiu que iria desistir da faculdade e aceitar o contrato quase milionário que lhe fora oferecido no exterior, mesmo sem pedir permissão ao seu pai. Só depois que Jader voltou do Canadá é que ficou sabendo que Helena e Rafael estavam juntos, e que haviam se mudado para os Estados Unidos. Por causa disso, Jader ficou sem falar com Beatriz por mais de um mês, pois a culpava, dizendo-lhe ter sido "cúmplice de uma loucura". Sentia-se inferiorizado porque a esposa e a filha tramaram pelas suas costas, sem ao menos pedir sua opinião. O casamento de Jader e Beatriz chegou a ficar à beira do divórcio, mas depois de muita oração e aconselhamento pastoral, acabaram se reconciliando.

Helena ainda não visitara seus pais nenhuma vez, e também insistia para que eles não fossem vê-la. Tinha a agenda sempre cheia e não queria perder nenhum trabalho, pois estava ganhando muito dinheiro. Sabia que a fama poderia ser passageira, e por isso aproveitava todas as oportunidades que apareciam. Mas ligava para Jader e Beatriz quase todos os dias para dar notícias e saber como eles estavam.

Jader não aprovava o trabalho de Helena, e seu coração doía todas as vezes que a via em um determinado comercial da TV ou em alguma revista. Mas estava feliz de certa forma, pois Helena informara que ela e Rafael haviam se casado no civil e até mesmo no religioso, e que se encontravam firmes com Jesus. Congregavam em uma igreja próxima ao apartamento em que moravam, e estavam muito bem juntos. Para Jader, o que realmente importava é que ela estivesse nos caminhos do Senhor, vivendo uma vida digna e feliz. O restante dava para suportar.

Eram 4 horas da tarde de um gelado domingo de começo de inverno no Brasil. Jader sesteava em seu quarto. O telefone tocou na sala e Beatriz atendeu. Era Helena.

Contavam as novidades uma para a outra como sempre faziam, na maioria das vezes coisas bem banais, quando Beatriz notou que de repente Helena ficou muito quieta.

— Helena, você ainda está aí?

Do outro lado da linha Helena começou a soluçar baixinho.

— Filha, o que foi? Você está com algum problema?

— Mãe... Eu não aguento mais! — exclamou Helena chorando. — Eu menti para vocês durante todo esse tempo!

— Como assim, Helena? — perguntou Beatriz espantada.

— Está tudo errado comigo e com o Rafael... Nós não nos casamos na igreja... Ele nem me deixa ir à igreja! — Helena fazia pausas em cada frase pronunciada, pois estava chorando muito e soluçava profundamente. — Sou quase uma viciada em heroína... Ele me obriga a dormir com homens influentes na agência para conseguir trabalhos melhores... E se eu me recuso ele bate em mim!

Do outro lado da linha, Beatriz estava tão chocada que não conseguia emitir nenhuma palavra.

— Ele forçou-me a abortar o meu bebê, mãe... O meu bebê!

Helena sabia que aquilo estava sendo um choque terrível para a sua mãe, mas precisava falar a verdade. Não suportava mais o inferno em que vivia. Sua vida tornara-se um pesadelo tão grande nos últimos meses, que ela chegou ao ponto de pensar em se suicidar.

Helena não tinha mais nada a dizer. Apenas chorava. Do outro lado da linha sua mãe também chorava. De repente Helena sentiu a presença de alguém próximo a ela. Virou-se para trás e viu que era Rafael. Ele a olhava fixamente, com os olhos extremamente vermelhos e arregalados. Gotas de suor escorriam por sua face.

— Mãe, preciso desligar! — Helena colocou rapidamente o telefone no gancho, enquanto Rafael se aproximava dela.

— Estava fazendo fofoca para a mamãezinha? — perguntou ele com ódio no olhar e um sorriso diabólico. Helena meneou a cabeça negativamente e esquivou-se para trás. Rafael a agarrou pelos cabelos e ergueu o braço sobre seu rosto, fechando o punho com furor. Ele havia exagerado na dose da droga outra vez.

— Não, Rafael, por favor, não! — Helena suplicava, gemendo.

— Sua vadia, está pensando em se livrar de mim? — Helena negava e implorava por piedade. — Você não seria nada sem mim, vagabunda! Eu criei você! — Rafael esmurrou-a, arremessando-a com força ao chão. Ao cair, Helena bateu com a cabeça na quina da mesa e perdeu os sentidos. Rafael saiu gargalhando alto do recinto onde Helena jazia desmaiada, completamente desvairado.

Helena acabara de acordar. Estava tonta, com uma forte dor de cabeça e um gosto amargo na boca. Esforçou-se para se levantar, pois sua cabeça doía muito. Ao ver que dormira no chão da sala, lembrou-se do que havia acontecido: fora espancada de novo por Rafael, e dessa vez mais violentamente do que nas outras vezes. Começou a chorar, enquanto caminhava arrastando os pés em direção à cozinha. Precisava urgente de um copo de água, pois sua boca tinha um gosto horrível de sangue podre. Quanto tempo ela ainda conseguiria suportar aquele tormento que sua vida se tornara? Já havia pensado várias vezes em fugir dali, voltar para o Brasil, mas amava Rafael insanamente! Sentia-se presa a ele, da mesma forma que um peixe indefeso está preso à lampreia que aos poucos suga sua vida. E como poderia encarar seus pais, sua igreja e aqueles que a queriam bem, depois de tudo o que havia feito? Sentia que nem Deus a perdoaria mais. Pousou a mão sobre o ventre liso e sentiu um vazio em sua alma, um remorso e uma dor indescritível.

Lembrou-se de que se não tivesse tirado o seu bebê no terceiro mês de gestação, ele agora estaria com um mês de vida. Como ela pôde fazer aquilo? Como pôde deixar Rafael obrigá-la a matar seu bebê? Ao chegar à cozinha, tropeçou em alguma coisa. Acendeu a luz, pois já era noite e ela havia ficado desacordada durante toda a tarde na sala. Quando olhou para o chão, um choro alto e seco de desespero e pavor emergiu de dentro do seu peito. Rafael estava estendido no chão, descorado, com os braços abertos e os olhos esbugalhados. Da boca escancarada escorria uma espuma espessa e esbranquiçada. Ao seu lado havia uma seringa, uma colher, um isqueiro e algumas pedras de heroína. Helena se agachou e colocou a mão no pescoço de Rafael, molhando o rosto dele com suas lágrimas. Ele estava gelado e sem pulsação. Já não havia mais nada a fazer. Rafael morrera de overdose.

Aterrorizada e sentindo que viver já não valia mais a pena, Helena pensou na solução mais simples: injetar em si mesma uma grande quantidade de heroína e provocar uma overdose. Sabia que era no inferno que ela iria encontrar-se com Rafael, mas isso já não importava. Colocou a droga na colher, aqueceu-a até que ficasse líquida e encheu a seringa. Ela se injetaria quantas vezes fosse necessário até que seu corpo sucumbisse. Quando aproximou a agulha do braço, ouviu o telefone tocar. Largou a agulha no chão e caminhou lentamente até a sala. Seria aquela a última pessoa que falaria com ela antes que morresse. Tirou o telefone do gancho e atendeu. Era sua mãe.

— Helena... — Beatriz chorava e soluçava do outro lado da linha. — Aconteceu uma tragédia, filha! — Helena ouvia em silêncio. O que poderia ser pior do que aquilo que havia acontecido no seu apartamento? — Quando falei para o seu pai o que você me contou na última conversa que tivemos, ele sofreu um infarto, Helena! — Beatriz gemia e soluçava igual a uma criança. — Chamei a emergência, mas não conseguiram reanimá-lo... Seu pai está morto... Jader está morto, Helena!

Helena deixou sua mãe ainda falando e colocou o telefone no gancho. Caminhou pausadamente e em silêncio até a cozinha. Tinha os olhos firmes e já não chorava. Olhou para a droga no chão, e determinou-se a continuar de onde havia parado, quando uma voz começou a dizer em sua mente: *Não, Helena! Morrer numa boa, de overdose, seria bom demais para você! Você merece sofrer! Tem que ir para o inferno sofrendo! Você matou seu bebê e o seu próprio pai! Assassina! Assassina! Assassina!*

Helena pegou uma faca afiada e comprida de dentro de um faqueiro no armário, que nunca havia sido usada e olhou para ela, sorrindo. Encostou a faca no peito e, abraçada a ela, acariciou-a, rindo alto e embalando-a como se fosse um bebê. Naquele momento, Helena tinha acabado de perder suas faculdades mentais.

Helena deitou-se ao lado do corpo de Rafael, ergueu o braço esquerdo e passou a faca em seu próprio pulso. Urrou, sentindo uma dor lancinante acompanhada de fisgadas terríveis, enquanto uma golfada de sangue quente espirrava em sua face. Pegou a faca novamente, e com a mão trêmula fez um corte ainda mais profundo no outro pulso. Dessa vez não gritou. Aconchegou-se ao peito gélido de Rafael e sorriu, olhando apaixonadamente para ele. Começou a cantarolar baixinho uma música da sua infância, feliz como uma menininha que ganhava colo da mãe, enquanto sua roupa e a de Rafael embebiam-se com o sangue que escorria de seus pulsos rasgados.

O corpo de Rafael havia sido transportado para São Paulo e velado juntamente com o de Jader. Ambos foram sepultados no mesmo cemitério, e as únicas pessoas próximas aos falecidos que não compareceram para um último adeus foram Helena e Eduardo. Eduardo recebera a notícia da morte de seu pai com dez dias de atraso, pois no obsoleto e necessitado vilarejo em que ele morava (com Ayanna e sua filhinha *Chidima*, de três anos), o progresso e o desenvolvimento ainda não haviam passado nem por perto. Para se comunicarem com as pessoas de fora, tinham que utilizar o recurso das cartas, que eram transportadas de navio de tempos em tempos.

Juliana viera da Inglaterra para a cerimônia fúnebre e ficou no Brasil por uma semana apoiando seu pai, pois ele estava inconsolável e muito abatido. Dali a quatro meses ela entraria em férias da universidade e pretendia passá-las no Brasil com Lorenzo, objetivando ajudá-lo a superar o maior trauma da sua vida. Na Inglaterra ela estava morando na casa de um casal de velhinhos muito amáveis, que frequentavam a mesma igreja que ela. Foram eles que pagaram sua passagem de ida e volta, pois possuíam uma situação financeira bastante favorável e já amavam Juliana como a uma filha.

Durante o velório e enterro das duas pessoas a quem Helena mais amou, ela esteve em um hospital de Nova York, sedada e recebendo reposição de sangue. Na noite fatídica em que ela havia cortado os pulsos, um amigo de Rafael fora visitá-los, e vendo que a porta do apartamento deles estava aberta, entrou. Encontrou Helena desacordada, mas ainda viva, e levou-a às pressas para o hospital mais próximo. Após um mês de cuidados médicos, a saúde física de Helena já estava reestabelecida e ela pôde receber alta hospitalar. Beatriz trouxe-a de volta ao Brasil, mas teve que interná-la em uma clínica psiquiátrica, pois sua filha havia sido diagnosticada como mentalmente insana e provável candidata ao suicídio.

Lorenzo estava profundamente deprimido, e passava os dias culpando-se pela morte do primogênito. Se ele não tivesse sido tão mole, se tivesse dado uma educação mais severa para Rafael, principalmente na idade em que ainda tinha domínio sobre ele, seu filho poderia estar vivo agora. Por que ele havia deixado Rafael fazer tudo o que queria? Por que sempre atendera a todas as suas vontades? O que custaria ter-lhe dito "não" mais seguidamente e dado umas varadas de vez em quando? Essas perguntas o atormentavam a todo o momento, dilacerando ainda mais seu coração com culpa e remorso.

Desde que Rafael e Jader faleceram, Lorenzo vinha comparecendo à igreja esporadicamente, e em sua casa passava quase o tempo todo dormindo, pois assim não tinha que encarar a realidade. Nem para orar ele encontrava mais forças. Ia até o seu escritório, ajoelhava-se, mas nenhuma palavra saía de sua boca, além de choro e lamento.

Era uma tarde de sexta-feira, e Lorenzo estava em seu escritório. Ajoelhado com o rosto no chão diante da presença de Deus, ele apenas chorava. Depois de algum tempo suas pernas começaram a adormecer, então ele disse um "Amém" para terminar aquela estranha e muda oração e sentou-se no chão, com as costas apoiadas na parede. Olhou para o lado e viu o jornal daquele dia dentro da cesta de lixo. Ele já não lia mais o jornal, contudo, entediado, pegou-o e começou a folheá-lo. Mortes e mais mortes, só notícias ruins! Lorenzo imaginou que se espremesse aquelas folhas, sangue poderia verter delas! Pensando que tinha que cancelar logo a assinatura daquele periódico inútil, Lorenzo atirou-o para o lado. Porém, ao fazê-lo, sem querer ficou segurando uma das folhas. Ao abri-la, deparou-se com a foto de um acidente de trânsito, em que um elegante jovem vestido de terno e gravata estava ajoelhado no asfalto, com as mãos na cabeça, chorando em profundo desespero. Movido pela curiosidade, Lorenzo resolveu ler a reportagem:

DUPLA TRAGÉDIA EM PORTO ALEGRE: AO PRESTAR SOCORRO EM UM ACIDENTE AUTOMOBILÍSTICO, HOMEM DEPARA-SE COM ESPOSA E FILHA ENTRE AS VÍTIMAS

O advogado Amin Hassan Zayid, palestino radicado no Brasil há sete anos, estava em seu escritório quando ouviu o barulho de carros colidindo. Calculando que fosse um acidente, correu até a rua para prestar socorro, mas foi surpreendido com a identidade das vítimas: sua esposa e sua filha de 2 anos. As duas não resistiram ao impacto e morreram na hora. O acidente ocorreu no centro de Porto Alegre, capital do Rio Grande do Sul, na manhã de ontem, quando o motorista bêbado de um furgão atravessou no sinal vermelho e bateu no Gol que era conduzido pela esposa do advogado. O motorista do furgão não resistiu aos ferimentos e faleceu poucos minutos após o acidente.

"Pobre homem!", exclamou Lorenzo, que sabia bem como era sofrer duas perdas de uma só vez. Levantou-se, destacou aquela reportagem e a pôs dentro do seu caderno de orações. Dobrou os joelhos novamente, pois algo muito forte o impulsionava a orar por aquele jovem. Começou a interceder pelo rapaz de nome estranho e chorou, sentindo sua dor. Quando se deu conta, já estava orando por todas as pessoas de quem se lembrava. O desejo de orar e interceder pelo próximo havia retornado. Lorenzo finalmente voltara à ativa.

Sabendo que Lorenzo era uma pessoa extremamente sossegada e de poucos amigos, o pastor Antônio e sua esposa vinham visitá-lo seguidamente em sua casa. Queriam-no muito bem, e compreendiam que durante o difícil período de luto, seu apoio e companhia eram imprescindíveis para que ele se recuperasse.

Naquele dia o pastor Antônio foi visitar Lorenzo sozinho, pois tinha um assunto muito importante para tratar com ele. Sentado no sofá da sala de estar da casa de Lorenzo, o pastor conversava com seu amigo, tendo uma xícara de café fumegante entre as mãos.

— Lorenzo, eu vim aqui hoje especialmente para lhe fazer uma proposta ministerial.

Lorenzo olhou desconfiado para o seu pastor, já imaginando que viriam mais insistências para que ele aceitasse o cargo de porteiro da igreja. Não que ele achasse aquela função ruim, ou não quisesse trabalhar para Deus. Mas como porteiro, ele quase não poderia assistir aos cultos. Sabia que Antônio só queria ajudá-lo dando-lhe alguma atividade para que se mantivesse ocupado, e pensou que talvez devesse negar-se a si mesmo e aceitar.

— Eu tenho um amigo que é pastor presidente da nossa igreja no Estado do Rio Grande do Sul, e ele está tendo um grande problema em uma das suas congregações — expôs o pastor Antônio. — Existe uma cidadezinha lá no Sul, com pouco mais de cinco mil habitantes, onde a obra de Deus não tem progredido. A única igreja evangélica daquela cidade possui apenas sete membros, e está sem pastor há mais de um ano.

— É difícil de acreditar! — disse Lorenzo. — Mas qual o motivo?

— Bom, é uma cidade rural cuja economia está baseada na agricultura, e a maior parte dos fazendeiros que moram lá são imigrantes italianos, extremamente ligados às suas raízes religiosas. E como você já deve imaginar, eles não veem com bons olhos a ação de uma igreja evangélica na sua comunidade.

— Precisamos orar sobre isso, pastor! — exclamou Lorenzo preocupado, pois compreendia muito bem do que se tratava aquela situação. Quando ele e Giúlia se batizaram, poucos meses antes de Juliana nascer, seus pais, religiosos muito fervorosos, ficaram abalados de tal forma com a sua conversão que diziam para todo o mundo, lamentando como se tivessem perdido um filho: "Perdemos o Lorenzo, perdemos o Lorenzo!"

— Certamente que sim, Lorenzo, pois o último pastor saiu de lá tão magoado que prometeu nunca mais colocar os pés naqueles arredores, nem que lhe dessem de presente metade das terras da cidade. Lorenzo, até que série você estudou?

Lorenzo estranhou a pergunta, mas respondeu:

— Parei de estudar com 10 anos, na quarta série do antigo ensino primário. Mas depois que me casei com Giúlia, fiz um curso supletivo e concluí os estudos. Tenho o Ensino Médio completo.

— E por acaso você já leu toda a Bíblia?

Lorenzo respondeu afirmativamente com a cabeça.

— Quantas vezes? — perguntou novamente o pastor.

Lorenzo já estava se aborrecendo com tantas perguntas. Para quê seu pastor precisava daquelas informações?

— Bem, desde que eu me converti... Oito vezes de capa a capa — disse Lorenzo meio contrariado.

— Oito vezes! — exclamou o pastor com os olhos arregalados. — Tem gente que se converte e não a lê por completo em uma vida inteira!

Lorenzo não achava que aquilo fosse motivo para tanta admiração. Afinal, conhecer bem a Bíblia era um dever de todo cristão! Ele era uma pessoa solitária, e gostava de utilizar seu tempo de forma útil. Lorenzo amava ler as Sagradas Escrituras e também possuía mais de cem livros (a maior parte de excelentes autores cristãos) que abarrotavam a estante do seu pequeno escritório. Não achou necessário dizer aquilo para seu pastor, nem do seu ministério de oração intercessória. Deus sabia, e era isso o que importava.

— Lorenzo, o meu amigo do Rio Grande do Sul suplicou-me que eu o ajudasse conseguindo alguém para pastorear aquela igreja. Eu orei muito a respeito disso, e Deus tem me mostrado que a pessoa certa é você! — Lorenzo atirou-se para trás na poltrona e gargalhou alto. — Eu não tinha plena certeza disso até termos a conversa de hoje — continuou o pastor, ignorando a incredulidade de Lorenzo.

— Eu? — perguntou Lorenzo ainda rindo e com o rosto vermelho.

— Sim, Lorenzo! Nenhum pastor quer se responsabilizar por aquela igreja. Eles dizem que Redenção[1] é um caso perdido. E pense bem, não seria um desafio interessante para você? Poderia começar uma vida nova em Redenção!

— Redenção? É esse o nome da cidade?

— Sim. Lorenzo, você tem o prazo de uma semana para orar e pensar no assunto.

— Pastor, eu não sou graduado em Teologia e não tenho experiência alguma em lidar com o público!

— Mas você ama as almas que estão se perdendo, Lorenzo! Já faz algum tempo que vejo isso transparecer em você.

Lorenzo inclinou a cabeça, pensativo, pois não imaginava que seu pastor soubesse daquilo.

— Se você aceitar fazer a obra do Senhor em Redenção — continuou o pastor — a igreja lhe dará um curso preparatório de um ano e meio, e após esse período você irá para lá como missionário.

— Pastor, antes de decidir qualquer coisa, eu preciso saber se o senhor está me dando essa oportunidade por sentir pena de mim, pela perda do meu filho...

[1] Cidade fictícia do Rio Grande do Sul.

— Lorenzo, veja bem — Antônio interrompeu-o. — Você sempre deu um bom testemunho de cristão, tanto dentro da igreja quanto fora dela. É filho de italianos, cresceu em uma colônia de imigrantes italianos, até mesmo fala em italiano! E possui um estilo de vida perfeito para alguém que precisa se dedicar totalmente à igreja. Quem melhor que você eu poderia indicar para pastorear a igreja evangélica de Redenção?

7

Capítulo

Aqueles dezoito meses passaram-se tão rapidamente que Lorenzo tinha a impressão de que o tempo estivesse descontrolado. Lembrou-se, porém, do que estava escrito em Tiago 4.14: "... *Porque que é a vossa vida? É um vapor que aparece por um pouco e depois se desvanece*". Não havia nenhum problema com o tempo. A vida é que era mesmo muito curta e passageira.

Lorenzo estava entrando no avião que o conduziria à cidade de Redenção quando de súbito sentiu um frio na barriga ao imaginar aquela coisa enorme levantando voo — e o pior de tudo, com ele dentro! Era a primeira vez que ele viajaria de avião. Sentou-se em uma poltrona ao lado da janela, e pensou que ainda dava tempo de descer e pegar um ônibus. Seriam quase dezoito horas a mais de viagem, mas pelo menos não correria o risco de sofrer um infarto; ou despencar com aquele monstro de aço em alguma montanha e se estrebuchar no chão! Lutou consigo mesmo, dominando suas emoções, e sossegou em seu banco, enquanto conversava com Deus. Lembrou-se do seu sonho de infância de ser piloto de caça da Força Aérea Brasileira, e sorriu, numa espécie de nostalgia. Ele não vivera aventuras emocionantes nas alturas, mas com o seu ônibus conduziu diariamente e em segurança centenas de crianças até suas escolas, pais de família aos seus locais de trabalho, seus lares...

— Olá, com licença! — disse alguém que acabara de sentar ao seu lado, interrompendo suas recordações.

Lorenzo virou o rosto e deparou-se com um simpático senhor, beirando os 60 anos, que sorria para ele.

— Olá! — respondeu Lorenzo, notando pelo colarinho branco que se tratava de um padre.

— Mas que belo dia para voar! Nenhuma nuvem no céu! — disse o homem, enquanto espiava pela janela ao lado de Lorenzo.

Lorenzo concordou, mas não quis dizer que aquele era seu primeiro voo. Deixando a timidez de lado, resolveu dar continuidade à conversa, como uma pessoa civilizada faria.

— Para onde o senhor está indo? — perguntou Lorenzo.

— Vou desembarcar no aeroporto de Porto Alegre. Estava aproveitando minhas férias em Jundiaí, mas tive que interrompê-las para resolver uma questão importuna.

— Em Jundiaí? — disse Lorenzo. — Eu nasci lá!

— Eu também! Meus pais eram imigrantes italianos, que trabalhavam nas colônias de café. Quase toda a minha família ainda mora em Jundiaí.

— Pois eu digo o mesmo da minha família! — exclamou Lorenzo, extremamente surpreso com aquela coincidência.

— Mas que mundo pequeno! Ainda não fomos apresentados. Como o senhor se chama?

— Lorenzo. Lorenzo Stacciarini — disse ele, apertando a mão do padre.

— Lorenzo, Lorenzo... Deixe-me pensar... — disse o padre, rebuscando em sua memória algum conhecido com aquele nome. — Lorenzo Manzoni Stacciarini!? — exclamou ele com um sorriso no rosto. — Não acredito que é você! Sou eu, Tomazo! — Lorenzo olhou para ele, tentando lembrar se também conhecia aquele homem. — Tomazo Fiorentin! — disse o padre.

Agora sim Lorenzo abriu um sorriso. Ele havia crescido com o homem que estava sentado ao seu lado! Eram melhores amigos quando crianças. Porém, quando Lorenzo casou-se com Giúlia, mudaram-se para a capital de São Paulo, e nunca mais tiveram contato com Tomazo.

Os dois passaram a viagem conversando e relembrando momentos da sua infância e juventude. Lorenzo olhou no relógio e viu que faltavam apenas quinze minutos para o avião pousar.

— Para onde você está indo mesmo, Tomazo?

— Do Aeroporto Salgado Filho, eu vou para Redenção. — Lorenzo quase pulou do banco, mas não disse nada. — É uma cidadezinha encantadora onde eu sou o pároco. Minha vida é o povo daquela cidade, Lorenzo, mas tenho que lutar com unhas e dentes por ela! — o padre cerrou os punhos e arregalou os olhos, visivelmente aborrecido. — Acreditas que fui obrigado a interromper minhas férias só por que mandaram um novo pastor para lá? Já deixamos bem claro que não precisamos de outra igreja, mas aqueles protestantes não desistem!

Lorenzo engoliu em seco, porém resolveu não revelar para seu velho amigo que era ele o novo "pastor". Deixaria que Deus cuidasse daquela questão à maneira dEle.

No Aeroporto Salgado Filho, Lorenzo e Tomazo trocaram números de telefones e se despediram. Tomazo dirigiu-se até um ponto de táxi e Lorenzo à estação de ônibus.

Uma hora depois, Lorenzo já estava no centro de Redenção, pronto para pegar outro ônibus que o levaria até sua nova morada. Lorenzo não pôde deixar de contemplar o centro daquela cidade. Os restaurantes, as lojas e o comércio em geral eram organizados com muito estilo e capricho. Até as ruas e calçadas eram bem projetadas e admiravelmente limpas.

Quando entrou no ônibus, Lorenzo pediu para o cobrador lhe avisar quando chegasse à Rua das Flores, que era onde ficava a igreja evangélica e também sua nova casa. A igreja lhe prometera uma casa pastoral e um pequeno salário, que ele se determinou a aplicar integralmente na obra do Senhor. Havia colocado sua casa para alugar em São Paulo e era aposentado, portanto ficaria bem financeiramente, mesmo sem a remuneração vinda da igreja. Também tinha vendido o seu Fusquinha, e pretendia comprar um carro novo mais adiante.

Enquanto o ônibus percorria a estrada, Lorenzo olhava extasiado pela janela, admirando a paisagem. Que lugar mais encantador! Parecia até mesmo cenário de filme! Por onde Lorenzo olhasse havia campos com plantações diversas, árvores e mais árvores, a maioria carregadas de frutas; colinas verdejantes, recobertas por vegetação abundante acolhiam um incontável número de gado bem nutrido. O ônibus passou em frente a mais uma fazenda, onde vacas, touros, bois e bezerros viviam soltos no pasto. Passaram em frente a um lago enorme, que tinha sua margem circundada por um rebanho gordo e lanudo que ali saciava a sede. Abriu o vidro da janela, e um vento fresco cheirando a jasmim bateu em seu rosto. Mesmo com o sol a pino, a temperatura era agradável. O pastor Antônio havia lhe dito que era normal fazer 6ºC pelas manhãs em Redenção. Lorenzo ficou imensamente feliz com aquela notícia, pois seu metabolismo não era muito tolerante a temperaturas elevadas, que sempre o deixavam com a pressão baixa.

"Rua das Flores!", gritou o cobrador.

Lorenzo apressou-se em descer, atrapalhado com as malas.

Caminhando pela Rua das Flores, Lorenzo custava a acreditar que iria morar em um lugar tão bonito como aquele. Passou em frente a vários sítios e a alguns terrenos com belas casinhas de alvenaria, até que chegou ao seu destino: a igreja evangélica de Redenção.

Parado em frente à igreja, Lorenzo admirava aquela esplêndida construção. A igreja era muito maior do que ele imaginara, e possuía um terreno enorme, com espaço para muitos carros estacionarem. Notou que no pátio ao lado da igreja, uma velhinha o observava pela janela. Lorenzo acenou-lhe, mas ela desapareceu rapidamente. Lorenzo abria o portão da igreja, quando a mesma senhora o abordou, com um sorriso no rosto.

— É o senhor o novo pastor de Redenção? — perguntou a vovozinha, que apesar de franzina, aparentava esbanjar saúde,

— Sim — respondeu Lorenzo, que na verdade fora consagrado apenas como missionário, mas seguindo um conselho do pastor Antônio, deixou-se ser chamado assim.

A senhora, de rosto meigo e óculos de fundo de garrafa surpreendeu Lorenzo com um abraço.

— Seja bem-vindo, pastor! — disse ela com um sorriso sincero. Lorenzo pôde ver por trás dos óculos dela que seus olhos estavam marejados. — Vou já ligar para todo o mundo e avisar que o senhor chegou!

Enquanto a vovozinha se dirigia à sua casa, Lorenzo pôde ouvi-la falando sozinha e rindo: "Nem acredito que teremos culto novamente! Oh, glória a Deus!"

Lorenzo passou pela igreja e entrou naquela que seria a sua residência. Largou as malas e acendeu as luzes. Ela já estava mobiliada. Não era muito maior do que sua casa em São Paulo, mas com certeza bem mais bonita e aconchegante. Tinha até uma lareira! Abriu as janelas, pois a casa toda fedia a mofo, e percorreu os cômodos, fazendo um reconhecimento geral do local. Bom, precisaria fazer uma faxina e talvez comprar alguns utensílios, porém no mais, tudo estava perfeito. Saiu da casa e foi até os fundos, onde tinha uma meia-água construída. Abriu a porta e viu que se tratava de uma casa para o zelador da igreja. Com um quarto, cozinha, banheiro e despensa, era perfeita para alguém que não tivesse família. Teria que orar para Deus mandar um zelador, pois a igreja era bem grande para que ele a limpasse sozinho.

Depois, dentro da igreja, Lorenzo já a imaginava com todos os seus bancos repletos de pessoas louvando ao Senhor com sinceridade. Ouviu uma conversa vinda de fora e foi até a porta verificar do que se tratava. Encontrou a mesma senhora de antes, acompanhada de algumas pessoas.

— Pastor, eu trouxe todo o mundo para o senhor conhecer!

"Todo o mundo" resumia-se a ela própria, um casal de idosos e um casal de jovens com duas crianças. Sete pessoas no total, conforme o pastor Antônio havia lhe falado.

O jovem entregou um cesto enorme para Lorenzo, que pelo aroma delicioso que saía de baixo do pano que o cobria, se tratava de algum tipo de pão ou cuca, recém-saído do forno. O jovem começou se apresentando:

— Pastor, eu sou o Fernando e esta é minha esposa, Ariele. — A moça, que tinha um bebê no colo e uma garotinha agarrada na barra do seu vestido cumprimentou Lorenzo. — A menina é a nossa filha Rute, e este — disse o jovem, pegando o bebê dos braços da esposa e alcançando-o a Lorenzo — é nosso filho Jeremias.

Encantado com aquele anjinho que babava e sorria para ele, Lorenzo lembrou que há muitos anos não pegava uma criança no colo. Brincou um pouco com ele e devolveu-o à mãe.

— Esses são os meus sogros, Paulo e Tereza — continuou o jovem. — E acredito que o Senhor já conhece nossa irmã Maria, a pianista da igreja.

Lorenzo colocou algumas cadeiras no pátio para que eles sentassem, e conversaram por quase uma hora sobre os trabalhos da igreja.

— A irmã Maria foi a única pessoa da cidade que se converteu, em um período de três anos — disse o jovem Fernando. — Não sei se o senhor compreende, pastor, mas as coisas são um pouco difíceis por aqui.

— E o que levou o pastor anterior a abandonar a igreja? — perguntou Lorenzo.

— É melhor o senhor nem saber!

Tudo já estava preparado para o primeiro culto em Redenção no próximo domingo, quando Lorenzo estrearia como pregador: a igreja estava limpa e organizada, e a irmã Maria e a jovem Ariele atuariam nos louvores. Lorenzo fora de casa em casa convidando os cidadãos de Redenção para o culto, mas não foi muito bem recebido por eles. Decidiu entregar a situação nas mãos de Deus e procurou descansar seu espírito. O que estava ao alcance de suas mãos, ele havia feito. Cabia a Deus o restante do trabalho.

Lorenzo foi até uma padaria perto da sua casa comprar alguma coisa para o café da tarde, e notou que as pessoas passavam por ele olhando-o com desprezo e cochichando. De alguma forma, já sabiam que ele era o novo pastor.

Chegando à padaria, a senhora que atendia no balcão olhou-o de cima a baixo, encarando-o. Seus olhos diziam a Lorenzo que ele não era bem-vindo naquele lugar. Lorenzo cumprimentou-a alegre, e fingiu não ter percebido o desprezo dela. Ele já havia abastecido sua despensa com alimentos essenciais, que comprara no supermercado (o único da cidade), portanto, só precisava de alguns pãezinhos.

— Um e oitenta — disse a mulher mal-encarada ao entregar-lhe o pacote com os pães.

Lorenzo tirou uma nota de dez reais da carteira e entregou-a à mulher, que parecia querer se livrar logo de Lorenzo. Saindo da padaria, Lorenzo notou que havia alguma coisa errada com o troco. Voltou e falou com a mulher.

— Senhora, o troco está errado!

A mulher ficou furiosa.

— Pastores... Sempre tentam se aproveitar dos outros! — resmungou ela. — Eu dei o troco certinho! Se você não sabe contar, volta para a escola! — bradou a mulher.

Lorenzo sentiu o sangue ferver, mas se controlou. Aproximou-se do balcão e disse com a maior calma:

— Minha senhora, eu lhe dei uma nota de dez reais, não foi?

A mulher olhou dentro da caixa registradora para conferir.

— Você me deu o troco para uma nota de cem! — Lorenzo mostrou-lhe os noventa e oito reais com vinte centavos que ainda estavam em sua mão.

A mulher arregalou os olhos e estendeu a mão para pegar o dinheiro, mas não disse nada.

— Não se preocupe — disse Lorenzo sorrindo. — Sexta feira é um dia difícil para todo mundo!

Lorenzo deu meia volta e deparou-se com Tomazo na porta do estabelecimento, fulminando-o com o olhar.

— Sinto como se tivesse sido apunhalado pelas costas, Lorenzo! — proferiu o padre, colocando a mão no peito. — E por alguém que eu considerava meu amigo!

— Tomazo, eu não tenho nenhuma intenção de competir com você. Só quero fazer o meu trabalho!

— Lorenzo, nem pense em tentar roubar minhas ovelhas! Pregue aos cachorros ou às vacas, mas deixe meu povo em paz! — disse o padre, apontando o dedo no nariz de Lorenzo.

Lorenzo não conseguiu imaginar o que seu velho amigo poderia fazer para tirá-lo de Redenção. Conhecia aquele homem suficientemente bem para saber que ele era honesto e possuía um bom coração.

— E no culto de domingo — continuou o padre — se comparecerem 20 pessoas na sua igreja, sou capaz de largar a batina! — o padre soltou uma gargalhada.

Lorenzo sabia que Tomazo não resistia a uma aposta, e decidiu não desperdiçar a oportunidade.

— Vamos fazer um trato — disse Lorenzo. — Se no culto de domingo não tiver ao menos 20 pessoas na igreja, eu deixo Redenção e volto para São Paulo.

— Ok! — o padre balançou a cabeça, sorrindo.

— Mas se comparecerem 20 pessoas ou mais — prosseguiu Lorenzo — você tem que prometer que me deixará fazer meu trabalho, e vai pedir para o povo não me atrapalhar!

— Se comparecerem 20 pessoas, habitantes de Redenção, domingo na sua igreja, eu o deixo em paz. Mas vou certificar-me pessoalmente da sua vergonha!

Apertaram-se as mãos e o acordo estava feito. Lorenzo sabia que Tomazo cumpriria o que havia sido prometido, pois ambos cresceram em uma época em que a palavra dita tinha mais valor do que um documento assinado. Ele se lembrava de que, na sua infância, muitas vezes vira seu pai fazer negociações grandes, até mesmo com desconhecidos, e a única garantia do pagamento era um mero fio do bigode.

Aquele italiano traiçoeiro!, Lorenzo pensava, enquanto caminhava de um lado a outro dentro da igreja, preocupado e receoso. Tomazo não lhe avisara que domingo era o dia do festival anual de Redenção, e bem na hora do culto havia um show marcado com o cantor de música sertaneja mais conhecido do Brasil. É claro que o padre sabia que toda a população estaria no evento, e por isso aceitou fazer aquele acordo!

Lorenzo esteve em jejum nos dois últimos dias e passara aquela madrugada na presença do Senhor, pedindo misericórdia e ensaiando o sermão. Ele fizera a sua parte, agora Redenção estava nas mãos de Deus. Enquanto Lorenzo caminhava pelos corredores da igreja, começou a orar. Suplicava pela salvação das almas e pedia ao Pai que aqueles bancos um dia estivessem cheios de salvos. Olhou para o relógio, e viu que faltavam quinze minutos para começar o culto. Ainda não tinha chegado ninguém. Dava para ouvir o som de música alta que vinha da praça da cidade. A irmã Maria entrou, cumprimentou-o e começou a tocar uma música suave no piano. Logo após chegaram os outros membros. *Bom, pelo menos eles não me abandonaram!*, Lorenzo pensou. Havia sete cidadãos de Redenção dentro da igreja. Faltavam treze para ele vencer o desafio com Tomazo. Após cumprimentar os que haviam chegado por último, Lorenzo dirigiu-se ao altar. Já eram 20 horas. Fez uma oração e pediu a Ariele que cantasse dois hinos. Quando Lorenzo sentou, viu Tomazo entrar e sentar-se no último banco. Ele havia cruzado os braços e olhava para Lorenzo com uma expressão vitoriosa.

Quando Ariele já estava na segunda canção, Lorenzo surpreendeu-se ao ver a senhora que fizera confusão com o troco na padaria outro dia entrar na igreja. Ela estava acompanhada de um homem, que devia ser seu esposo, mais dois casais, uma senhora de idade bastante avançada e quatro crianças, que correram e sentaram-se juntas no banco da frente. Lorenzo sorriu para eles e viu que os pais de Ariele foram cumprimentá-los em seus lugares.

Lorenzo saudou os presentes e iniciou o sermão, contando um pouco da sua vida na colônia quando era jovem e o que o levou a aceitar a Jesus como seu Salvador. Pediu para quem tivesse uma Bíblia abri-la em João 3.16, quando um mendigo entrou timidamente e sentou-se em um dos últimos bancos. Um casal que estava no banco à sua frente saiu dali e foi para o outro lado. O mendigo era extremamente magro, alto, tinha a pele morena clara, cabelos compridos desgrenhados e uma barba que parecia não ver uma navalha há muitos anos. Vestia um bermudão jeans rasgado e sujo que ia até os joelhos, uma camiseta esfarrapada e chinelos de dedos, um de cada cor.

Lorenzo leu João 3.16: *"Porque Deus amou o mundo de tal maneira que deu o seu Filho unigênito, para que todo aquele que nele crê não pereça, mas tenha a vida eterna"*, e começou a pregar a mensagem que havia planejado em cima daquele versículo. Mas enquanto falava, não conseguia tirar os olhos do mendigo, que escutava a mensagem com a cabeça baixa. Sentiu de procurá-lo depois do culto. Lorenzo discorria sobre a obra perfeita de Cristo no calvário, o plano da salvação, que fora a maior expressão do amor de Deus para com a humanidade, quando viu que o mendigo colocou as mãos no rosto e começou a chorar baixinho. Em determinado momento ele chorava tanto que chegava a se sacudir no banco. Lorenzo terminou o sermão e chamou à frente quem quisesse receber uma oração. Quase todos foram à frente, mas Lorenzo não enxergou mais o mendigo. Ele havia ido embora. Ariele começou a cantar um hino, enquanto a irmã Maria a acompanhava ao piano.

Após o término do culto, Lorenzo cumprimentava os visitantes. A mesma senhora que o maltratara na padaria, agora sorria para ele e apresentava sua família.

— Pastor, eu peço desculpas por ter sido rude com o senhor aquele dia...

— Não se preocupe, eu nem considerei — Lorenzo sorriu para ela. — Mas o que a levou a querer vir ao culto hoje? — perguntou Lorenzo, demonstrando interesse genuíno.

— Eu e meu esposo perdemos uma filha recentemente... E não tínhamos espírito para ir a uma festa. Como a missa de hoje foi cancelada devido ao festival, convidei minha família para me acompanhar aqui hoje, e eles concordaram.

Lorenzo louvava a Deus em sua alma. Estava tão entusiasmado que nem se lembrou de contar quantas pessoas assistiram ao culto. Quando todos já tinham ido embora, Tomazo foi até ele e o cumprimentou.

— Vinte pessoas comigo e o mendigo, Lorenzo! Tenho de reconhecer que é um tipo de coincidência muito favorável a você. Trato é trato. Então, que vivamos em harmonia em Redenção!

Quando já estava na porta, Tomazo se virou e disse:

— Foi um belo sermão, pastor! — e deu uma gargalhada, parecendo satisfeito.

Lorenzo continuou parado no mesmo lugar por alguns minutos, tentando acreditar no que havia acontecido naquela noite. De alguma forma Deus abrandara o coração de Tomazo, fazendo-o ceder. E isso era maravilhoso!

Tudo ocorria bem na igreja evangélica de Redenção, e a cada culto mais e mais pessoas entregavam suas vidas a Cristo. Lorenzo tinha certeza de que aquilo só acontecia por causa do efeito da Palavra de Deus, que era poderosa por si só, e também pela misericórdia do Senhor, pois ele não se considerava um grande pregador. Na verdade, estava aprendendo a pregar com aquelas pessoas. Lorenzo não tinha o dom de entreter suas ovelhas com histórias, ou levá-las às lágrimas massageando-lhes o ego. Sua mensagem era simples e genuína, com ênfase no plano da salvação e baseada exclusivamente na Bíblia, sem rodeios.

Naquele dia, Lorenzo tinha uma visita mais do que especial almoçando com ele: Juliana, que estava de férias na universidade viera passar uns dias com seu pai em Redenção.

— Pai, que cidadezinha encantadora! Eu adoraria morar aqui — disse Juliana, enquanto saboreava a lasanha que Lorenzo preparara especialmente para ela, sabendo que era seu prato preferido.

— Quando você se formar, pode voltar a morar comigo! — disse Lorenzo.

Faltava um ano para Juliana concluir sua graduação na Inglaterra, e ele não via a hora de tê-la ao seu lado novamente, como nos velhos tempos.

— Pai... — Juliana fez uma carinha triste. — Eu participei de um concurso, e fui contemplada com uma bolsa de pós-graduação. Depois que me formar, ficarei na Inglaterra por mais dois anos.

— Ah, mas que bom, meu anjo! — Lorenzo sentiu-se um pouco frustrado, mas ao mesmo tempo feliz por saber que sua filha estava progredindo. — Conte-me as novidades, como estão as coisas na Inglaterra?

— Está tudo bem. Não compreendo por que Deus tem me abençoado tanto. Ele providenciou até mesmo para que eu ficasse hospedada na casa de um casal de cristãos!

— Filha, e como é que está esse coraçãozinho?

— Não se preocupe, pai. Eu mantive minha promessa. — Juliana ficou um pouco constrangida, pois sabia bem o que seu pai queria dizer com aquela pergunta. — Ainda sou pura, e não tive ninguém na Inglaterra.

— Mas não apareceu nenhum rapaz querendo namorá-la? — perguntou Lorenzo sobressaltado, pois sua filha era formosa demais para que não fosse notada por nenhum homem.

Juliana riu, achando graça da cara de espanto que seu pai fizera.

— Sim, apareceram alguns rapazes, mas senti que nenhum deles era para mim. E eu encontrei uma maneira de manter possíveis pretendentes afastados: Digo que já estou comprometida com alguém muito especial que conheci no Brasil.

— E eu posso saber quem é essa pessoa? — perguntou Lorenzo com um olhar de suspeita.

— Jesus, pai! — Juliana riu.

Algumas horas após o almoço, Lorenzo convidou Juliana para fazer um passeio pela cidade. Caminhavam pelas ruas de Redenção e conversavam, enquanto admiravam a bela paisagem que os rodeava.

— Antes de voltar para a Inglaterra, pretendo visitar a Helena — disse Juliana, que desde que fora para o exterior, não tivera mais contato com a amiga.

— Eu liguei para a Beatriz há alguns dias, e ela disse que Helena continua na mesma situação — informou Lorenzo. — Quando melhora um pouco volta para casa, mas de repente começa a ter crises de alucinações, e tem que ser internada novamente.

— Pobrezinha da minha amiga! — disse Juliana, triste.

— Filha, eu penso que você deveria esquecer o passado e procurar a Helena. Ela precisa muito da sua ajuda!

— Eu sei... E isso tem tirado meu sono, pai. Mas tenho tanto medo do que vou encontrar! — Juliana parecia aflita.

Passaram por cima de uma pequena ponte, que dava acesso à praça da cidade, e pararam para ouvir o canto dos sabiás-laranjeira. Eles faziam uma serenata melodiosa e agradável de ouvir (certamente na tentativa de impressionar alguma fêmea). Embaixo da ponte fluía um riacho de águas mansas e cristalinas. Sua margem era recoberta por uma relva verde, repleta de flores do campo de diversas cores, que deixavam o visual parecendo a pintura de um quadro.

— Olhe lá embaixo! — disse Juliana, apontando o dedo em direção ao riacho.

Lorenzo olhou e viu o mesmo mendigo que entrara na igreja no seu primeiro culto em Redenção, ajoelhado na beira do riacho, bebendo água com as mãos.

— Coitado! — exclamou Juliana, recordando da vovozinha Vânia, que ela e Helena ajudaram quando eram crianças.

O homem saiu dali e subiu até a praça. Caminhou até algumas latas de lixo e olhou dentro delas, certamente à procura de algum alimento, mas não achou nada. Farejou igual a um cão, olhando à sua volta. Juliana percebeu que ele sentira o cheiro de comida, vindo de uma cantina do outro lado da ponte. O homem olhou para um lado e para outro, parecendo completamente perdido. Chutou uma pedra e caminhou até uma árvore, olhando para o chão. Deitou-se embaixo da árvore, em posição fetal.

— O senhor me acompanha até aquela cantina? — solicitou Juliana a seu pai.

Compraram um cachorro-quente para cada um e uma lata de refrigerante.

Lorenzo já começava a comer o seu lanche, quando Juliana distanciou-se dele, caminhando em direção ao mendigo. Ela se abaixou e tocou levemente o ombro do homem. O mendigo virou-se para ver quem o importunava. Ao ver Juliana, sentou rapidamente e esquivou-se um pouco para trás, espantado. Ela sorriu para ele e lhe entregou o cachorro-quente e a lata de refrigerante. Disse alguma coisa para o mendigo, que Lorenzo não conseguiu entender, e voltou para onde seu pai estava.

— Juliana, não tem medo de falar dessa maneira com um estranho?

— Pai, eu estava a 20 metros de distância do senhor! Se ele me atacasse, tenho certeza de que o senhor correria para me salvar — Juliana riu.

Lorenzo olhou de canto de olho para a filha, enquanto comia o último pedaço do seu cachorro-quente e limpava as mãos com um guardanapo de papel.

— Agora fiquei preocupado! Na Inglaterra você sai puxando papo com todo mendigo que encontra na rua?

Juliana deu uma risadinha cristalina.

— Na cidade onde eu moro, jamais vi sequer um mendicante! — Lorenzo ficou admirado. — Pai, ajude aquele homem! — disse Juliana, referindo-se ao mendigo. — Senti que sua alma possui uma tristeza muito grande, e ele precisa conhecer o amor de Jesus para finalmente ter paz.

Depois de duas semanas de férias em Redenção, Juliana embarcou em um avião até São Paulo e fez uma visita para Beatriz, que estava morando sozinha (pois Helena continuava internada em uma clínica psiquiátrica). Quando viu Beatriz pela primeira vez, Juliana assustou-se com sua aparência. Ela já não era mais a mesma pessoa. Estava envelhecida e descuidada, nem parecia aquela mulher elegante e de gosto apurado que Juliana tanto admirara quando criança.

Na clínica psiquiátrica, Juliana conversava com o doutor Fábio, psiquiatra responsável por sua amiga. Ele lhe explicou que Helena havia tido um "surto psicótico" devido ao grande trauma vivenciado.

— A sorte é que Helena cortou os pulsos, em vez de tentar uma overdose, o que poderia ter sido fatal — disse o simpático médico, que aparentava ter pouco mais de 30 anos.

— Você está dizendo que o fato de ela ter escolhido cortar os pulsos salvou sua vida?

— Sim — o psiquiatra cruzou as mãos embaixo do queixo, com os cotovelos apoiados em cima da mesa, admirando a bela moça que estava à sua frente. — Por mais profunda a incisão, jamais soube de alguém que conseguisse dar cabo de sua vida cortando os pulsos. No caso da Helena, um cirurgião teve que religar tendões, nervos e vasos sanguíneos de um dos pulsos, e ela perdeu permanentemente a sensibilidade de parte da mão direita e a mobilidade do dedo mínimo.

Juliana colocou a mão sobre a boca, consternada.

— E quais as chances de Helena ter sua saúde mental recuperada, voltar a ser como era antes?

— Vou ser sincero com você, Juliana. As porcentagens são equivalentes. Ela pode melhorar como pode ficar assim para sempre.

Vendo que Juliana começava a chorar, o médico pegou uma pilha de papéis de dentro de uma gaveta e entregou a ela.

— Helena tem momentos de lucidez, e é nisso que estou me focando para tentar trazê-la de volta à realidade — prosseguiu o médico.

Analisando aquelas folhas, Juliana viu que se tratava de poesia.

— Foi Helena quem escreveu? — indagou Juliana.

— Sim. Nos momentos de lucidez ela fica em uma depressão tão grande que se fecha em seu quarto e escreve até cansar.

Juliana passou os olhos por aqueles papéis, e notou que um texto era mais triste que o outro. Uma das poesias chamou sua atenção, e ela a leu até o fim:

PEDAÇOS

Pedaços finos de um cristal delicado
Agora sem valor, espalhados pelo chão.
Restos de uma vida, ilusão perdida

Ponto final — destino o nada.
Coração partido, sonhos desfeitos
De um céu de esperanças
Apenas uma gota de saudade.
Não há mais nada, tudo acabou
Sem futuro nem presente.
Resta apenas o passado
Para sofrer e recordar.
O que sobrou de uma vida?
Pedaços de nada.
Há pouco o que lembrar
Quase nada a esperar
Dos sombrios dias que virão
Para tornarem o tormento ainda maior.
Pedaços de uma vida inteira
Espalhados pelo chão.
Não há como remediar
O cristal quebrou, a vida acabou
Só resta agora chorar...

— Meu Deus! — exclamou Juliana, com lágrimas nos olhos. — Doutor, estou preparada para vê-la.

O doutor Fábio levou Juliana até uma sala branca, cujas janelas eram protegidas por grades de ferro, e pediu que ela aguardasse sentada junto a uma comprida mesa. Após dois minutos, ele voltou acompanhado de Helena e de um enfermeiro, que a segurava pelo braço.

Helena vestia um conjunto de moletom cinza, e tinha a cabeça baixa, com os cabelos na frente do rosto tapando os olhos.

O médico puxou uma cadeira para Helena sentar e saiu da sala. Na entrada, o enfermeiro permanecia em pé, observando as duas.

— Helena... Você se lembra de mim? — disse Juliana, fazendo um esforço enorme para não chorar.

Helena continuou em silêncio, com a cabeça baixa e as mãos sobre o colo. Juliana aproximou-se e segurou o queixo da amiga, erguendo seu rosto até que ela a olhasse nos olhos.

— Sou eu, a Ju! — proferiu Juliana, num sofrimento enorme.

— Você é uma cópia da Ju — disse Helena, olhando-a como se ela fosse uma impostora. — A verdadeira Juliana está na outra dimensão, a dimensão perfeita, de onde eu fui tirada. Ela até já se casou!

— Não, Helena. Estou aqui! Sou eu mesma!

Helena levantou-se, cruzou os braços e olhou pela janela, pensativa. Estavam no terceiro andar daquele prédio.

— Eu consigo voar, sabia? — disse ela seriamente, com o olhar fixo para a rua. Helena apontou para o enfermeiro que estava na porta, e com a atitude de quem estava prestes a revelar um grande segredo, disse baixinho no ouvido de Juliana: — E aquele anjo também!

Juliana sentia-se impotente. Como aquilo pôde acontecer com sua melhor amiga?

De súbito, Helena colocou as mãos no rosto e olhou para Juliana com os olhos vidrados, como se tivesse acabado de ver alguém muito importante. Correu até ela e ajoelhou-se aos seus pés. Começou a chorar, dizendo:

— Não, meu senhor, eu não sou digna! Não posso ser o messias dessa dimensão!

Helena chorava e beijava os pés de Juliana. Juliana estava apavorada!

O enfermeiro foi até Helena e segurou-a, pois ela ficava cada vez mais agitada.

Juliana sentiu naquela hora que precisava orar para que Deus libertasse sua amiga daquela situação. Fez isso baixinho, quando Helena começou a gritar e a se debater, tentando se soltar do enfermeiro que lutava para controlá-la.

— Não! Vocês não sabem o que está acontecendo! Vocês vão matar o messias antes do tempo! Não me matem agora, por favor! — bradou Helena.

O doutor Fábio entrou e ajudou o enfermeiro a colocar Helena no chão. Juliana notou que mesmo sendo bem mais fortes que Helena, eles faziam um esforço enorme para segurá-la, enquanto ela se debatia, chorando e gritando.

— Não, não! Eu preciso passar no teste! Tenho que voar agora! Vou me transformar em um anjo de fogo, só 7% sobrará de mim! Sem pecado, sem pecado...

O psiquiatra injetou um sedativo em Helena, que se acalmou um pouco. Juliana foi até ela e se agachou. Segurou a mão da amiga e chorou. Helena falava baixinho uma porção de frases incoerentes. De repente, Helena olhou para Juliana, como se a tivesse reconhecido e apertou sua mão.

— Não desista de mim, eu quero voltar! — após dizer essas palavras, Helena tornou a falar coisas incompreensíveis, até que adormeceu, sob o efeito do tranquilizante.

No avião rumo à Inglaterra, Juliana revia em sua mente tudo o que acontecera na clínica. Quando Helena pediu para Juliana não desistir dela, sentiu que naquele instante, ali sim era a sua amiga. Parecia que Helena estava presa dentro dela mesma! Ainda dentro do avião, Juliana fez um propósito consigo mesma de orar e jejuar por sua amiga, até que ela ficasse completamente sã. Acreditava que o problema de Helena era tanto psiquiátrico quanto espiritual, e, conhecendo a Bíblia, Juliana estava ciente da existência de castas de demônios que só saíam à base de jejum e oração.[1]

[1] Mateus 17.21.

8

Capítulo

Era uma manhã fria de inverno, e o termômetro marcava 3 graus em Redenção. Lorenzo levantou cedo (como sempre) e foi até o portão ver se havia alguma carta de Juliana na caixinha de correio. Só encontrou contas a pagar e propagandas inúteis. Poderia parecer arcaico corresponder-se com a filha por cartas, em plena era do desenvolvimento tecnológico, mas ele não conseguia lidar com e-mails, redes de relacionamento e toda aquela parafernália digital de que os jovens tanto gostavam. Lorenzo parou em frente ao portão, apreciando o canto dos passarinhos. Sentia-se tão bem, tão revigorado naquela cidade! Parecia que até o ar era mais puro ali. Para onde olhasse via campos, árvores e aves de todos os tipos. Ele jamais imaginou que moraria em um lugar tão belo. Não compreendia o porquê de Deus estar sendo tão bom com ele. A igreja crescia, e a cada dia mais vidas eram convencidas do pecado, libertas, transformadas e desciam às águas batismais. Lorenzo pensou que não havia melhor maneira de passar sua velhice do que trabalhando para Deus. Enquanto observava o sol que começava a aparecer, dissipando a névoa densa e úmida, um versículo veio em sua mente: *"Mas o caminho do homem que obedece a Deus é bom. Deus mesmo torna o caminho fácil e reto para quem obedece a Ele".*[1]

---

[1] Isaías 26.7.

"Obrigado, Senhor!", disse Lorenzo olhando para o céu. Ele tinha o costume de decorar versículos bíblicos, e eles sempre apareciam em sua mente na hora certa, complementando alguma situação da sua vida.

Desde que se convertera, há aproximadamente trinta anos, Lorenzo procurava ser fiel ao Senhor em tudo, porém sabia que havia uma mancha em sua história: a péssima educação que dera a Rafael, e que culminou na sua destruição. Mas ele era grato a Deus por ter-lhe ajudado a não cometer o mesmo erro com sua filha. Juliana tornara-se uma mulher virtuosa, temente ao Senhor e repleta de qualidades. Sabia que a educação rígida que deu a ela contribuiu fortemente para isso.

Naquele dia não haveria culto, e Lorenzo não tinha nenhum compromisso agendado. Depois de fazer o desjejum, Lorenzo limpou a igreja, fez as tarefas da casa, tomou um banho e foi orar no seu quarto. Falava com Deus, pedindo que Ele lhe enviasse alguém para ajudá-lo nos serviços da igreja. Suas costas estavam sofrendo com o esforço físico que tinha que fazer para que tudo ficasse limpo e organizado. Ele já tinha avisado a igreja de que precisava de um zelador, mas ninguém se prontificou ao cargo.

Já começava a orar pelas nações, governantes mundiais e pela paz em Israel (a nação que ele mais amava e admirava), quando se lembrou do mendigo que Juliana pediu que ele ajudasse. Não via aquele homem desde que Juliana voltara para a Inglaterra. Um dia, conversando com Tomazo, ele lhe disse que fazia poucos meses que aquele homem aparecera em Redenção. O padre explicara-lhe que até tentou ajudar o mendigo, mas ele não falava e provavelmente tinha algum problema mental. O tempo passou, e Lorenzo acabou esquecendo-se do mendigo, que chorara como uma criança na sua primeira pregação. Mas agora não conseguia afastá-lo da sua mente! Pensou que se ele ainda vivesse na praça da cidade, estaria sofrendo muito com o frio, pois outro dia a temperatura fora a zero grau! Lorenzo não reclamava, pois gostava muito desse tipo de clima. Mas imaginou que se vivesse nas ruas, com pouca roupa e sem uma alimentação adequada, não pensaria assim.

Vestiu um casaco mais quente, colocou sua boina e determinou-se a procurar o mendigo na praça da cidade, que ficava a menos de um quilômetro de onde morava.

Chegando à praça, pôde ver de longe o homem deitado em um banco, coberto com um acolchoado velho. Lorenzo aproximou-se, e notou que ele estava todo encolhido e tremendo muito. Bateu de leve em seu ombro, mas ele não se mexeu. Sacudiu o mendigo e o chamou, porém, ele continuava inerte, apenas tremendo. Lorenzo colocou a mão em seu rosto e percebeu que ele ardia em febre. Tirou o casaco e colocou-o por cima do mendigo. Caminhou até sua casa, e após alguns minutos voltou à praça com seu carro novo (uma Kombi que comprara para a igreja, especialmente para transportar as pessoas mais idosas, que não tinham quem as levasse aos cultos). Ajudou o mendigo a entrar no carro, acomodou-o em um dos bancos e partiu.

De volta à igreja, Lorenzo colocou um braço do mendigo ao redor do pescoço e amparou-o até chegar à casa destinada ao zelador. Abriu a porta e colocou o homem em cima de uma cama. Cobriu-o com dois cobertores e pôs uma compressa fria em sua testa. Deu ao homem um antitérmico (o mesmo que dava a Juliana quando ela era criança e tinha febre), e sentou-se ao lado da cama onde o mendigo descansava. O homem cheirava mal, mas mesmo assim Lorenzo não se importou em ficar perto dele. Trocou a compressa da testa do mendigo e notou que ele suava bastante. Isso era um bom sinal. Logo a febre iria embora.

Observando aquele homem, que agora dormia, Lorenzo ficou imaginando o que o teria levado àquela vida miserável de mendicância. Teria ele uma família, alguém querido sofrendo por ele em algum lugar? Qual seria a sua história? Pensando em tudo isso, sentiu um amor paternal muito grande por ele. Saiu dali de mansinho, encostou a porta atrás de si e foi até a cozinha da sua própria residência. Colocou um pouco de sopa de carne com legumes que sobrara do almoço para esquentar, e preparou um chá de guaco com mel. Quando já estava pronto, levou até o quarto do mendigo e colocou em uma mesinha ao lado da cama. Um vento forte puxou a porta, fazendo com que ela se fechasse com força. O barulho da batida acordou o homem.

O mendigo sentou-se assustado na cama, olhando para os lados, tentando reconhecer o local onde estava. Por fim, olhou para Lorenzo. Ele se levantou apressado, indicando que queria sair dali, mas cambaleou extremamente tonto e teve que sentar-se.

— Calma, calma, meu amigo! — disse Lorenzo, ajudando o homem a deitar-se novamente. Ele parecia fraco e cansado. Depois que o homem se recompôs, Lorenzo ergueu-o um pouco, até que se sentasse, e alcançou-lhe a xícara de chá.

— Tome. Isso fará bem a você.

O mendigo segurou a xícara com as duas mãos trêmulas, e bebeu aquele líquido fumegante e doce, enquanto fechava os olhos, como se há muito tempo não provasse algo quente.

— Há sopa nessa tigela. Você pode comer à vontade. — Lorenzo alcançou-lhe a tigela de sopa e uma colher. O mendigo comeu com tamanha voracidade, como se há tempos não se alimentasse. Devolveu a tigela vazia para Lorenzo, sem olhá-lo nos olhos, e, tremendo, deitou-se e virou para o outro lado. Ele soluçava baixinho. Lorenzo ficou ao seu lado até que ele adormeceu.

No outro dia Lorenzo acordou-se sobressaltado. *O mendigo!*, pensou ele. Levantou-se rapidamente e correu até a casinha da zeladoria. O mendigo não estava mais lá. A cama estava vazia, os cobertores dobrados e o casaco de Lorenzo também dobrado em cima da cama. *O que deu no homem para fugir desse jeito?* Era aquele mais um dia terrivelmente frio — típico de cidade serrana do Sul brasileiro. Lorenzo caminhou até a praça de Redenção, à procura do mendigo desmiolado. Encontrou-o rebuscando qualquer coisa em uma enorme lata de lixo.

— Ei, amigo! — o mendigo olhou para trás, e ao ver Lorenzo, caminhou rapidamente, tentando fugir. Lorenzo perseguiu-o. — Eu só quero ajudá-lo! — disse Lorenzo.

O homem ignorou Lorenzo e parou em frente a outra lata de lixo. Lorenzo parou ao seu lado, mas ele não se virou.

—É assim que você trata quem quer lhe dar uma força? — indagou Lorenzo. O mendigo continuou em silêncio, apenas olhando para aquele monte de lixo.

— Olha, já que você não quer ajuda, tenho uma proposta para você. E que tal se você me ajudar, hein? Trabalhe para mim, e em troca eu lhe dou um lugar para morar, comida e roupas limpas. O que você acha?

Finalmente o mendigo olhou para Lorenzo. Apesar da vida que levava, parecia que ele tinha amor-próprio.

— Você pode ao menos me dizer seu nome? — Silêncio. — Não? Tudo bem. Vou chamá-lo de amigo, então. Meu amigo, preciso muito de ajuda com as tarefas da igreja, e até agora não consegui ninguém que quisesse me auxiliar. Sabe como é esse tipo de serviço... Lavar, consertar, tirar o pó... Eu sou uma pessoa de bem, não vou lhe fazer nenhum mal — disse Lorenzo.

O mendigo olhava para ele sem dizer nenhuma palavra. Mas Lorenzo teve a impressão de que ele estava tentando decifrá-lo.

— Bom, se você aceitar minha proposta, podemos começar hoje. O que você acha? Não? Tudo bem. Vou dar um tempo para você pensar. Se mudar de ideia, já sabe onde me encontrar.

Enquanto caminhava, Lorenzo notou que alguém o seguia. Olhou para trás, e viu que era o mendigo. Lorenzo sorriu.

— Vamos, amigo! Se continuar andando nesse ritmo, você vai congelar!

Já em casa, Lorenzo ditava as regras:

— Você pode morar nessa meia-água enquanto estiver trabalhando para mim. Há um banheiro com água quente, caso você queira tomar um banho, e coloquei materiais de higiene e toalhas limpas no armário. Também deixei algumas mudas de roupas minhas, que acho que ficarão um pouco curtas e largas em você, mas servirão até comprarmos vestes novas. Abasteci a cozinha com alimentos básicos, mas caso você não saiba cozinhar, pode fazer as refeições comigo.

O homem colocou a mão no ombro de Lorenzo.

— O que foi, meu amigo?

O mendigo o olhava, mexendo a boca, como se estivesse querendo dizer-lhe alguma coisa.

— Desculpe, mas não compreendo o que você está querendo me dizer!

O mendigo gesticulou com os braços e apontou para a igreja e depois para o pátio.

— Ah, você quer saber qual será o seu serviço, certo?

O mendigo balançou a cabeça afirmativamente.

— Sua rotina de trabalho consistirá em varrer e lavar todo o pátio diariamente, limpar a igreja, principalmente nos dias de culto, esfregando o chão, encerando, tirando o pó dos bancos e das paredes. E me ajudará a fazer alguma reforma necessária e qualquer outro serviço em que eu precisar de ajuda. Você aceita?

O homem fez que sim com a cabeça. Lorenzo estendeu-lhe a mão. Notou que o mendigo tinha um aperto de mão forte, e gostou daquilo. Revelava caráter e determinação.

— Então vamos tomar o café da manhã, pois o dia mal começou e temos muito trabalho pela frente. E você deve saber que máquina sem combustível não funciona!

Lorenzo chamou o homem até sua cozinha, e convidou-o para sentar-se junto a ele. Não se importou com o mau cheiro, e decidiu que não insistiria para que o homem tomasse banho, ou cortasse os cabelos e fizesse a barba. Sabia que as pessoas que viviam nas ruas não gostavam muito de regras, então deixaria para ele decidir o momento certo de fazer a higiene pessoal.

Observando o homem se alimentar, Lorenzo notou que ele tinha olhos meigos e tristes. Ficou imaginando o que aqueles cabelos compridos e a barba desgrenhada escondiam. O mendigo já tinha comido dois pães com geleia, quatro salsichas cozidas, duas bananas e bebido uma xícara de café com leite. Lorenzo já estava satisfeito, e em silêncio admirava o homem se alimentar. De repente o mendigo olhou para Lorenzo e depois para a mesa, parecendo encabulado.

— Vamos, coma, meu amigo! — disse Lorenzo percebendo que ele estava com vergonha de comer mais. Lorenzo empurrou o prato de pães para perto do mendigo, e encheu sua xícara com mais leite e café. — Não precisa ter vergonha. *Mangia che te fa bene, amico!*[2]

Incentivado, o mendigo aceitou o que Lorenzo lhe oferecera. Comia com avidez, como se estivesse querendo recuperar todos os dias em que passou fome nas ruas.

Enquanto o homem comia, Lorenzo ficou pensando: *Será que ele recusava ajuda por que não queria nada de graça? Estaria ele simplesmente à procura de um emprego?* Lorenzo pensou que aquilo tudo era muito estranho para um mendigo.

Naquela manhã, o mendigo fez todos os serviços que Lorenzo lhe mandou. É claro que Lorenzo teve que ensinar-lhe algumas coisas, como lavar o chão e encerá-lo, mas o homem aprendia rápido e era esforçado. Perto do meio-dia, a igreja estava organizada, com o assoalho brilhando e o pátio impecavelmente limpo. Almoçavam na cozinha da casa de Lorenzo, quando a irmã Maria bateu na porta, que estava aberta.

— Pode entrar — disse Lorenzo ao vê-la.

A vovozinha entrou, olhando espantada para o homem que almoçava com Lorenzo.

— Uh, mas que fedor! — disse ela tapando o nariz. — O mendigo olhou para ela e continuou comendo, ignorando o que ela dissera a seu respeito.

— Irmã Maria, esse é o novo zelador da igreja. Amigo, essa é a nossa pianista, a irmã Maria.

— Olá — disse Maria, ainda admirada com aquela figura excêntrica. — Pastor, preciso da chave da igreja. Vou ensaiar os hinos que o senhor escolheu para os próximos cultos.

Lorenzo levantou-se, pegou uma chave que estava pendurada na parede e entregou-a à vovozinha. Acompanhou-a até o portão.

— Pastor, aquele homem não vai participar dos cultos, né?

— E por que não, irmã?

---

[2] "Come que é bom para você, amigo!"

— Ele vai espantar todo o mundo com seu mau cheiro!

— Calma, irmã Maria. Deixe Deus trabalhar!

Ao voltar para a cozinha, o mendigo lavava a louça do almoço, mesmo sem a solicitação de Lorenzo.

— Amigo, depois que você descansar, quero que me ajude a pintar as paredes de fora da igreja. Acredito que nós dois juntos conseguiremos deixar tudo pronto para o culto de hoje à noite.

Naquele culto quase todos os bancos estavam ocupados. Depois de fazer a oração inicial, Lorenzo pediu à jovem Ariele que ministrasse o louvor com a igreja e sentou-se em seu lugar. Ao olhar para a porta, surpreendeu-se com o mendigo, que entrou e sentou-se no último banco. Parecia que ele tinha tomado banho! Lorenzo teve que se controlar para não rir, pois ele estava ridículo vestindo suas roupas. As barras da calça ficaram acima das canelas, e seu tórax magro parecia dançar dentro da camisa xadrez, que deixava parte dos punhos a mostra. Bom, ele teria que providenciar roupas novas o quanto antes para o homem!

Após ministrar a Palavra, Lorenzo fez um convite para quem quisesse aceitar a Jesus como o Salvador da sua alma, e segui-lo a partir daquele momento. Ficou um pouco admirado quando algumas pessoas foram à frente, incluindo o mendigo (pois em sua opinião, aquele não tinha sido o seu melhor sermão). Lorenzo orou com eles e notou que o mendigo sorria, com os olhos fechados e as mãos no coração.

Depois que o culto havia terminado, Lorenzo convidou o mendigo para conversar na sua sala de estar. Estava muito surpreso com a atitude que ele tivera durante o culto, e queria certificar-se de que sua conversão fora genuína.

Lorenzo explicou ao mendigo mais uma vez o plano da salvação, e perguntou se ele havia entendido. Ele balançava a cabeça afirmativamente e sorria, enquanto colocava as mãos no coração e as afastava para longe, como se quisesse dizer que alguma coisa tinha ido embora de dentro do seu peito. Não havia dúvidas de que aquele homem teve um encontro real com Jesus. Seus olhos, outrora tristes, agora brilhavam!

— Amigo, eu gostaria de saber seu nome. — O homem fez sinal com as mãos como se ele próprio não soubesse. — Você sabe ler? — O mendigo limitou-se a olhar para Lorenzo, sem fazer nenhum gesto. Lorenzo lhe entregou uma Bíblia, e disse que era um presente para ele.

— Esse livro que você tem em mãos é a carta de amor do Criador para a humanidade. Se você for alfabetizado, quero que leia toda ela, começando pelo Evangelho de João.

O homem abriu a Bíblia e começou a folhá-la, com um semblante de admiração.

— Você consegue ler? Entende o que essas palavras dizem? — o mendigo fez que sim com a cabeça.

— Amigo, quando você tiver alguma dúvida sobre o que estiver lendo, me procure que eu explico, ok?

O mendigo concordou, e folheou a Bíblia até achar o livro de João. Parecia que ele realmente a estava lendo. De súbito, Lorenzo teve uma ideia: o mendigo não falava, mas sabia ler. Então certamente também saberia escrever!

— Amigo, eu vou lhe fazer algumas perguntas, e quero que você escreva as respostas neste caderno — disse Lorenzo, entregando ao homem um caderno e uma caneta. — De onde você veio? Você tem família? Por que se tornou um mendigo?

Lorenzo observou que ele escrevia rapidamente, mas de trás para a frente. Pegou o papel que o mendigo lhe devolveu, mas a única coisa que havia escrita ali eram alguns rabiscos ininteligíveis. Será que aquele homem possuía algum problema mental? Pensou que tinha que levá-lo ao médico o quanto antes.

— Amigo, você me permite cortar seu cabelo e sua barba? — O homem olhou para Lorenzo, mas não esboçou nenhuma reação. — Um cristão não deve andar desleixado, meu amigo! Desde que você entregou sua vida a Jesus, seu corpo passou a ser o templo do Espírito Santo.

O mendigo aproximou-se de Lorenzo e fez que sim com a cabeça. Lorenzo levou-o para o pátio, acendeu as luzes e estendeu-lhe uma cadeira para que se sentasse. Começou passando a tesoura pelos cabelos. Após meia hora, ele estava com um corte de cabelo bem masculino. Lorenzo aparou a barba do homem com a tesoura, para depois passar a navalha, pois ela estava muito comprida. Trabalho feito, e Lorenzo tinha à sua frente um belo jovem de traços bem desenhados, beirando os 30 anos de idade.

Muitos dias se passaram, e Lorenzo e o ex-mendigo já estavam apegados um ao outro como pai e filho. Ele havia descido às águas batismais, e participava dos estudos bíblicos ministrados por Lorenzo, juntamente com outros novos convertidos. O homem já tinha ganhado uns dez quilos e continuava trabalhando como zelador da igreja, ajudando Lorenzo em qualquer tipo de trabalho braçal em que sua presença fosse necessária. Lorenzo comprara roupas novas para ele e o levara ao dentista e depois ao médico, onde uma bateria de exames foi realizada. Lorenzo tentou a todo custo tirar alguma informação do ex-mendigo sobre sua vida, seu passado, mas era como se ele próprio não tivesse aquelas informações em sua memória.

No único consultório médico da cidade, Lorenzo e o ex-mendigo ouviam o diagnóstico do médico:

— Lorenzo, as cordas vocais dele estão perfeitas. Ele não possui nenhum problema fisiológico que o impeça de falar. Os exames de ressonância e encefalograma também deram normais. De todos os exames feitos, o único problema encontrado foi no número de hemácias, que está muito baixo. Ele está com anemia hipocrônica, mas vou receitar um polivitamínico que resolverá o problema e o ajudará a ganhar um pouco mais de peso.

— Doutor, se está tudo bem com ele, por que ele não fala e parece não se lembrar de nada do seu passado, nem saber seu próprio nome?

— Provavelmente ele passou por um trauma emocional muito grande, e seu corpo, na tentativa de protegê-lo, fez com que ele perdesse a memória e a fala.

— Não compreendi muito bem, doutor.

— Existe uma doença psiquiátrica que se chama perturbação de conversão, e que às vezes ocorre em pessoas que sofreram traumas de grandes proporções.

— E existe cura?

— Sim. Mas para isso, é preciso que ele encontre o fator causador da doença.

Helena recebeu alta da clínica psiquiátrica e encontrava-se em casa, na companhia de sua prostrada mãe. As duas quase nem conversavam mais. Não havia mais intimidade entre elas. Helena estava lúcida e fazia algum tempo que já não tinha mais alucinações, mas era completamente infeliz. Nada lhe dava prazer. Ia dormir desejando não acordar mais, acordava desejando não ter que encarar aquele dia, e assim prosseguia, vegetando um dia após o outro. Alguns irmãos da igreja foram visitá-la, incluindo o pastor Antônio e sua esposa, mas ela trancou-se em seu quarto e não quis recebê-los. Pediu para sua mãe entregar uma poesia para a próxima pessoa que viesse vê-la, e exigiu que não fosse chamá-la em seu quarto, pois ela não receberia nenhuma visita. A poesia dizia assim:

DEIXE TUDO COMO ESTÁ

Não me pergunte nada
Deixe-me só com a minha solidão.
Se às vezes pareço triste,
Não é motivo de preocupação.
Não me pergunte nada
Porque não obterás resposta
Um coração machucado
Prefere sofrer sozinho.
Não me pergunte nada
Por que te preocuparias comigo?
Cuide apenas dos teus problemas
Não pegue mais um para acrescentar
Não me pergunte nada
A menos que possas me ajudar
Mas sei que por mais que tentes
Não terias condições
De meus problemas solucionar.
Então não me pergunte nada
Deixe-me sofrer sozinha.
Seguirei assim o meu caminho
Eu, minha culpa e a minha solidão.

Helena estava em seu antigo quarto, deitada na cama e sonhando com a morte, quando ouviu uma batida na porta.

— Helena — disse Beatriz. — Tem alguém querendo vê-la.

— Não quero saber de ninguém. A senhora já sabe disso. Mande embora!

— É a Denise, sua ex-professora da Escola Dominical. Ela está aqui comigo, e disse que não vai sair enquanto você não recebê-la.

Helena colocou o travesseiro em cima da cabeça e soqueou o colchão, sentindo muita raiva. Ela não queria ver ninguém. Só queria que a deixassem em paz!

Sem Helena saber, Juliana orava e jejuava por ela na Inglaterra naquele momento. Alguns irmãos da igreja, que Helena jamais desconfiaria que fossem capazes de se importar com ela, faziam o mesmo, simplesmente por que amavam sua alma preciosa.

— Helena, sou eu, a professora Denise!

Helena não respondeu, mas gostou de ouvir aquela voz. Ela trazia tantas recordações boas da sua infância! Helena sentiu uma vontade imensa de conversar com ela. Foi até a porta, aguardou um pouco em silêncio, apenas refletindo, até que a abriu.

A professora entrou e Helena trancou a porta novamente. Não queria que sua mãe participasse daquela conversa. Helena puxou uma cadeira para Denise sentar e sentou-se na sua cama, com as costas apoiadas na parede e os joelhos flexionados. Denise ignorou a cadeira e sentou-se ao seu lado.

— Como você está, minha querida? — perguntou Denise com lágrimas nos olhos. Ela segurava firme a folha de papel que continha a poesia que Beatriz havia lhe entregado logo que chegou.

Denise não tinha envelhecido muito. Continuava com o mesmo semblante simpático e inteligente de antigamente. Helena notou que ela ainda preservava o gosto por perfumes cítricos.

— Acho que a resposta é bastante óbvia!

— Helena, volte para Jesus! É só disso que você precisa para encontrar paz novamente! — suplicou Denise, sem fazer rodeios.

— Ele não vai me querer de volta. Eu não mereço o seu perdão, não mereço ir para o céu!

— Não merece mesmo, Helena!

Helena olhou surpresa para Denise. Era a primeira pessoa que concordava com ela e que não tentava convencê-la com a conversa clássica de amor e graça incondicional, que ela não suportava mais ouvir.

— Eu também não mereço o perdão de Jesus, não mereço ser salva. Sou uma pessoa ruim, Helena! Cometo muitos erros! Eu entristeço o Senhor todos os dias! E a Bíblia diz que os perversos não herdarão o Reino de Deus! Você sabe o que isso quer dizer?

— Que o céu é só para os bonzinhos — disse Helena em tom de sarcasmo.

— De certa forma, você até que está certa. Mas nem a pessoa mais benevolente que existe no planeta vai para o céu somente por suas obras. Eclesiastes 7.20 diz que não há um justo sequer! Caso essa pessoa não tenha seu nome escrito no Livro da Vida, sua confiança posta somente em Cristo para a salvação da sua alma, e não obedeça à sua Palavra... Seu destino será o inferno, por melhor ser humano que tenha sido! — A voz de Denise denotou tristeza. — O que estou tentando dizer é que você merece o inferno, Helena. Eu mereço o inferno!

— Você não cometeu os erros que eu cometi!

— Diante de Deus, pecado é pecado. Sou tão indesculpável quanto você! Mas Jesus viveu a vida perfeita, e no momento em que o aceitei, Ele tomou o meu lugar e por isso estou limpa diante de Deus!

— De novo esse papo... — disse Helena olhando para o lado, parecendo aborrecida. — Será que você não entende que eu quero ir para o inferno? Essa é a única forma de pagar por meus pecados!

— Não, Helena, você está confusa! Ninguém em sã consciência quer ir para lá! Vou orar para Deus abrir os seus olhinhos, meu amor.

— Às vezes penso que Deus olha do céu para mim, e debocha da minha situação. Sinto como se fosse um fantoche nas mãos dEle.

Denise balançou a cabeça, triste com a situação em que se encontrava aquela que um dia havia sido sua aluna preferida, a mais dedicada da sua classe.

— Helena, Ele te ama! Estou certa disso! Se Ele não te amasse, não me mandaria vir falar com você hoje!

— Não consigo aceitar que Ele me ame, professora! Eu sou uma assassina! Matei meu pai... — Helena começou a chorar. — E meu bebê... Meu bebezinho...

— Meu anjo, você gostaria de ver seu pai novamente um dia?

— É claro que sim!

— Eu creio que Jader se encontra no céu agora. Se você for para o inferno, passará a eternidade separada dele!

Denise sabia que o maior tormento no inferno seria passar a eternidade separada de Deus, mas considerou que naquela circunstância, usar o pai de Helena como argumento era a melhor opção.

— Não! — Helena soluçava. — Eu quero vê-lo outra vez!

— Helena, eu não pretendia lhe contar — disse Denise com uma voz preocupada —, mas estou sentindo nesse momento que é a vontade do Senhor que eu o faça. — Helena olhou para ela, curiosa. — O que me levou a vir aqui hoje e insistir em falar com você, mesmo sabendo que você poderia não me receber, foi um sonho que eu tive na noite passada. Sonhei que você tinha morrido e estava sendo velada em um cemitério. Eu me aproximei para me despedir, e o seu caixão começou a pegar fogo. Naquela hora senti que sua alma tinha ido direto para o inferno! Se você morrer, na condição em que se encontra, é isso que irá acontecer, Helena! Não por causa do meu sonho, mas por que a Bíblia declara isso!

Denise abriu sua Bíblia e folheou-a até encontrar o que queria.

— Em João 6.53,54 Jesus disse: *"Na verdade, na verdade vos digo que, se não comerdes a carne do Filho do Homem e não beberdes o seu sangue, não tereis vida em vós mesmos. Quem come a minha carne e bebe o meu sangue tem a vida eterna, e eu o ressuscitarei no último Dia".*

Quando Denise fechou a Bíblia e olhou para Helena, viu que ela tinha a cabeça inclinada, e parecia estar lutando para reprimir as lágrimas. De repente, Helena colocou as mãos no rosto e começou a chorar profundamente.

— Se você não voltar para Jesus e se reconciliar com Ele, irá para o inferno, Helena!

— Você não entende... Eu simplesmente não posso, não consigo! — Denise abraçou Helena, que soluçava alto. — Não tenho forças, não tenho forças! — dizia Helena, enquanto sua ex-professora da Escola Dominical orava por ela.

Helena encontrava-se em pé, de frente para um pedestal que sustinha um enorme livro aberto. Ela aproximou-se, olhou dentro do livro e observou que naquelas duas páginas expostas havia uma porção de nomes, alguns que ela reconheceu. Em certa parte, havia apenas uma linha em branco. Helena sentiu que era o seu nome que deveria estar escrito ali, mas não estava. Acordou suando e com a respiração ofegante. Sentiu um pavor do inferno que ela nunca havia experimentado antes. E se ela morresse agora? E se uma bala perdida a atingisse naquele momento? Ela iria para o inferno, e isso começou a atormentá-la!

Helena dobrou os joelhos junto a sua cama e chorou. Aquela seria a primeira oração que ela faria desde a morte de Jader e Rafael.

"Deus, eu não quero ir para o inferno... Não quero! Preciso que o Senhor me salve... Por favor! Perdoe-me, eu sei que errei! Perdoe-me, Jesus! Eu preciso do seu perdão! Não posso ir para o inferno, Jesus, e viver separada do Senhor, que eu tanto amei um dia... Por favor, me perdoe, e me ajude a voltar ao meu primeiro amor..."

Helena ficou ajoelhada por alguns minutos, apenas chorando, mas sentiu que um peso saiu de dentro dela naquele momento. Ela realmente conseguiu sentir-se perdoada.

"Deus, agora eu quero morrer... Já estou salva, então me mata de uma vez! Eu não suporto mais essa vida... Leva-me daqui!"

Helena ficou ajoelhada, chorando e pedindo para Deus matá-la, pois a angústia e a opressão mental que sentia eram muito grandes. Enquanto chorava ajoelhada, sentiu como se uma mão tivesse feito-lhe um carinho na cabeça. Ela parou de chorar, e permaneceu na mesma posição, em silêncio, apenas tentando entender o que estava acontecendo. Sentiu como se aquela mão tivesse penetrado dentro do seu cérebro e tocado em alguma coisa ali dentro. Depois de algum tempo, Helena se levantou e olhou ao seu redor. Ela estava sozinha naquele aposento! Começou a rir e a chorar sozinha, parecendo uma criança, mas dessa vez ela não estava louca.

Saiu do quarto, foi até onde estava sua mãe e deu-lhe um beijo na testa. Pegou o carro e dirigiu-se até a igreja. Sabia que haveria culto dali a pouco, e o pastor Antônio costumava chegar duas horas antes para orar e se preparar para a reunião.

Chegando a igreja, pediu para uma criança chamar o pastor Antônio. Alguns jovens que a conheciam, passaram por ela e a olharam de alto abaixo, cochichando entre si. Helena não se importou.

O pastor Antônio foi até a rua, e, ao ver Helena, abriu os braços para recebê-la. Deu-lhe um abraço carinhoso, enquanto glorificava a Deus.

— Pastor, se o senhor me aceitar de volta, eu quero me reconciliar com a igreja.

— Louvado seja Deus! — exclamou o pastor Antônio, com lágrimas nos olhos.

— Se for possível, eu gostaria de participar da próxima Santa Ceia, pois temo por minha vida. Quero estar em paz diante de Deus e de todos, caso Ele resolva me levar.

Helena não compareceu a nenhum culto antes da Santa Ceia. Simplesmente não conseguiu. Estava sendo muito difícil para ela, uma "desviada", retornar à casa do Pai (e principalmente à comunhão com os irmãos). Mas aquela era a noite de Santa Ceia, e ela teria que vencer a si mesma para conseguir chegar à igreja.

Com muito esforço, conseguiu. Entrou na igreja de cabeça baixa, sem olhar para os lados. Quase todos a olhavam, como se ela fosse a "mulher barbada". Algumas pessoas a cumprimentaram. Helena apenas sorriu para elas. Helena sentou-se ao lado da sua mãe, e passou o culto inteiro de cabeça baixa.

"Temos alguém muito especial aqui essa noite", disse o pastor Antônio. "Helena, venha aqui à frente."

Helena dirigiu-se envergonhada e cabisbaixa até a frente do altar. Um silêncio profundo se fez dentro da igreja. Todos sabiam quem ela tinha sido e o que havia passado (na época em que Rafael e seu pai morreram e ela tentou o suicídio, a mídia havia sido bem cruel na exposição dos detalhes da sua vida para o público).

"Nossa querida irmã Helena quer voltar aos caminhos do Senhor. Vocês a aceitam de volta?"

Em uníssono a igreja respondeu que sim.

"Uma filha pródiga volta à casa do Pai. Há alegria no céu por esse dia!"

O pastor fez uma oração por Helena junto à igreja, e ela retornou ao seu lugar.

A igreja participou da Santa Ceia — a memória do corpo e sangue de Jesus Cristo — inclusive Helena. O coral da igreja cantava um hino de louvor a Deus, enquanto Helena chorava no seu banco e era invadida por uma paz indescritível. Ela sentia-se leve como uma pluma, e o amor que experimentava por Jesus era maior do que qualquer coisa!

Helena encostou a cabeça no ombro da mãe e disse, entre soluços: "Mãe... Já posso morrer em paz. Agora estou segura da minha salvação".

9
Capítulo

Ajoelhado junto a sua cama, Lorenzo lia a Bíblia. O ex-mendigo, que ele apelidou de "Amigo", estava em cima de uma cadeira consertando uma abertura no forro daquele quarto, que causava goteiras quando chovia. Amigo tornara-se seu braço direito, tendo o ajudado até mesmo na construção de três peças novas para a Escola Dominical. Ele fazia qualquer serviço que Lorenzo lhe ordenasse que fosse feito, e mostrava-se feliz em poder ser útil. Todos os dias Lorenzo fazia um culto doméstico com Amigo e lhe ensinava as Sagradas Escrituras. Ele tornara-se um cristão fiel e fervoroso.

Lorenzo conversava bastante com Amigo (que apesar de não conseguir exprimir palavras, tinha a audição perfeitamente saudável) e certo dia Lorenzo contara-lhe sua história e a do seu filho. Disse também que tinha uma filha estudando na Inglaterra, mas não quis mostrar nenhuma foto de Juliana. Temia que ele pudesse vir a se interessar por ela.

Na verdade, ele havia escondido todos os retratos que possuía de Juliana. Dali a alguns meses seria a sua formatura, e ele já havia ajuntado um bom dinheiro para viajar até a Inglaterra. Não queria que Juliana viesse visitá-lo, pois pensava *"Quem é que sabe o que se passa na cabeça das mulheres? Vai que ela acabe se interessando pelo ex-mendigo, como as outras moças da igreja?"* Queria evitar qualquer possibilidade de que isso acontecesse. Mas o que ele não se lembrava é que o ex-mendigo conhecera sua filha quando ela entregou-lhe um lanche na praça, quando veio visitá-lo certa vez.

Amigo era um belo rapaz de corpo atlético e aparência extremamente máscula. Algumas moças da igreja o paqueravam, mesmo sabendo que ele tinha algum distúrbio psicológico. Mas ele deixava claro que não queria nenhum tipo de relacionamento. Lorenzo tinha de admitir que desejava que ele encontrasse alguém e se casasse logo, para que não houvesse nenhuma possibilidade de Juliana se interessar por ele quando voltasse ao Brasil.

Lorenzo pegou seu caderninho de orações, que estava dentro do criado mudo, e abriu-o. Um recorte de jornal que ele guardara ali dentro certa vez, caiu no chão, sem que ele percebesse.

"Ahhhh!", o ex-mendigo gritou e pulou da cadeira.

Lorenzo levou um susto tão grande que pensou que iria sofrer um ataque cardíaco. Amigo estava ajoelhado no chão, segurando a reportagem que caíra do caderno de orações, e chorava profundamente.

"Jamilah... Maymunah... *La, la, la... Lech?*"[1] O ex-mendigo finalmente estava falando!

Lorenzo aproximou-se dele e olhou para a reportagem que estava em suas mãos. Era ele o advogado que havia perdido a esposa e a filha em um acidente de trânsito, e que chorava ajoelhado no asfalto com as mãos na cabeça! Era realmente ele!

"Hadza ossreti! Hadza ossreti!"[2] O homem pronunciava essas palavras repetidamente, curvando o corpo para frente e para trás, em uma espécie de convulsão emocional.

Lorenzo calculou que o homem estivesse falando em árabe, já que a reportagem dizia que ele era palestino. Abraçou o rapaz, que a reportagem também dizia chamar-se *Amin*, e ficou com ele, consolando-o como se fosse seu próprio filho, até que ele parou de chorar.

— Amin... É esse o seu nome? — O rapaz balançou a cabeça afirmativamente. — Você fala a minha língua, Amin?

— Sim — disse ele. — Falo o português desde o meu segundo ano no Brasil.

Apesar do sotaque carregado, seu português era perfeito. Lorenzo pediu-lhe que descansasse um pouco. Ajudou Amin a deitar-se na sua própria cama, fechou a porta e foi até a sala. Ajoelhou-se junto ao sofá e começou a orar por aquele homem, tentando entender tudo o que havia

[1] "Não, não, não... Por quê?"

[2] "Minha família! Minha família!"

acontecido. Enquanto orava, podia ouvir os soluços de Amin vindos do quarto. Lorenzo não via a hora de conhecer sua história, mas sabia que tinha que ter paciência. Amin estava passando por um choque muito grande. Lorenzo imaginou que se ele perdeu a memória quando sua esposa e filha morreram, então, provavelmente, na sua mente era como se aquela tragédia tivesse acabado de acontecer.

No outro dia, de manhã bem cedo, Lorenzo conversava com Amin. O ex-mendigo lhe falava como se estivesse querendo rever para si mesmo fatos importantes da sua vida:

— Eu vim para o Brasil com 16 anos, terminei os estudos com 19, iniciei a faculdade com 20, casei-me com 22, perdi minha esposa e minha filha com 25 — alguns meses depois de ter me formado —, passei dois invernos nas ruas... Então, eu tenho 27 anos. Faço 28 daqui a alguns meses.

Lorenzo ouvia em silêncio.

— Eu tinha conseguido me formar em menos tempo do que havia planejado, havia sido efetivado no meu último estágio, tinha dado início ao financiamento da nossa casa própria... Estava indo tudo tão bem... Até o dia em que Maymunah contou-me que havia se convertido ao cristianismo, e que estava frequentando uma igreja evangélica. Eu pirei, Lorenzo. Meu mundo desabou! Pensei que ela havia enlouquecido. Tentei fazê-la mudar de ideia, mas ela só sabia falar de Jesus, que Ele havia entrado em sua vida, que agora estava salva e que eu tinha que conhecê-lo. Ela me dizia que Ele era o Filho de Deus que morreu para salvar os pecadores... Dizia aquilo para mim, um muçulmano, Lorenzo! Lembro-me bem de que naquele dia eu senti, pela primeira vez desde que nos conhecemos, vontade de bater nela. Mas não o fiz. Quem ela pensava que era para me dizer que Deus tinha um Filho? Alguns amigos muçulmanos aconselharam-me a divorciar-me, mas eu a amava tanto... Sentia que preferia morrer a perdê-la!

Lorenzo ouvia aquela história, profundamente admirado.

— Numa determinada manhã... Lembro-me de que eu estava em jejum, pois era o mês de ramadã, e antes de sair para o serviço, eu e minha esposa tivemos uma briga muito feia. Pela primeira vez desde que abandonou o islamismo, ela não falou comigo mansamente como costumava falar. Ofendeu a minha religião com palavras duras, de acusação, e tentou provar-me a todo custo que eu estava errado, e que iria para o inferno caso rejeitasse o Filho de Deus. Saí muito irado para o serviço. Depois que o acidente aconteceu, não entendia o porquê de ela ter ido atrás de mim. Mas agora, penso que ela fora apenas me pedir perdão por ter sido tão rude — disse Amin pensativo. — Eu já estava no meu escritório — prosseguiu ele — quando ouvi um estouro vindo do lado de fora acompanhado por gritos. Na mesma hora percebi que ocorrera um acidente, pois havia um cruzamento muito perigoso naquela rua, e acidentes aconteciam frequentemente ali. Lembro-me de que saí correndo para prestar ajuda. Quando cheguei ao local, deparei-me com Jamilah, minha filhinha de 2 anos estendida no chão em uma poça de sangue, próxima ao cordão da calçada. — Amin começou a chorar e a tremer. Lorenzo colocou a mão em seu ombro, solidarizando-se com sua dor.

— ... Ela estava sem vida e com o crânio rachado. O impacto fora tão forte que ela saltou pela janela. Corri até o Gol Maymunah, mas ela também já estava morta, presa entre as ferragens. Tudo o que eu pensava naquele momento era em vingar a morte das pessoas a quem eu mais amava. Fui até o furgão que atravessou o Gol de Maymunah, com a intenção de matar o motorista, mas ele também já estava morto. Não havia ninguém para me vingar. Praguejei e amaldiçoei o Deus dela... Peguei meu carro e saí correndo, enlouquecido de tanta dor. Estacionei em um lugar qualquer, fui caminhando até uma avenida movimentada e esperei passar um veículo de grande porte. Quando passou um caminhão, me atirei na frente dele. Depois disso, não vi mais nada. Só me recordo que acordei dentro de um hospital, sentindo dores por todo o corpo. Tinha o braço e a cabeça enfaixados, mas já não sabia quem eu era, nem o motivo de estar ferido.

— Não conseguia lembrar-se de nada mesmo? — perguntou Lorenzo.

— Não lembrava quem eu era. Não havia uma lembrança sequer, nem uma única memória. Absolutamente nada! Mas sentia uma dor inexplicável, não física, mas uma dor dentro da alma, uma tristeza, um desespero, e eu não sabia o porquê daquilo. Então, dei um jeito de fugir do hospital naquele mesmo dia. Não tinha documentos comigo, e no prontuário do meu leito estava escrito: "paciente sem identificação". Agora recordo que quando saí para prestar socorro no acidente, deixei minha carteira, que continha meus documentos no escritório.

— E como você foi parar nas ruas?

— Quem eu era, Lorenzo? Não tinha nada, nem ao menos uma única pessoa a quem recorrer. Não havia outra saída para mim! Lembro-me de que, perdido e desorientado, peguei um trem, e desci em uma cidade qualquer. Fui parar nas ruas, sobrevivendo como mendigo a partir daquele dia. Após algum tempo, não compreendo o motivo, mas uma Kombi passou e recolheu todos os mendigos da cidade e os distribuiu nas cidades vizinhas. Eu vim parar aqui, em Redenção.

Lorenzo tinha conhecimento daquele sistema hipócrita de "limpeza das ruas" que algumas cidades faziam, principalmente quando haveria algum evento importante, com a presença de visitantes estrangeiros.

O que mais preocupava Lorenzo era em relação à autenticidade da conversão de Amin. Agora que sabia que havia sido um muçulmano, será que não iria querer retornar à sua antiga crença? Lorenzo questionou-o a respeito disso uma vez, e, bastante surpreso com a desconfiança de Lorenzo, Amin respondeu: "Isso é impossível! No dia em que entreguei minha vida a Jesus, algo mudou dentro de mim, Lorenzo! Hoje eu compreendo o que Maymunah sentia, e o que ela queria dizer-me quando falava apaixonadamente sobre o Filho de Deus. Não troco Jesus por nada nesse mundo!"

Quando não havia culto, Lorenzo e Amin passavam quase o tempo todo conversando. Amin havia lhe contado que nascera em uma cidade da Palestina, mas que durante quase toda a sua vida morara em Tel Aviv – Israel, onde seu pai era um próspero joalheiro. Sua mãe desenvolveu uma doença raríssima, e seu pai gastou quase todo seu dinheiro na tentativa de encontrar a cura para ela. Amin era o mais novo de quatro irmãos. Seus três irmãos mais velhos morreram em um conflito entre palestinos e israelenses. Seu pai se envolvera na política, e depois disso passou a sofrer ameaças constantes de homens perigosos. Após esses eventos, ele, seu pai e sua irmã Luloah tiveram que se mudar para Beit Hanoun, uma cidadezinha localizada a nordeste da Faixa de Gaza. Alguns dias antes de morrer, para proteger sua filha, Hassan colocou-a em um orfanato católico e pagou um médico brasileiro para levar Amin em segurança ao Brasil.

— Foi muito difícil iniciar uma nova vida no Brasil — disse Amin. — O médico que meu pai subornou para cuidar de mim simplesmente me abandonou, deixando-me apenas com minha mala e 100 reais no bolso. Fui parar em um alojamento em Porto Alegre, onde havia outros refugiados. Como não conhecia ninguém, tive que me virar por conta própria. Faltavam dois anos para terminar meus estudos, e consegui me matricular em uma escola pública, mas fui reprovado no primeiro ano. Não estava familiarizado com o idioma português e as diferenças culturais.

— E como foi a aceitação dos seus colegas ao saberem que você era palestino? — perguntou Lorenzo.

— Meu nome sempre chamava atenção ao ser pronunciado. Quando ficavam sabendo que eu era árabe e muçulmano, era alvo de piadas maldosas. Foi complicado sobreviver à escola! Lembro-me de que, quando passava em frente a determinados grupos de colegas, principalmente no intervalo das aulas, eles diziam: "Olha a bomba!" ou "Não chegue muito perto, ele pode se explodir! Sua família é composta por terroristas!" Infelizmente, grande parte dos brasileiros pensa que muçulmano é sinônimo de terrorista.

— E não é? — perguntou Lorenzo.

— Não! Eu e Maymunah éramos muçulmanos moderados, assim como eram nossos pais.

— E o que isso quer dizer exatamente?

— Significa que, quando víamos na televisão um atentado, dizíamos que os terroristas eram um bando de loucos, que se deixaram dominar pela política esquecendo-se de seus princípios religiosos, pois para nós o Islã era sinônimo de paz. Os muçulmanos moderados, que meu pai dizia que eram os muçulmanos verdadeiros, são contra qualquer tipo de violência.

— Mas então, como explicar o inegável terrorismo praticado pelos muçulmanos?

— Por alguns muçulmanos — corrigiu Amin. — No mundo, existem muçulmanos e muçulmanos! Meu pai, que era um muçulmano piedoso, dizia que os terroristas eram muçulmanos desvirtuados e egocêntricos, que muito mais do que lutar por uma causa, o que realmente os motivava era o prêmio prometido a eles: o paraíso e as setenta e duas virgens. Meu pai defendia que o islamismo tinha que ser propagado através da paz e do diálogo, e jamais pela força e violência. Os terroristas utilizam-se de partes isoladas do Corão e no que alguns líderes dizem para se basearem na prática da sua violência, mas o Corão defende a vida. Acontece que ele também dá o direito de resistência, e é isso que leva os terroristas a praticar suas ações belicosas. Mas a maior parte dos árabes muçulmanos é pacífica e só quer viver suas vidas tranquilamente, sem prejudicar ninguém.

— E você odiava os judeus, como a maioria dos muçulmanos?

— Eu e minha família não odiávamos os judeus. Não odiávamos ninguém, na verdade. Mas admito que não gostávamos dos israelenses, especificamente pelo fato de terem tomado as terra do nosso povo.

— Mas as terras de Israel pertencem aos judeus por direito! Foi Deus quem deu a eles como herança perpétua! — Lorenzo simplesmente não conseguia ficar quieto quando falavam mal de Israel. Ele amava aquela nação, aquele pedacinho de terra escolhido por Deus, e sentia orgulho em dizer que apoiava o Estado de Israel.

— Hoje eu sei! Você me provou isso, Lorenzo! – respondeu Amin, que antes de recuperar a memória também começava a amar aquela nação através dos ensinamentos de Lorenzo. — Mas naquele tempo eu estava cego para a realidade! Deus disse no Antigo Testamento que o povo de Israel seria espalhado por todo o mundo, caso se rebelasse contra Ele. E em cumprimento das profecias bíblicas, isso aconteceu! Os árabes, então, colonizaram partes daquela região... Mas Lorenzo, meu povo não quer saber se aquelas terras pertenceram ou não aos judeus por mais de quatro mil anos, como registra a história. O fato é que eles colonizaram aquelas áreas, construíram suas casas, formaram famílias... Muitos árabes nasceram lá! E imagine se você tivesse que deixar a sua casa, seus pertences, tudo o que adquiriu com esforço ao longo do tempo, para dar aos índios, afinal, eram eles os habitantes, os "donos" do Brasil antes de ele ser colonizado, não eram?

— Bom, se isso acontecesse, eu iria ficar muito irritado!

— É isso que estou tentando explicar! Meu povo está bem "no meio" dos acontecimentos proféticos, Lorenzo.

— Mas do jeito que fala, parece até que está contra Israel...

— Não, não estou! Hoje, conhecendo os fatos históricos e as profecias bíblicas, tenho plena certeza de que Deus deu Israel aos judeus, o povo escolhido por Ele para abençoar todas as nações da Terra, e eu aceito isso. Israel é o único lar dos judeus por direito e ponto final. Só que você tem que tentar entender o lado do meu povo! Eles estão sofrendo muito, principalmente a população mais humilde... Lorenzo, eu cresci em Tel Aviv, mas nos meus dois últimos anos em Israel, morei nas proximidades de Gaza, onde meus pais, meus irmãos mais velhos e eu nascemos. Sei que o povo de lá vive um verdadeiro inferno de ódio e terror! E eles precisam conhecer a verdade que eu conheci. Precisam de Jesus mais do que de terras, reconhecimento ou qualquer outra coisa que reivindicam.

— Ah, Amin... Você também precisa conhecer um pouco mais sobre a sua antiga religião. Pela conversa que tivemos, acredito que em alguns aspectos eu saiba mais sobre ela do que você! — afirmou Lorenzo, que gostava de estudar e tentar compreender as diversas crenças existentes no mundo.

— Você deve me achar um paradoxo — disse Amin de repente, com um olhar enigmático.

— Não, Amin! Muito mais do que um paradoxo, você é a prova viva de que a verdade da Cruz e o amor de Cristo não encontram fronteiras! Espere um momento — disse Lorenzo, levantando-se. — Tenho algo para você.

Minutos depois Lorenzo retornou trazendo uma sacola enorme, que entregou a Amin, dizendo-lhe que era um presente. Ao abri-la, Amin deparou-se com dezenas de livros e vídeos de mensagens. A maior parte deles falavam sobre sua antiga religião, Israel e os acontecimentos proféticos, que apontavam para a volta iminente de Jesus.

Amin agradeceu o presente e percebeu que quase todo aquele material era do mesmo autor.

— Dave Hunt[3] — disse Amin, olhando os livros e os DVDs um por um.

— Amin, estou certo de que você vai começar a amar Dave Hunt. Eu o considero o maior estudioso das religiões, e um grande defensor da verdade. Há mais ou menos dez anos, eu passei por um obscuro período de frieza espiritual, no qual muitos questionamentos me assolaram. Meu pastor indicou-me os livros de Dave Hunt, e penso que foi Deus quem me guiou a esse homem. Seus estudos, suas conclusões completamente fundamentadas em fatos e evidências irrefutáveis, fizeram com que a verdade se tornasse intrínseca, incrustrada dentro de mim. Estou certo de que o cristianismo simples e genuíno, tal qual lhe apresentei, é a verdade absoluta. Todo o resto, as mais diversas religiões e filosofias existentes no mundo são embustes do Diabo para confundir as pessoas e levá-las a se desviar do caminho certo.

Lorenzo e Amin almoçavam juntos. Amin contava a Lorenzo mais histórias da sua vida:

— Fui aprovado na Universidade Federal do Rio Grande do Sul para o curso de Direito, e admito que as coisas melhoraram um pouco na faculdade. Lá havia mais respeito à crença alheia e as pessoas tinham a

[3] Estudioso de escatologia e seitas religiosas conhecido mundialmente. Autor de mais de 25 livros (com mais de quatro milhões de exemplares vendidos), Dave Hunt é um pesquisador aplicado das diversas seitas atuantes no Planeta, e também um defensor incansável da verdade.

mente aberta. Eu morava na casa do estudante universitário, e nas horas vagas trabalhava como garçom em um restaurante para me sustentar. Foi na UFRGS que eu conheci Maymunah — disse Amin, com um sorriso sonhador. — Já estava no segundo semestre do meu curso, e ao regressar das férias de julho fui até a biblioteca da Universidade, pois gostava muito de ler. Quando entrei, deparei-me com uma bibliotecária nova. Era uma linda jovem, que tinha a cabeça coberta com o *hijab*, o véu islâmico. Na mesma hora percebi que ela era muçulmana. Perguntei-lhe alguma coisa em árabe, e ela me respondeu também em árabe. Foi amor à primeira vista! Seus pais eram palestinos, mas ela havia nascido no Brasil. Casamos algum tempo depois.

— Por que as mulheres árabes cobrem a cabeça com um véu? — perguntou Lorenzo.

— É que na cultura do meu povo, a feminilidade e a beleza da mulher estão representadas em seus cabelos. A mulher tem que guardar sua beleza apenas para seu marido e enfeitar-se somente para ele, pois isso é honroso. O véu também resguarda a mulher de ser desejada por qualquer outra pessoa além do seu marido. Não apenas em relação ao véu, mas a mulher muçulmana deve se vestir com reserva, sem expor a sensualidade do seu corpo para desconhecidos.

— Ah, elas tem que usar a burca! Eu já tinha ouvido falar sobre isso...

— Não, não! A burca só é usada no Afeganistão e no Paquistão! Minha esposa se vestia com modéstia e usava o véu quando estava fora de casa, mas nunca usou burca!

Amin ainda se surpreendia com a ignorância das pessoas em relação à sua cultura, grande parte graças às distorções feitas pela mídia, que se empenhava arduamente em mostrar às pessoas apenas o que lhe convinha, distorcendo os fatos (e isso ele estava percebendo cada vez mais na mídia ocidental, especialmente em relação aos judeus e Israel — sempre tidos como "*os* inimigos", quando, na verdade, apenas se defendiam "*dos* inimigos"). Doía em Amin ter que admitir essa verdade, mas ele não podia ignorar a realidade.

— Hum... Interessante! E sua esposa usava o véu aqui no Brasil, onde é costume as mulheres dançarem nuas no carnaval, algumas tendo a parte mais íntima do corpo coberta apenas por uma pintura? — Amin ergueu as sobrancelhas e suspirou, evidenciando compreender o que Lorenzo queria lhe dizer. — E como foi para você, quando chegou ao Brasil, tendo que se deparar com... Digamos assim... Tanta indecência? — perguntou Lorenzo.

— No começo foi bastante assustador. Mas sempre aprendi que, independentemente de onde eu estivesse, jamais deveria deixar os costumes "insensatos", contrários a minha crença, me dominarem. Eu é que tinha que mostrar a quem me hospedasse o que era correto, puro e nobre. Lorenzo, certos aspectos da cultura árabe, que parecem absurdos a um ocidental, são na verdade muito comuns para quem nasceu dentro daquela tradição. A cultura do meu povo tem pontos maravilhosos!

— E eu gostaria de aprender mais a respeito. Da culinária árabe eu já sou fã! — disse Lorenzo sorrindo.

Amin já estava pregando na igreja, e Lorenzo via nele o potencial de um futuro grande pregador e ganhador de almas. Fazia o possível para ensiná-lo a pregar somente a verdade, sem os modismos "teológicos" da atualidade. Apresentou-lhe algumas mensagens e os livros do pregador norte-americano David Wilkerson,[4] e Amin se apaixonou por seu amor pelas almas e seu jeito simples e franco de pregar. Passou a dizer que, depois de Jesus, aquele homem era a sua inspiração. Queria ser como David Wilkerson e pregar como ele pregava. Lorenzo ficara imensamente feliz com aquela notícia. Depois de Cristo, dos profetas, apóstolos bíblicos e heróis da fé, pensava que não havia inspiração melhor que David Wilkerson para um futuro pregador.

O maior desafio de Amin dentro da igreja estava sendo vencer as tentações relacionadas às mulheres, pois elas literalmente corriam atrás dele. Ele estava resistindo e orando muito a respeito da sua vida sentimental. Pedia a Deus que lhe desse uma moça que viesse a ser sua esposa. Não queria apenas "passar o tempo" com as mulheres.

Amin havia procurado seus ex-sogros, na tentativa de reaver seus documentos e algumas coisas que pertenceram a ele, mas não foi bem recebido. Disseram-lhe que não ficaram com nada que pertencera a ele e a Maymunah. Amin teve que refazer toda a sua documentação, e aquilo estava lhe causando uma enorme dor de cabeça.

---

[4] Fundador do *Centro Desafio Jovem* (centro de recuperação para delinquentes e viciados em narcóticos). Wilkerson foi um pregador de Nova York afamado por suas admoestações ao arrependimento, à necessidade da busca por santidade, e ao juízo vindouro de Deus sobre o pecado e os falsos profetas. (Pouco antes de enviar a presente obra para a editora, o Senhor chamou David Wilkerson para a glória.)

Deitado em um carrinho plataforma embaixo da Kombi da igreja, Amin tentava consertar uma determinada peça, que mesmo já tendo sido trocada, insistia em não funcionar.

Naquela tarde Lorenzo tinha ido visitar um casal de irmãos que enfrentava problemas conjugais, e Amin ficara em casa, fazendo seu serviço como zelador. Enquanto consertava a Kombi, Amin ouviu alguém pigarrear. Saiu de baixo do veículo, e deparou-se com uma linda loira de expressivos olhos verdes a fitá-lo. Deitado naquele carrinho, Amin ficou meio perdido. Ele vestia uma calça jeans surrada de tanto usar e uma regata branca, toda suja de óleo. Encararam-se por um momento, até que Amin se apressou em levantar, constrangido diante daquela bela moça que ele já conhecia. Era a filha de Lorenzo, que lhe entregara um cachorro-quente e uma lata de refrigerante na praça, quando ele ainda era mendigo.

— Olá! — disse Juliana com um sorriso tímido. Ela estendeu a mão para Amin, sem se importar que ele estivesse todo sujo de óleo. Amin mostrou-lhe as mãos engraxadas e não quis cumprimentá-la.

— Você está procurando alguém? — disse Amin fazendo de conta que não sabia quem ela era. Queria testar se ela o reconheceria.

— Sim, meu pai mora na casa atrás da igreja.

— Ah, então você deve ser Juliana, a filha dele que estava na Inglaterra! Lorenzo me falou de você. Eu sou o Amin, zelador da igreja.

— É um prazer, Amin! — Juliana tocou de leve em seu braço, em sinal de afeto, pois viu que ele não iria lhe estender a mão suja.

Que homem mais fascinante!, pensou Juliana enquanto olhava para Amin, tentando disfarçar sua admiração.

Que moça linda!, pensava igualmente Amin. *Lorenzo tinha razão em tentar escondê-la!*

Sendo homem, Lorenzo sabia como outros homens pensavam, e de certa forma Amin concordou que, como pai, ele também tinha razão em querer proteger a filha.

— Vou ajudar com as malas. — Amin dirigiu-se ao portão para pegar as malas de Juliana e viu que Lorenzo chegava.

— Amin, de quem são essas malas? — perguntou Lorenzo, enquanto passava pelo portão.

— Pai! — Juliana correu para abraçá-lo.

— Juliana, o que você está fazendo aqui? E a sua formatura? — disse Lorenzo surpreso, pois a cerimônia de formatura de Juliana seria dali a duas semanas, e ele já tinha tudo planejado para ir até a Inglaterra prestigiá-la.

— Pai, precisamos conversar.

Dentro de casa, Lorenzo e Juliana dialogavam. Amin deixou as malas de Juliana na sala, e percebendo que estava "sobrando", foi para a sua casa.

— Filha, eu não compreendo... Já tínhamos tudo planejado!

— O mais importante é que eu adquiri meu diploma, paizinho! — Juliana abriu uma das malas, retirou de dentro uma pasta onde estava o seu certificado de conclusão do curso de inglês, e alcançou-a a Lorenzo. — Eu apenas desisti da cerimônia de colação de grau.

— E qual o motivo, Juliana?

Lorenzo ficou um pouco sentido, pois queria muito assistir àquela cerimônia.

— Estive orando a respeito do meu futuro, e senti que Deus estava me dirigindo a voltar para o Brasil.

Juliana não queria dizer a seu pai que ela também estava fugindo de uma tentação "das brabas" na Inglaterra. Ela se apaixonara terrivelmente por um de seus professores, que era solteiro, mas ímpio. Não querendo correr o risco de cair em pecado, decidiu simplesmente escapar dele, como fez José do Egito com a mulher de Potifar.[5]

— Se você pensa que isso é o melhor para você, estou de acordo, então! Mas vem cá que eu quero dar um abraço na mais nova graduada. — Lorenzo abraçou a filha, grato a Deus por ela estar de volta.

Minutos depois, pai e filham conversavam sentados no sofá.

— Pai... Eu quero agradecer-lhe por todos os ensinamentos que o senhor me deu — disse Juliana um pouco envergonhada. — Lembro-me de que, na minha infância, quando eu lhe desobedecia ou fazia alguma coisa errada, o senhor expunha a minha falha e explicava que estava me corrigindo por que me amava. Na hora eu sentia raiva, não compreendia por que o senhor tinha que ser rígido comigo, já que me amava. Mas entendo agora que foi tudo para o meu próprio bem. Quem eu sou hoje, devo ao senhor.

Lorenzo tinha lágrimas nos olhos.

— Durante tantos anos eu pedi para Deus livrá-la das tentações, abençoar o seu futuro... Mas Ele fez muito mais que isso: deu-lhe uma cabeça boa, fez de você uma mulher responsável...

— Tenho uma excelente notícia para partilhar com o senhor! — disse Juliana, mudando de assunto, pois senão ela iria começar a chorar. — Antes de vir para cá, passei em São Paulo e visitei a Helena. Ela está bem, e se reconciliou com Deus e a igreja.

[5] Gênesis 39.7-12.

— Mas que notícia maravilhosa!

— Helena está negociando um sítio aqui em Redenção. E se tudo der certo, ela vai morar bem pertinho de nós.

Lorenzo, Amin e Juliana almoçavam juntos na cozinha da casa pastoral.

— Ahm... Você trabalha há muito tempo com o meu pai? — perguntou Juliana para Amin, quebrando o silêncio.

— Juliana, ele era o mendigo que você ajudou na praça uma vez! — disse Lorenzo irritado.

Amin preferiu não dizer nada. Percebeu que Lorenzo não estava muito feliz por ele estar perto de sua filha.

— Uau! Mas você fica bem diferente sem barba e de cabelos cortados! — exclamou Juliana, extremamente surpresa. — Parece até mesmo outra pessoa!

Ela não quis dizer para Amin que, desde aquele dia na praça, orou por ele todos os dias enquanto esteve na Inglaterra.

— Você tinha namorado na Inglaterra? — perguntou Amin, tentando puxar assunto.

Lorenzo levantou-se abruptamente com o prato na mão. Deixou-o em cima da pia e foi para seu quarto, batendo a porta com força atrás de si.

Ah, mas eu sou um idiota! Não tinha pergunta melhor para fazer, não?, pensou Amin enquanto passava a mão pelos cabelos, percebendo que fizera uma pergunta tola.

Juliana ficou com as bochechas vermelhas.

— Isso não vem ao caso agora. Mas Amin, eu adoraria conhecer sua história e o seu testemunho de conversão!

— Gostaria de dar uma volta a fim de conversarmos melhor? — perguntou Amin.

Juliana foi até o quarto do pai e avisou-o que ela e Amin iriam até a praça da cidade para conversar um pouco. Resignado, Lorenzo teve que concordar. Afinal, como poderia proibir sua filha adulta de fazer amizade com um homem?

Ao verificar suas contas no banco, Helena surpreendeu-se com mais de um milhão de reais. Rafael costumava investir parte do dinheiro que ganhavam juntos em ações, e naqueles últimos anos elas renderam muitos juros.

Helena não queria mais fazer faculdade, não queria mais se casar e desistira de todos os seus sonhos de infância. A única coisa que interessava a ela agora era viver para Deus e trabalhar para Ele. Precisaria de uma fonte de renda para sobreviver, pois não queria depender da pensão de sua mãe. Mas Helena não sabia fazer nada! O único trabalho da sua vida havia sido como modelo. Depois de orar e planejar muito, Helena investiu parte do seu dinheiro na compra de duas lojas comerciais em São Paulo, e adquiriu um pequeno sítio em Redenção, pois temia gastar aquele dinheiro em coisas supérfluas caso não o empregasse adequadamente.

Naquela primeira manhã em Redenção, sentada em uma cadeira de balanço na varanda atrás da sua casa nova, Helena admirava o pomar florido. Os galhos sacudiam com o vento, espalhando pétalas de pequeninas flores brancas que caíam sobre seu cabelo. Respirou fundo aquele ar puro, deleitando-se com o aroma da terra molhada pela recente chuva de verão.

O sol já aparecia por entre as nuvens, dando a entender que viriam mais dias quentes, mesmo com o outono se aproximando. Helena desejou estar na beira da praia, caminhando descalça sobre a areia quente, em algum cantinho mais afastado da multidão. Estremeceu ao lembrar o vento fresco e a água fria das ondas batendo em seu corpo. Estava há três meses sem tomar nenhum medicamento psiquiátrico, e finalmente seu organismo percebeu que não precisava mais deles. Enquanto admirava a natureza que a rodeava e agradecia a Deus por sua misericórdia e bondade, lembrou-se de seu querido pai. Parecia que ainda conseguia ouvir suas gargalhadas. Sentiu uma vontade imensa de abraçá-lo! Tinha tanto a dizer-lhe, tantas coisas que queria que ele soubesse, mas agora era tarde demais.

Levantou-se e decidiu fazer uma visita para Juliana, pois sua amiga ainda não sabia que ela já se encontrava em Redenção. E se ela continuasse sozinha ali com seus pensamentos, ficaria deprimida.

Ao chegar à casa da amiga, encontrou-a limpando os bancos da igreja, enquanto Lorenzo e um rapaz consertavam duas tábuas soltas do forro.

Após abraçar Juliana, Helena cumprimentou Lorenzo, que desceu da escada para abraçá-la também.

— Helena, esse é o meu amigo Amin. Amin, essa é a amiga de quem eu estava lhe falando ontem.

Amin estendeu a mão e cumprimentou-a. Juliana havia lhe contado no dia anterior a história de Helena.

Minutos depois, no quarto de Juliana, as amigas conversavam.

— Mamãe não quis morar comigo. Ela disse que sua vida é em São Paulo, e que precisa cuidar de Duque e Barão, que já estão bem velhinhos. Provavelmente os cães de papai não resistiriam a uma viagem até aqui.

— Eu fico muito feliz que você esteja bem, Helena.

— É... Deus é bom. — Helena ficou pensativa, até que falou o que estivera preso dentro de seu peito nos últimos dias. — Eu sei que tudo o que aconteceu foi culpa minha. Fui eu a culpada de tudo. Mas ainda não consigo compreender por que Deus permitiu que eu me desviasse tanto do caminho!

— Penso que não tem nada a ver com a permissão dEle. É o livre-arbítrio, Helena! Deus deixou as regras através da Palavra dEle, mas a decisão de segui-las ou não era somente sua! Você conhecia a verdade. Nós a avisamos do perigo que estava correndo!

— Eu sei... Mas era como se meus olhos estivessem fechados para a realidade. Só conseguia ver o que estava na minha frente...

— Ah, Helena, vamos esquecer as coisas ruins e falar de coisas boas. Diga-me, o que você achou do Amin?

— É um homem muito bonito! Ele é árabe mesmo?

— Sim. Quer que eu o apresente? De uma forma... Digamos assim... Mais pessoal?

— Não, Ju. Eu passo essa.

— Você deveria conhecê-lo melhor. Ele também sofreu muito na vida, e tem uma história linda!

— Ju, eu já me decidi. Não quero casar. Quero viver somente para Jesus.

— Helena, não diga isso! Tenho certeza de que você ainda será muito feliz ao lado de um homem especial, fiel a Jesus e a você também.

— Casamento, na forma poética como eu via na minha infância e adolescência, é uma ilusão, Ju!

— Por que você acha isso?

— Porque casamento é só para essa vida! No céu não haverá casamento. As pessoas serão como os anjos! E eu penso que é por isso que grande parte dos matrimônios não dá certo. Os solteiros colocam todas as suas expectativas, metas e anseios de felicidade em cima de um futuro casamento, e pensam que só depois que se casarem serão felizes. Como você sabe, parte majoritária das pessoas acaba se frustrando, pois como o apóstolo Paulo disse em 1 Coríntios 7.28, casamento é tribulação na carne! Se os jovens buscassem encontrar a felicidade em Jesus, antes de tentar encontrá-la em um grande amor, em um casamento, penso que as coisas seriam bem diferentes. Eu deveria ter feito isso!

— Mas eu acredito que o casamento é algo bom, e deve ser uma representação do relacionamento de Cristo com a Igreja. Você deveria dar uma chance a si mesma de ser feliz ao lado de alguém, Helena.

— Ju, será que você não entende que eu não quero mais nenhum tipo de relacionamento amoroso para mim? Quero continuar solteira e dedicar meu tempo, minha vida, exclusivamente a Deus! Sabe, tenho medo de amar, pois se eu amar, poderei novamente chorar! Já sofri demais com a desilusão de um amor mal correspondido, e por isso não quero amar. Se eu amar, tudo poderá estar novamente perdido, e a única coisa que vai restar é um coração novamente partido!

— E vai ficar solteirona, "para titia"? Você vai ficar mal falada! As pessoas dirão que você tem algum problema!

— Não me importo nem um pouco com o que as pessoas irão pensar ou dizer de mim. Ju, não quero casar e ponto final! Como eu já disse antes, casamento é "tribulação na carne".

— E o sonho que você tinha quando criança de ser mãe?

— Não quero ter filhos.

— Ah, Helena! Não venha me dizer que o sonho de ser mãe também é uma ilusão. A Bíblia diz que os filhos são herança do Senhor!

— Salmos 127.3 — citou Helena. — Eu conheço a Bíblia, Ju! Mas em meio aos tempos difíceis em que estamos vivendo, penso que só pessoas irresponsáveis e egoístas colocam filhos nesse mundo insano. — Helena curvou a cabeça. — E depois do que fiz... Não mereço a dádiva de gerar um filho. — Após alguns instantes, Helena olhou novamente para sua amiga. — Sabe o que eu realmente quero, Ju? Quero adotar. Assim estarei nadando contra a maré. Em vez de colocar mais um indivíduo para sofrer no planeta, estarei tirando um indivíduo do sofrimento e dando-lhe a oportunidade de ser amado, ter uma vida digna e, principalmente, de crescer no conhecimento da verdade.

— Não concordo. Você só está dizendo isso porque ainda está magoada pelo que aconteceu. — Juliana cruzou os braços. — Em parte, seu propósito até que é nobre — continuou ela —, mas acredito que o que você acabou de me descrever, quanto a não ter filhos, é um dos planos de Satanás para enfraquecer o cristianismo no planeta.

— Talvez você tenha razão, se generalizarmos a coisa... Mas para mim, penso que ser solteira e não ter filhos é a melhor escolha! Ju, é bem provável que na igreja eu seja considerada uma aberração por optar viver sozinha... Pois os solteiros que estão "passando da idade" geralmente são ridicularizados por pessoas leigas da Bíblia, que não compreendem que talvez Deus aprove que alguns permaneçam solteiros... Mas você é a minha melhor amiga, e tudo o que eu espero de você é o seu apoio, Ju! — Vendo que sua amiga continuava inflexível em aceitar que ela permanecesse solteira, Helena decidiu continuar insistindo no seu ponto de vista. — Ju, dê-me ao menos um exemplo de casamento feliz. Vamos! Um único exemplo.

Juliana pareceu estar rebuscando em sua memória algum exemplo para apresentar a amiga.

— Bem, tenho alguns casos...

— Ju, tente entender que eu já sofri demais na minha vida! Não quero correr o risco de casar-me e sofrer novamente! E além do mais, a Bíblia me apoia.

— Como assim?

— Bom, há uma lista de personagens bíblicos que nunca se casaram, preferiram ficar na condição de solteiros por amor ao Reino. Posso citar como exemplo os profetas Elias, Eliseu, Jeremias, Daniel, João Batista, o apóstolo Paulo, dentre outros, e até mesmo o próprio Jesus! Paulo e Jesus aconselharam os jovens a não casarem. Paulo disse que os jovens seriam mais felizes se permanecessem solteiros como ele. E Jesus, bom, Ele disse em Mateus 19.11 que viver como solteiro era um dom, só que não era para todos, era só para algumas pessoas. Juliana, por que seu pai nunca se casou novamente depois que sua mãe faleceu?

— Ele dizia que tinha medo de casar-se com uma mulher que não se acertasse comigo, que me maltratasse, e que na condição de solteiro era mais fácil de servir ao Senhor.

— Pois então, ele se fez eunuco por amor a você... E ao Reino!

— Tudo bem, Helena. Apesar de não concordar com você, não vou mais discutir a respeito desse assunto. Faça o que achar que será melhor para a sua vida. — Diante daquelas palavras, Helena sorriu. — Mas eu ainda acho que Deus quer que você seja feliz ao lado de alguém especial...

— Ju!

— Tá bom! Não está mais aqui quem falou! Mas você e o Amin formariam um lindo casal. Ele é uma pessoa tão... — Juliana suspirou. — Tão incrível, Helena!

Helena notou que os olhos da amiga brilharam quando ela falou de Amin.

— Não acredito, Ju. Você é quem está interessada nele!

— Não! — exclamou Juliana com as bochechas vermelhas.

— Está sim! Eu te conheço, dona Ju. Você não me engana!

Diante do olhar inquiridor da amiga, Juliana obrigou-se a revelar o que sentia seu coração:

— Talvez um pouquinho...

10
Capítulo

Amin havia conseguido reaver toda a sua documentação, inclusive sua habilitação para a advocacia. Arranjara um emprego de meio turno em um escritório da cidade, mas permanecia morando na casa da zeladoria da igreja, e ainda auxiliava Lorenzo com as atividades necessárias à manutenção do templo. Desde que Juliana voltara da Inglaterra, Lorenzo já não era o mesmo. Um dia ele chamou Amin em um canto e lhe disse: "Amin, eu o amo como a um filho, mas quero que você mantenha distância de Juliana. Ela é a única coisa que eu tenho! Não aceito que tente tirá-la de mim!" A partir daquele dia, Amin buscava manter-se o mais afastado possível de Juliana, e estava procurando uma casa para alugar, para não correr o risco de magoar Lorenzo. Mas Amin não podia esconder que sentia algo muito forte por Juliana. Nos cultos em que Lorenzo o convidava para ministrar a Palavra, ele pregava de olhos fechados ou olhando para a Bíblia. Caso contrário, sabia que não iria conseguir tirar os olhos de Juliana, que o ouvia na plateia.

Juliana estava trabalhando em uma escola estadual de Redenção, como professora de inglês contratada, e voltava para casa naquela tarde, depois de mais um expediente escolar. Já começava a esfriar, e o céu com nuvens escuras anunciava a possibilidade de chuva. Juliana lembrou-se de que tinha colocado um cachecol dentro da bolsa. Pegou-o e enrolou-o no pescoço. Caminhava pelas ruas do centro da cidade, observando as vitrines das lojas, mas estranhou a atitude das pessoas. Parecia que estavam rindo dela! *Que bizarro!*, pensou. Avistou Amin sentado junto a uma pequena mesa na calçada em frente a um bar, com uma maleta preta ao seu lado. Provavelmente ele estava à espera de algum cliente.

— Olá, Amin! — disse Juliana ao aproximar-se.

— Oi, Juliana!

Inicialmente ele pareceu feliz em vê-la, mas Juliana percebeu que repentinamente Amin ficou muito quieto. Notou que ele também a olhava de uma forma estranha, como as pessoas que passaram por ela na rua antes.

— O que foi, Amin? Parece que todo o mundo está me estranhando hoje!

— Juliana, talvez você não tenha percebido... Ou esteja iniciando uma nova moda, sei lá, mas há um... — Amin fez uma pausa, comprimindo os lábios para não rir, enquanto pensava nas palavras mais adequadas para usar naquele momento — ... um artefato pendurado no seu cachecol.

Juliana olhou para baixo e deu um grito, levantando os braços, espantada. Que vergonha! A sua enorme e espalhafatosa escova de cabelo estava enroscada na franja do cachecol! Ela passara por todas aquelas pessoas com aquele troço balançando de um lado a outro! Provavelmente a escova e o cachecol, enquanto estavam dentro da bolsa, deram um jeito de se enroscar. Puxou a escova com força, e ao fazê-lo, a danada saltou longe. Caiu em cima da mesa de um casal de velhinhos, que lanchava tranquilamente.

Juliana caminhou até a mesa dos velhinhos, que a olhavam com os olhos esbugalhados e desculpou-se. Pegou a escova e guardou-a na bolsa, com raiva. Deu meia-volta e sentiu que suas bochechas estavam queimando. Olhou para Amin, que a observara em silêncio durante todo aquele tempo, e viu que ele também a olhava, porém com um ar de riso. De repente, Amin desatou-se a rir.

— Desculpe, mas não consegui me conter! — disse Amin rindo.

Juliana olhava séria para ele, parecendo magoada. Porém, quanto mais Amin tentava se controlar, mais ele ria.

Juliana, ao rever aquela cena desastrosa em sua mente, começou a rir também.

— Esses jovens de hoje... São todos malucos! — disse a velinha que quase fora atingida pela escova de cabelos, quando Amin e Juliana passaram por eles, ainda rindo.

— Juliana, meu cliente acabou de mandar-me uma mensagem cancelando o nosso encontro, e como já estava indo para casa mesmo, pensei que talvez pudéssemos comer alguma coisa juntos.

— Vamos sim! Mas em um lugar longe daqui, por favor!

Amin riu.

Foram até uma confeitaria, e Amin pediu um sanduíche e um café. Juliana pediu um pedaço enorme de torta de chocolate.

— Tem certeza de que você vai comer todo esse doce? — disse ele admirado. Sabia que grande parte das garotas com a silhueta de Juliana não se davam ao luxo de um mimo daqueles. Lembrava-se de que Maymunah era obcecada por dietas, e o único "doce" que comia era salada de frutas.

— Mas é claro! O segredo é apreciar cada pedacinho e não repetir. Se eu comer essa fatia, já saberei o gosto que teria a próxima. — O que ela não disse, é que só comeria salada no restante do dia para compensar aquele "mimo"!

Enquanto comiam, Amin olhava para Juliana, em silêncio.

— Juliana... — disse Amin, colocando sua mão em cima da de Juliana, cobrindo-a. — Eu a admiro muito, e gostaria que você me permitisse conhecê-la melhor. *Pronto, falei! Não sei se foi a coisa certa, mas falei!*, pensou Amin, que na verdade queria dizer que a amava e que a queria como esposa

— Podemos nos conhecer melhor, Amin!

Juliana estava com o coração pulando, mas não quis dar o braço a torcer e falar qualquer coisa romântica. Queria que a iniciativa de um relacionamento partisse somente dele.

— Oi, Juliana! — disse uma mulher que se aproximava deles.

— Silvia! Como você está? Não a vi na escola essa semana!

— Estava de licença médica. Foi apenas uma gripe, nada de mais. Semana que vem eu volto a trabalhar.

— Amin, essa é a minha colega Silvia. Ela é professora de Física na escola onde trabalho.

Amin estendeu-lhe a mão, mas ela não estendeu a sua.

— Eu já conheço a dona Silvia — disse Amin sorrindo ao recolher a mão.

— É... Já nos conhecemos — disse a mulher secamente.

Na intenção de ajudar sua amiga a conseguir conversar mais intimamente com Amin (pois nas dependências da igreja, Lorenzo ficava sempre de olho nos dois), Helena preparou um piquenique no seu sítio e convidou Amin e Juliana para participarem.

Amin, Juliana e Helena conversavam, sentados no gramado. Junto a eles estava uma toalha que abrigava uma porção de guloseimas, incluindo uma travessa com fatias de bolo recheado com doce de nozes e figo, feito pelo próprio Amin, e que ele disse se chamar *basbussa*.

— Qual o significado do seu nome em árabe, Amin? — perguntou Helena.

— De confiança, fiel.

Um carro buzinou em frente à casa. Era o gerente das lojas de Helena em São Paulo.

— Eu já volto — disse Helena, dirigindo-se ao portão.

Amin ficou extremamente aliviado e feliz por não ter dado tempo de Helena perguntar o significado do seu segundo nome. Sentir-se-ia embaraçado se tivesse que dizer que *Hassan* significava "homem bonito", ou "dotado de beleza".

— E qual o significado do seu nome, Juliana? — perguntou Amin.

— Cheia de juventude.

— Faz jus à sua pessoa!

Amin sentia uma raiva enorme de si mesmo, pois quando estava com Juliana, nunca conseguia encontrar as palavras certas para dizer a ela. Pensava em uma coisa e falava outra. *Ela deve me considerar um imbecil!*, pensou Amin.

— Pessoal — disse Helena ao regressar —, tenho que resolver um problema urgente no banco. Esperem aí! Acredito que dentro de meia hora estarei de volta.

— *Maa salama*, Helena! — disse Amin.

— O mesmo para você. Seja lá o que tenha dito! — respondeu Helena ao olhar para trás.

Amin riu e lembrou-se de que há muito tempo não utilizava sua língua natal. Teve de admitir para si mesmo que só o estivesse fazendo naquele momento para impressionar Juliana.

— O que foi que você disse, Amin? — perguntou Juliana.

— Eu desejei a ela que fosse em paz.

— Ah, mas você vai ter que me ensinar um pouco da língua árabe!

— Diga-me o que você quer saber, e eu lhe respondo em árabe.

Amin pegou uma fatia do seu bolo e repartiu-o com Juliana. Quando veio para o Brasil, ele não sabia fazer nenhum tipo de comida. Enquanto morou sozinho, comia a comida do restaurante em que trabalhava. Mas para impressionar Maymunah, sua esposa, ele havia aprendido algumas receitas da culinária árabe.

— Como eu digo obrigada em árabe?

— *Chukran* — respondeu Amin.

— *Chukran* — repetiu Juliana. — E como eu digo a você que é um excelente cozinheiro? — perguntou Juliana ao colocar na boca um pedaço do doce que Amin lhe dera.

— *Inta tabakh mumtéz.*

— *Inta tabakh mumtéz* — repetiu Juliana.

Amin riu, achando graça da forma como ela pronunciava aquelas palavras, tão familiares a ele.

— E como eu digo a uma pessoa querida que eu a amo?

— Você quer falar para um homem ou uma mulher?

— Um homem.

— *Ana b'hebk.*

— *Ana b'hebk* — repetiu Juliana, olhando de forma enigmática para Amin.

— Se um homem quiser dizer a uma mulher que a ama, ele tem que falar... — Amin olhou nos olhos de Juliana, e só então percebeu que ela havia falado aquilo para ele.

— *Marra uáqt u ana a'hebik bi kul queti ia 'habibti!*[1] — disse Amin apaixonadamente.

— Posso saber o que o senhor disse, seu Amin? — inquiriu Juliana, com as mãos na cintura e fazendo-se de desconfiada.

— Não vou dizer — Amin sorriu.

— Ah, vai sim! Como vou saber se você não estava me insultando?

— Vai ficar na dúvida, querida, pois não vou lhe contar!

Após um momento de silêncio, Amin aproximou-se de Juliana e notou que ela suspirou fundo. *É o momento certo*, pensou ele.

---

[1] "Já faz um tempo que eu a amo com todas as minhas forças, querida!"

Juliana fechou os olhos e sentiu o calor do corpo de Amin se aproximando, e logo após sua respiração junto ao seu rosto. Ao imaginar que logo os lábios de Amin estariam colados nos seus, sentiu-se envolvida por emoções tão intensas que desejou ser levada por elas, sem pensar em mais nada.

Mas de repente a lembrança da promessa que fizera, de que daria seu primeiro beijo somente na noite do casamento, surgiu bem clara em sua mente, deixando-a com um remorso antecipado. Juliana abriu os olhos num impulso e virou o rosto para o lado.

Amin projetou o corpo para trás, assustado.

— Algum problema?

— Não, é que... — Juliana não sabia como explicar a ele sobre sua promessa.

— Se o que você disse fazia parte da brincadeira, e eu interpretei de forma errada... Então me desculpe! — Amin olhava sério para ela.

— Não! — Juliana pôs sua mão de leve na de Amin. Aquela promessa deveria ser motivo para ela estar feliz e orgulhosa de si mesma, pois estava conseguindo mantê-la, mas inevitavelmente ela se sentia triste. Lá no fundo do seu coração desejou não ter feito a tal promessa.

Bom, e agora, o que dizer diante daquela situação? Ela amava Amin e realmente queria que ele a beijasse, mas também queria que seu primeiro beijo acontecesse no dia do seu casamento, depois da bênção do pastor — e da bênção de Deus. Não sabendo como explicar sua atitude para Amin, decidiu contar a verdade. Respirou fundo antes de começar:

— Na minha adolescência, prometi a Deus que daria meu primeiro beijo somente depois do casamento.

Amin ficou sério, como ela nunca havia visto antes. Suas bochechas estavam vermelhas, e ela sentiu vontade de sair correndo dali, voltar para a Inglaterra para nunca mais ter que encarar Amin.

Ele deve estar pensando que eu insinuei que quero me casar com ele, ou que sou uma retardada... Imagina? Onde já se viu? Uma moça de 23 anos que nunca beijou... Devo mesmo ser uma extraterrestre!, Juliana pensava.

— Cheguei! — disse Helena, aproximando-se deles. — Mas vocês estão com uma cara de velório! Aconteceu alguma coisa durante minha ausência?

Amin tinha conseguido alugar uma casa em outro bairro, e já havia se mudado para lá. Juliana sentia falta da sua companhia e das conversas que tinham (quando conseguiam ficar longe dos olhos zelosos de seu pai), mas Lorenzo estava feliz. Considerava que sua filha estaria mais segura com Amin não morando no mesmo pátio que ela. Agora, ela e Amin só se falavam antes de começarem os cultos, ou ao término deles.

Na sala de estar da casa de Lorenzo, Juliana contava para Helena que Amin quase a beijara.

— Ai, ai, Helena... Eu senti uma vontade imensa de beijá-lo e de me deixar levar por aquele beijo!

Helena parecia preocupada.

— Ju, lembra quando éramos crianças, e eu lhe contei que minha mãe havia dito que o beijo faz acender uma "luzinha", e nós ficamos bastante intrigadas, sem sabermos do que se tratava aquela tal de "luzinha"? — Juliana assentiu com a cabeça. — Pois é... — continuou Helena. — Eu descobri que mamãe tinha razão. — Juliana olhou-a com um misto de vergonha e curiosidade. — É impossível beijar uma pessoa de quem você gosta e sente atração, sem desejar algo mais. O beijo é a primeira etapa para o sexo, e se Deus fez o sexo exclusivamente para o casamento, então o beijo também deve esperar!

— Eu sei disso, Helena... — disse Juliana, embaraçada com aquela conversa. — Mas a tentação foi grande! — Juliana deu sua famosa risadinha cristalina, mais por nervosismo do que por qualquer outra coisa.

— Quando eu quebrei nossa promessa — Helena parou de falar e olhou para baixo por um momento — bem... você me disse naquele dia que dali em diante o seu compromisso de santidade era com Jesus. Não se guardaria pura apenas para agradar um homem, mas especialmente por amor a Cristo, lembra? — Juliana concordou, contristada por saber que a amiga lhe dizia aquilo tendo tido que aprender a duras penas com seu erro, simplesmente por ter dado lugar à desobediência e cedido à tentação.

— Prometa-me que não vai quebrar sua promessa por nada neste mundo! — Helena inclinou-se para a frente e segurou as mãos de Juliana entre as suas, encarando-a com os olhos marejados de lágrimas. — Prometa-me que vai guardar seu corpo para o seu esposo... — Helena fazia pausas, comprimindo os lábios para segurar o choro — ... vai se entregar a ele somente depois do casamento... E vai viver em santidade principalmente por amor a Jesus!

— Por amor a Jesus! — concordou Juliana, com lágrimas escorrendo dos olhos. As amigas se abraçaram em meio a soluços de remorso e esperança. Permaneceram desse modo até que foram interrompidas por uma batida de leve na porta, que estava entreaberta.

— Com licença... Estou atrapalhando alguma coisa? — Era Amin, que parecia meio perdido, sem saber o que fazer diante daquela cena emotiva.

— Na verdade, está atrapalhando, sim! — disse Helena, com raiva ao pensar que aquele homem poderia arruinar a vida da amiga.

— O que você quer? — perguntou Juliana de forma bem mais cordial que a amiga, enquanto enxugava com a junta do dedo indicador uma lágrima que ameaçava escorrer do seu olho esquerdo.

— Preciso da chave da casa da zeladoria. Deixei algumas coisas minhas no armário, e gostaria de pegá-las.

Juliana entregou a chave a Amin, e percebeu que ele colocou alguma coisa dentro da sua mão. Ao abri-la, viu que era um bilhetinho, que dizia: *"Por favor, atenda a minha ligação hoje, às 20h. Preciso muito falar com você!"*

— Amin! — disse Helena. — Eu espero você pegar suas coisas, e voltamos juntos, ok?

O sítio de Helena ficava no caminho da casa de Amin, e ela quis aproveitar aquela oportunidade para ter uma conversinha particular com ele.

— Amin, sei que você é novo convertido, mas precisa compreender logo que o namoro é um tempo de conhecimento do caráter, da personalidade do outro, e não do corpo! — dizia Helena, enquanto ela e Amin regressavam caminhando às suas residências. — Para nós, cristãos, há certas coisas que cabem somente ao casamento, Amin!

O que essa garota está pensando? Que eu sou um tarado?, pensou Amin.

— Olha, Helena... Eu e Juliana não temos nenhum tipo de relacionamento juntos. E não se preocupe. Eu sou homem, mas tenho os meus princípios, e sei muito bem como uma mulher deve ser tratada.

— Espere aqui — disse Helena, quando chegaram em frente a sua casa.

Após alguns minutos, ela voltou com uma sacola enorme, que entregou a Amin.

— São alguns livros cristãos sobre namoro, noivado e casamento. Você tem que me prometer que irá ler todos eles, ok?

— Prometo que vou ler — disse ele rispidamente.

Enquanto conversava com Amin, pela primeira vez desde que conhecera aquele homem, Helena parou para observá-lo mais detalhadamente. Ele tinha perto de um metro e noventa, uns 85 quilos, sua pele era morena clara, naturalmente bronzeada, e seus olhos castanhos escuros amendoados, intensos e penetrantes denotavam sinceridade. O cabelo negro e liso tendia a ficar arrepiado, dando ao homem um toque meio *fashion*, até jovial de certa forma. Amin tinha uma boca carnuda, bem delineada, e seu lábio inferior era relativamente mais espesso que o superior — característica típica dos homens de ascendência Árabe. A barba rala deixava-o ainda mais charmoso. Analisando o amor de sua amiga, Helena chegou à conclusão de que o homem à sua frente era realmente muito bonito. Sorriu, satisfeita. Juliana merecia o melhor.

A julgar pelos dotes físicos, Amin era perfeito para Juliana. Agora, restava se certificar daquilo que realmente importava: sua personalidade, seus ideais, suas verdadeiras intenções com a amiga e, principalmente, o nível do seu compromisso com Deus.

Sentada no sofá da sala, Juliana olhava para o relógio, desejando que chegasse logo 20 horas. Faltavam ainda 15 minutos. Enquanto esperava, ela pensava em Amin, imaginando o que ele poderia lhe dizer dali a pouco.

Juliana nunca foi uma pessoa carente. Muito pelo contrário, ela sempre teve amor de sobra para oferecer. Ao pensar em Amin e na solidão que ele deveria sentir por não ter ninguém, nenhum familiar com quem pudesse contar (e seu pai, o único amigo de Amin, agora o evitava) sentia um aperto no coração e uma vontade imensa de cuidar dele e fazê-lo feliz!

— Filha, trouxe um chá para você.

Juliana percebeu que seu pai queria conversar, como faziam quase todas as noites, mas olhou para o relógio e viu que já faltavam cinco minutos para as 20 horas.

— Pai, vou me recolher mais cedo hoje.

Juliana deu um beijo em Lorenzo e dirigiu-se ao seu quarto. Colocou o aparelho de som perto da porta, com uma música em volume baixo (para abafar sua conversa com Amin). Quando ele ligasse, ela aumentaria o som, para não correr o risco de seu pai ouvir a conversa. Sentou-se na cama e ficou aguardando a ligação.

Já eram 20h05, e Amin ainda não tinha ligado. Juliana deitou-se em sua cama, olhando para o teto e com o celular na mão. Não se aguentava de tanta ansiedade, mas nada daquele celular tocar!

Deu vinte e quinze... Vinte e trinta... Vinte e quarenta e cinco... E ela desistiu de esperar. Pensou que Amin havia se esquecido dela. Mas de súbito lembrou-se que Amin poderia ter ligado para o telefone residencial que ficava na sala (o que era improvável, pois Amin sabia que Lorenzo ouviria tudo, e ele não queria que Amin mantivesse contato com Juliana).

Ao chegar à sala, viu que seu pai estudava a Bíblia. Olhou para a xícara de chá, já frio, que ele havia preparado para ela e sentou-se ao lado dele, deitando a cabeça em seu ombro. Lorenzo colocou a Bíblia na mesinha de centro e envolveu a filha em um terno abraço. Beijou sua cabeça e reparou que Juliana parecia estar se controlando para não chorar.

— Perdeu o sono, criança?

— Acho que sim.

— O que está afligindo o seu coração, minha filha?

— Pai — Juliana levantou-se –, o convite para uma xícara de chá ainda é válido?

Juliana sabia que provavelmente seu pai iria até a meia-noite estudando a Bíblia. Ele nunca dormia antes da uma hora da madrugada, e mesmo assim, sempre se levantava cedo.

— É claro, meu anjo.

Juliana foi até a cozinha, e após alguns minutos voltou com duas xícaras de chá de maçã com canela, sabor preferido de Lorenzo. Entregou-lhe uma xícara e sentou-se ao seu lado.

— Papai, por acaso alguém ligou para esse telefone?

— Não. Desde que eu estou aqui o telefone não tocou nenhuma vez. Estava esperando a ligação de alguém?

Para não mentir — e nem ter que dizer a verdade — Juliana desviou do assunto; começou a fazer perguntas a respeito de sua mãe, e sobre como era o casamento e o relacionamento deles. Pai e filha ficaram falando sobre Giúlia por quase meia hora.

— Juliana, por que você quer saber essas coisas? Por acaso está interessada em alguém? — Lorenzo ficou sério. — Não é pelo Amin, é?

— Pai, se eu não puder abrir meu coração para o senhor, que é minha própria carne, então, em quem poderei confiar?

Lorenzo estava sério de tal modo que sua testa franzida mostrava rugas que Juliana nem sabia que existiam.

— É o Amin?

— Sim, pai. E eu o amo muito!

— Juliana, eu não quero que você tenha nada com ele — Lorenzo falou com firmeza. — Ele já foi casado... E é pobre! Eu sempre sonhei que você se casaria com um homem abastado, que lhe daria todo o conforto que eu não pude dar a você, nem a sua mãe.

— Eu não me importo com o passado dele. E muito menos com bens materiais e luxo! O senhor sabe que eu sou uma pessoa simples. Nunca fui materialista! Pai, desde que eu o vi pela primeira vez, mendigo e esfarrapado na praça de Redenção, senti em meu coração um impulso enorme de orar por ele. E fiz isso durante todo o tempo em que estive na Inglaterra! Acredito que não foi por acaso que nossos caminhos se cruzaram...

Lorenzo continuava empedernido. Com a testa franzida, ele olhava para o chão.

— Ele é uma boa pessoa, pai!

— Disso eu sei filha... Mas não vou abrir mão de você assim tão facilmente.

— Ok, Mohamed. Obrigado pela informação. *Alláh inâm aleik. Ela lická.*[2]

Amin desligou o celular e sentou-se em uma cadeira, na pequena cozinha da sua casa. Já era quase 22 horas, e Mohamed torrara seu cartão ao ligar-lhe a cobrar. Juliana deveria estar pensando que ele era um tratante, mas fatos inesperados corroboraram contra ele. Quando pegou o celular a fim de ligar para Juliana às 20 horas, recebeu uma ligação de Mohamed, seu ex-cunhado, dizendo que tinha informações de Luloah, sua irmã da Palestina. Desde que viera para o Brasil, Amin estava à sua procura, mas nunca tivera nenhuma notícia dela. Quando era casado com Maymunah, ele havia contratado um serviço de busca de parentes desaparecidos, mas só agora haviam conseguido alguma informação. Ele não podia desperdiçar a oportunidade de encontrá-la! Mohamed deu-lhe um número de telefone, e pediu-lhe que ligasse o quanto antes. Amin ligou para aquele número, mas aconteceu que um atendente passou para o outro, e acabou dando em nada. Quando Amin desligou, Mohamed telefonou-lhe novamente, só que a cobrar.

[2] "Deus proteja você também. Até logo."

De nada adiantou aquela ligação, pois as informações passadas por seu ex-cunhado foram inconsistentes, e ainda por cima vindas de fontes não muito confiáveis.

Quanto a Juliana, Amin decidiu que lhe explicaria no outro dia, na Escola Dominical, o motivo de ter falhado com ela.

Juliana não compareceu à Escola Dominical naquele dia. Amin sentou-se ao lado de Helena, pois supunha que precisava ter um bom relacionamento com a melhor amiga da mulher que amava (e também queria que ela entregasse um recado para Juliana, sobre a confusão da noite anterior).

O tema daquela Escola Dominical era baseado em Hebreus 12.14, que falava a respeito da necessidade de santificação. As escolas de domingo pela manhã na igreja evangélica de Redenção eram cativantes e enriquecedoras, com debates e discussões inteligentes, em que todos tinham a oportunidade de participar.

Helena dava sua opinião, complementando o que já havia sido falado naquela aula:

— A maior parte dos líderes de jovens praticamente não falam sobre "ficar", santificação, namoro santo, porque eles não têm base de vida para isso! Muitos, na sua mocidade, tiveram namoros libertinos ou se casaram estando em fornicação, mesmo fazendo parte da igreja...

— E o que você sugere? Que só pessoas que nunca tiveram pecado se arrisquem na liderança? — perguntou um rapaz de nome Thiago. Ele estava interessado em Helena já havia algum tempo, e pouco antes de começar a Escola Dominical a havia pedido em namoro (pela segunda vez naquele mês). Não se conformando com uma rejeição da parte dela, intentava provocá-la naquele debate.

— Não estou dizendo isso, Thiago, até por que isso é impossível! Mas em meio aos tempos difíceis em que estamos vivendo, é necessário que Deus levante líderes que na sua juventude realmente pagaram o preço da santificação — Helena gesticulava e falava com emoção — e que agora, ao aconselharem um jovem, possam dizer: "Olha, eu passei por tudo isso que você está passando, pelas mesmas tentações e desafios... E não foi fácil, mas eu consegui! Hoje tenho um casamento abençoado, por que obedeci à Palavra, tive um namoro santo... E sei que um dia verei a Deus, pois ainda hoje eu me santifico para ELE!".

— Bravo, Helena! — aplaudiu Thiago. — Só que os jovens que se santificam são os que menos têm coragem de se impor. Pode notar que os mais "santinhos" — Thiago fez sinal de aspas com os dedos — são aqueles que ficam no banco e nunca estão dispostos a ajudar em nada!

Helena levou um choque. Não sabia o que dizer diante daquela verdade. Thiago olhou para ela e sorriu sarcasticamente.

— Penso que Helena tem razão — Amin começou dizendo, em apoio a Helena. — Ninguém pode ensinar aquilo que não praticou sem ser hipócrita, principalmente quando já era um conhecedor da verdade...

Aquele debate foi longe! Ao fim da aula, o dirigente da Escola Dominical pediu para falar a sós com Helena.

— Helena, estamos sem professor da classe dos adolescentes, e eu gostaria de convidá-la a assumir o cargo.

— Não sou a pessoa mais indicada para isso, irmão. Cometi muitos erros na minha vida.

O homem sorriu para ela.

— Eu conheço toda a sua história, Helena! Assisti ao concurso de Miss São Paulo pela TV, quando você participou. — Helena olhou de esguelha para ele. — Naquela época eu ainda não era cristão! — apressou-se ele em dizer.

— Mas seria hipocrisia da minha parte falar sobre santidade...

— Não! Com o seu exemplo, e a vida correta que agora possui, pode ajudar muitos jovens a não cometer o mesmo erro que você cometeu no passado!

— Vou pensar a respeito, ok?

Helena e Amin conversavam, próximos à porta da igreja, quando Thiago passou por eles e olhou enfurecido para Amin. Ele devia estar pensando que os dois nutriam sentimentos um pelo outro, ou que estavam no início de um relacionamento, e por isso ela o rejeitou. Helena achava Thiago um rapaz atraente, mas definitivamente não queria envolver-se sentimentalmente com ninguém. E além do mais, ficou sabendo que ele já namorara várias moças da igreja, tinha desmanchado dois noivados e sempre aparecia com uma namorada nova. Helena acreditava que aquilo demonstrava falta de comunhão com Deus! Pensava que os jovens, especialmente os cristãos, não precisavam namorar uma porção de gente até encontrar a pessoa "certa". Um rapaz ou uma moça só tinha que pedir a direção de Deus, que Ele mostraria quando aparecesse a pessoa que Ele aprovaria para ser seu cônjuge. Mas a maior parte dos jovens preferia deixar suas emoções e seu coração guiar suas vidas, em vez de se humilhar e gastar algum tempo em jejum e oração, buscando conhecer a vontade de Deus. Helena presumia que Deus sempre teria três respostas para esse tipo de situação: "Sim", "não" ou "espere". No seu caso, quando se apaixonou por Rafael, se porventura tivesse buscado conhecer a vontade de Deus, Ele teria lhe dito: "Não!", mas ela preferiu ouvir seu enganoso coração, e quase destruiu sua vida — e o mais importante: a sua alma.

11

Capítulo

O sol já ensaiava esconder-se, mas o calor e a sensação de abafamento continuavam difíceis de suportar. O clima nunca fora assim tão quente em Redenção! Era aquele o segundo dia do outono, mas ainda parecia ser verão. Aquilo só confirmava o que anunciavam os noticiários sobre os fenômenos climáticos, cada vez mais acentuados em todo o planeta. Silvia enxugou em vão o suor da testa, que imediatamente voltou a gotejar, e esforçou-se sobremaneira para respirar profundamente, tentando encher de oxigênio os pulmões exauridos.

Ainda faltava quase meia hora para seu ônibus chegar. Normalmente Silvia esperava apenas alguns minutos, mas no fim daquele expediente escolar viu-se obrigada a atender uma mãe enérgica, que exigiu que ela tomasse providências quanto às notas vergonhosas do filho. A lembrança da atitude mesquinha daquela senhora aborreceu-a, mas, sem perceber, viu-se imersa em seus pensamentos imaginando o tipo de mãe que ela própria teria sido, e de súbito sentiu o vazio que há tanto tempo a atormentava. Meia hora depois um ônibus velho chegou roncando, trazendo-a de volta à realidade.

Comprimida no meio daquelas pessoas, provavelmente tão cansadas quanto ela, Silvia fechou os olhos, devaneando com o refrescante banho que tomaria ao chegar em casa. A exaustão era tamanha que, mesmo em pé, vacilou por alguns segundos e cochilou. Quando despertou, estava com a cabeça quase deitada no ombro do jovem ao lado, que pareceu aborrecido com a situação. “Ah, mas que raios de sorte!”, resmungou

Silvia. A janela à frente mostrava que sua parada acabara de ficar para trás. Apertou a campainha e pediu licença às pessoas que estavam no corredor, desculpando-se à medida que empurrava quem insistia em não lhe dar passagem. Ao descer do ônibus, tropeçou no meio-fio da calçada e tombou para frente. Foi amparada por braços fortes, que impediram que ela se espatifasse no chão.

— Oh! Muito obrigada. Francamente, mas que dia! Se não fosse por você...

Ainda agarrada em um tórax viril, Silvia levantou os olhos para ver quem a salvara de um grande constrangimento acrescido de prováveis contusões. Mas o rosto sorridente que encontrou a fez concluir que aquele dia ainda estava longe de terminar.

— Dona Silvia! — exclamou surpreso o homem grandalhão, dono de admirável timbre de voz forte e profundo (provavelmente um *baixo leggero*, calculou Silvia, que na sua adolescência fizera aula de canto, e, por isso, entendia um pouco de técnica vocal) seguido de engraçado sotaque e um semblante terno que não se ajustava ao perfil demasiadamente másculo. — Deus me pôs no lugar certo e na hora certa! Veja como Ele a ama!

— Coincidências ocorrem com frequência neste planeta, Amin! — Silvia desvencilhou-se das mãos que a seguravam com firmeza e sentiu que seu rosto estava vermelho. Não costumava ser grosseira, mas não conseguiu evitar. Sorriu sem mostrar os dentes, tentando amenizar o efeito do que dissera; pegou o folheto que o homem tirara do bolso e lhe alcançava obstinadamente, agradeceu e caminhou a passos largos. Olhou para trás e suspirou aliviada ao ver que Amin não a seguia. *Silvia, você está ficando paranoica! Por que ele a seguiria?*, pensou. Mas ela acreditava que era melhor se precaver, pois sabia que coisas excêntricas poderiam advir de um fanático religioso.

Silvia conhecia Amin, o ex-mendigo forasteiro, desde que ele aparecera em Redenção, há pouco mais de dois anos. Fora João, seu marido, quem avistou uma Kombi largando Amin na cidade, em uma noite chuvosa de véspera de Natal. Os moradores até tentaram ajudar o homem, que ainda não falava, levando-o para um alojamento da prefeitura, mas ele fugiu. Silvia e João ficaram sabendo, há pouco tempo, que Amin era um árabe palestino radicado no Brasil. Nunca tiveram interesse em saber pormenores da história do mendigo. Pensavam que talvez ele tivesse vindo para cá tentando melhorar de vida e se deu mal, afinal, quem se importava? Mas o novo pastor da igreja evangélica local se interessou de tal maneira que conseguiu recuperar o rapaz inteiramente.

João, seu marido, comentara caçoando algumas vezes que Amin só enlouqueceu definitivamente depois que teve o "tal" encontro com Jesus. Deixou a mendicância e voltou à civilização, porém, tornou-se uma pessoa intolerável! Falava de Jesus o tempo todo, para quem quisesse ou não escutar. Na última vez que Silvia fez compras no supermercado da cidade, deparou-se com o homem, tendo que ouvi-lo por mais de meia hora dizendo o quanto ela era pecadora e de como carecia do amor de Jesus. *Eu não preciso disso*, pensou Silvia naquele momento. Silvia e João sempre acreditaram que religião era uma válvula de escape para indivíduos intelectualmente limitados, mentes incapazes de raciocinar. E de forma alguma ela poderia ser considerada uma pecadora, afinal, sempre fora uma pessoa bondosa e íntegra em todos os aspectos.

Finalmente Silvia chegou à sua modesta, mas aconchegante residência, que tinha o deleite de chamar de lar — e se empenhava nos mínimos detalhes para que isso fosse verdadeiro: na simples combinação dos laços do acortinado com os delicados guardanapos de crochê, que decoravam a mobília, a regra de compartilharem juntos, ela e João, o café da manhã e o jantar indiscutivelmente; em cada detalhe havia evidências de que aquela casa era cultivada por uma graciosa mulher.

Ao ouvir o barulho do portão e vendo que Silvia havia chegado do serviço, o vira-lata Albert, todo ostentoso, largou o pobre besouro que estava a atazanar e se pôs a correr, atropelando o irmãozinho que roía um osso, com sua barriga gorda esparramada no gramado frio. Pulou em Silvia, latindo e fazendo festa para aquela que ele considerava como mãe. O rechonchudo e indolente Einstein, melancólico por natureza, com pena de largar seu petisco, limitou-se a encontrar sua dona com um balanço de rabo e algumas lambidas. Silvia acarinhou seus pequenos, dedicou-lhes os cuidados devidos e dirigiu-se ao banheiro, a fim de tomar o tão desejado banho.

Sentindo que a água morna começava a aliviar o cansaço acumulado, Silvia recordou o dia estressante que passara, principalmente na escola, tendo que fazer verdadeiros malabarismos pedagógicos para conseguir que sua turma de primeiro ano entendesse as equações de grandezas vetoriais e escalares. Desvencilhou-se daqueles pensamentos e sorriu, lembrando-se de um comentário que ouvira de duas alunas na ida para a escola, que não perceberam que ela se encontrava no mesmo ônibus, próxima o suficiente para escutar tudo o que arrazoavam:

"Já reparou nas roupas da professora Silvia?", disse uma menina de minissaia, evidenciando pernas voluptuosas e com o cabelo tão oxigenado que a cor já pendia quase para o branco. "Sempre com aquelas roupas folgadas, sem decote, escondendo tudo! E aquele cabelo! O que é aquilo?" As duas adolescentes riram. "Vamos fazer uma vaquinha com a turma e comprar uma chapinha para ela. Quem sabe assim ela se ajeita um pouco!"

"E para quê os óculos? Se eu tivesse aqueles olhos verdes, usaria lentes. Acho que ela tem algum defeito ou complexo de inferioridade", ponderou a menina de cabelo ruivo, vestida e adereçada com tanta cor rosa que chegava a incomodar.

"Gostaria de fazer uma transformação nela", disse a loira. A outra garota concordou, e as duas continuaram a tagarelar e a menosprezar uma infinidade de pessoas que lembravam não serem iguais a elas.

Se atendesse João, Silvia não precisaria sujeitar seus ouvidos àquele tipo de crítica, pois continuamente ele insistia para que ela pegasse carona com uma amiga, mesmo que tivesse que dividir os gastos com o combustível. Mas Silvia gostava do contato com o povo. Aprendia coisas preciosas ao observar as pessoas, especialmente as mais humildes.

Silvia olhou pela pequena janela do banheiro, admirando o sol que dava seu último adeus. Em cerca de uma hora seu marido chegaria do trabalho. Eram casados há dez anos, mas João não podia lhe dar filhos. Nos primeiros anos sofreram muito, principalmente ele, que nutria o sonho de ser pai desde a sua adolescência. Os médicos disseram que João tinha uma doença denominada azoospermia não obstrutiva, cuja causa era genética, não havendo tratamento viável para seu caso. Era certo que ele nunca geraria filhos. Nos primeiros anos de casados, João culpava-se seguidamente pelo fracasso, até que Silvia, percebendo que o marido embarcava em um estado de depressão, convenceu-o de que ter filhos não deveria ser tão importante para eles. Os dois já eram completos em seu amor.

Silvia saiu do banheiro, secou-se e espalhou por todo o corpo um hidratante, deixando no recinto um envolvente aroma de baunilha. Vestiu-se com um robe branco felpudo, que contrastava notavelmente com sua pele morena, e secou os longos e crespos cabelos castanhos amendoados com uma toalha, terminando o serviço com o secador. Sentou-se à frente da penteadeira e passou a prancha alisadora em cada mecha, até que seu cabelo estivesse completamente liso. Suas madeixas, desde pequena, sempre lhe deram muita dor de cabeça. Jamais podia deixá-las soltas, pois ficavam tão armadas que não se atreviam a movimentar-se mesmo com a maior ventania!

Quando adulta, descobriu o "retângulo mágico", e dedicava pelo menos uma hora de suas manhãs para deixar a cabeleira lisa. Ela sabia que o resultado compensava tamanho sacrifício, a julgar pelos lascivos olhares masculinos em sua direção (e o desdém de algumas mulheres invejosas).

O cabelo escorrido realçava o verde de seus olhos, acentuando cada detalhe da sua delicada face. Antigamente Silvia jamais saía de casa enquanto as melenas não estivessem perfeitas, sem nenhum fio arrepiado. Mas o contato com a poluição, as variações do clima, e ela desconfiava que principalmente por pirraça do seu genioso cabelo, ao término do dia eles estavam tão alvoroçados quanto estavam pela manhã. Antigamente era assim que João encontrava sua mulher, todas as tardes ao chegar em casa.

A convivência e a falta de um filho fizeram com que os dois se afeiçoassem ainda mais um ao outro, e Silvia começou a perceber que João era seu amor maior. Era para seu marido que tinha que se arrumar. As outras pessoas não partilhavam com ela o mais íntimo e profundo de sua vida. Já fazia algum tempo que ela mudara de atitude (parando de gastar duas horas de suas manhãs para se arrumar, entre escolher uma roupa que combinasse com os sapatos e que a deixasse deleitável ao olhar alheio, e ainda a guerra com os cabelos). A partir de um dado momento da sua vida, ela decidiu que só se produziria para João.

Silvia passou a sair para o trabalho usando roupas mais simples, como uma calça jeans confortável, tênis e uma blusa ou camiseta, e apenas penteava e prendia o cabelo para que o birrento não tivesse liberdade de se expressar. O tempo gasto com essa produção não ia muito além de quinze minutos (bem diferente das duas horas consumidas anteriormente). Silvia tentou aproveitar o tempo extra para dormir um pouco mais, porém seu relógio biológico já se acostumara a despertar sempre no mesmo horário. Então, começou a pôr a casa em ordem já pela manhã. Até mesmo conseguia deixar alguma coisa na geladeira adiantada para o jantar.

Colocou um vestido simples de alças, que evidenciava cada uma de suas curvas muito bem mantidas para seus 31 anos, passou um pó facial e um *gloss* avermelhado nos lábios, uma gotinha de perfume em cada lado do pescoço e já estava pronta para receber João, o homem da sua vida.

Após muita insistência por parte de Juliana (e a promessa de que Amin se esforçaria para progredir financeiramente), Lorenzo concordou que sua filha biológica e seu filho na fé iniciassem um relacionamento. Depois de dois meses de namoro, Amin e Juliana estavam oficialmente noivos (porém, o único contato físico que tinham restringia-se a ficar de mãos dadas e a dar alguns inocentes beijos no rosto, quando se encontravam ou se despediam). Amin estava fazendo um curso básico de Teologia, e também à procura de um emprego melhor, pois não queria se casar com Juliana sem que antes tivesse certeza de que poderia lhe dar uma boa vida. Ele até mesmo alugou uma casa menor e mais barata, na tentativa de ajuntar algum dinheiro.

Fazendo o curso de Teologia, Amin viu-se obrigado a estudar a história do povo hebreu. No começo, algo dentro dele relutou em fazê-lo, mas passado algum tempo, já estava estudando a fundo a história dos judeus, muito além do que era exigido por seu curso. E quanto mais conhecimentos adquiria sobre aquele povo peculiar, mais e mais tinha vontade de aprender sobre eles. Passou a amar os judeus, não somente pelo sublime fato de pertencerem à linhagem do seu Senhor Jesus, mas também por ser o povo escolhido por Deus para abençoar todas as nações da Terra. E isso era incontestável, inclusive para os antissemitas, pois os maiores avanços da ciência, as maiores descobertas científicas e tecnológicas e o maior número de prêmios Nobel vinham de personalidades judaicas (em suas pesquisas, Amin descobriu que quase 200 judeus já receberam o referido prêmio desde 1910). Até mesmo no meio artístico, os nomes mais aclamados do cinema, da música e da literatura eram de judeus. O que quer (e onde quer) que eles colocassem a mão, prosperava!

Era impossível a alguém que conhecesse a história de Israel não ver o dedo de Deus, o cuidado do Criador para com aquela pequenina nação, que em tamanho não chegava às medidas de Sergipe, o menor Estado do Brasil (equivalendo a um milésimo da população mundial!). Seu exército era o mais bem preparado e temido da face da Terra, centenas de profecias bíblicas foram cumpridas em relação a Israel e muitas outras ainda estavam se cumprindo; todas as guerras com vitórias impressionantes e milagrosas, dentre elas a Guerra dos Seis Dias, de 1967 e a Guerra de Iom Kipur, de 1973. Quem poderia entender aquelas vitórias esmagadoras, inexplicáveis do ponto de vista humano? Ainda tinha o holocausto de Hitler, os ataques terroristas, o ódio infundado das nações e o Inimigo, de uma forma ou outra, sempre tentando eliminá-los através das eras. Era inevitável perceber que a existência de Israel no presente século era um milagre. Além disso, só um tolo mesmo para não reconhecer que havia algo de especial e sobrenatural naquele povo, que lutava com todas as suas forças para proteger seu pequeno pedacinho de terra dado a eles por Deus — sendo isso a única coisa que reivindicavam para si. E Amin lutava para entender como muitos pastores e denominações ditas cristãs, mesmo conhecendo a Bíblia, ainda insistiam em dizer que a igreja substituiu Israel. Mas ele sabia que isso era impossível. O plano de Deus e as promessas para com Israel eram irrevogáveis!

Quando Amin era criança, em Tel Aviv, um de seus professores dizia que os judeus queriam dominar o mundo. Mas agora ele compreendia que a única coisa que eles queriam era simplesmente viver. E viver em uma pátria, como a tinham todos os outros povos. Amin passou a amar seus "meios-irmãos" com um amor profundo e sofrido. Orava pela paz em Israel e admirava os judeus ao redor do mundo, mas sabia que não podia negligenciar o seu afligido povo árabe e palestino. Quando pensava nisso, sentia-se impotente. O que ele podia fazer além de orar e jejuar por eles, para que Deus despedaçasse todo o jugo da servidão que os prendia em um diabólico sistema de ideias equivocadas? Ele tinha de admitir que sentia medo de voltar para a Palestina. Tinha medo de ser morto! Pensava muito na sua irmã, e queria procurá-la pessoalmente, mas estava acostumado com a vida tranquila que tinha no Brasil. E ainda mais agora, com Juliana fazendo parte da sua vida, sabia que teria que adiar o anseio de retornar à sua terra natal.

Amin estava morando ao lado da casa da Silvia, colega de Juliana. No começo, Amin percebeu que ela se sentiu incomodada em tê-lo como vizinho. Mas com muito esforço conseguiu mostrar a ela que era uma boa pessoa. O mais incrível é que certo dia ele falou-lhe do amor de Jesus (pela milésima vez), convidou-a para ir à igreja, ela foi e se converteu! Silvia estava congregando na igreja evangélica de Redenção há algumas semanas, e encontrava-se prestes a se batizar. Mas seu marido não queria saber de Jesus.

Amin já não se surpreendia mais com o andamento da obra de Deus em Redenção. Era comum coisas extraordinárias acontecerem ali. Um blasfemador da Palavra, que em um dia amaldiçoava os crentes, no outro dia entregava sua vida a Cristo. Amin atribuía parte daquilo às muitas orações de Lorenzo, e ao seu amor profundo pelas almas. A cada dia o Espírito Santo convencia os habitantes de Redenção do pecado, da justiça e do juízo, levando muitos a se renderem ao Unigênito Filho de Deus.

Silvia e Amin conversavam pelo muro de suas casas (como faziam quase todos os dias desde que ela se convertera), quando João chegou de carro. Amin cumprimentou-o, mas ele limitou-se a lançar-lhe um olhar presunçoso. Silvia despediu-se de Amin e seguiu o marido para dentro de casa.

Depois, pensando naquela cena, Amin se deu conta de que João deveria estar com ciúmes. Tomaria mais cuidado, pois não queria causar nenhum problema àquela família. Só queria ajudar Silvia a se firmar na fé e a ganhar seu marido para Jesus. Fazia muitos meses que Deus falara fortemente em seu coração, dizendo-lhe que precisava insistir na evangelização daquela família. Silvia já estava encaminhada, agora só faltava João.

Amin e Juliana namoravam na sala de estar da casa de Lorenzo e faziam planos para o casamento (mesmo que este ainda não estivesse com data marcada). Mas já estavam certos de que um dia tornar-se-iam marido e mulher.

— Amin, com que música você gostaria que eu entrasse na igreja no dia do nosso casamento?

— Acho que com uma das marchas tradicionais, como é costume aqui no Brasil. Por que essa pergunta?

— Ah, amor... Sei lá... Não sou muito fã das músicas de *Mendelssohn* e *Wagner* que sempre são usadas nos casamentos.

— Por quê? Elas são muito bonitas!

— Mas não significam nada para mim! Queria muito entrar na igreja ao som de uma música que fosse expressiva para a minha vida.

— E você tem alguma música em mente?

— "*In Christ Alone*", canção composta pelos americanos Getty Keith e Stuart Townend.

— Nunca ouvi falar dela.

— Ela consegue descrever muito do que eu sinto pelo Salvador. Vou trazer meu som para você ouvi-la.

Juliana foi até seu quarto buscar o aparelho de som e passou em frente ao quarto do pai. A porta estava aberta, e ele encontrava-se sentado logo na entrada lendo a Bíblia, pois assim conseguia fiscalizar o que acontecia na sala. Aquela cena sempre se repetia quando Amin visitava Juliana. Ao regressar, Juliana atirou um beijinho ao pai, que lhe retribuiu com uma piscadela.

Juliana ligou o aparelho e colocou um CD. Uma linda música começou a tocar.

— Amor, você sabe que meu inglês é péssimo! — disse Amin.

— Eu traduzo para você.

Juliana traduzia a canção para Amin conforme ela ia sendo tocada. Depois de algum tempo, Juliana estava na tradução dos últimos versos:

Nenhuma culpa na vida, nenhum medo na morte
Este é o poder de Cristo em mim

Do primeiro choro de vida até o último suspiro
Jesus comanda meu destino
Nenhum poder do inferno, nenhum esquema do homem
Poderão jamais me arrancar de sua mão
Até Ele voltar ou me chamar para o lar
Aqui no poder de Cristo eu permanecerei.

— Realmente, é uma linda canção! — disse Amin.

— Se você quiser outra música, tudo bem para mim.

— Não, *'habibi*.[1] Também quero essa canção. Não estou falando isso só para te agradar. Gostei mesmo dela!

Juliana sentou-se ao lado de Amin. Ele segurou suas mãos e ficaram desse modo, olhando um para o outro, conversando e fazendo planos para o seu futuro juntos.

— Amin, onde foi sua lua de mel com Maymunah?

Desde que Amin declarou-se a ela e os dois deram início a um relacionamento, Juliana tinha muita vontade de saber um pouco mais a respeito do seu primeiro casamento. Mas receava magoá-lo, pois todas as vezes que tocava naquele assunto, ele ficava quieto, parecendo perdido em suas recordações.

— Não tivemos lua de mel. — Amin ficou sério e virou o rosto para o lado, com um olhar saudoso.

— Se você não gosta de falar sobre ela, prometo que não tocarei mais nesse assunto.

— Não, não... — Amin olhou para sua noiva e sorriu. — Pode perguntar o que quiser. Só acho um pouco estranho você se interessar tanto pelo meu passado, por alguém que amei... Outra mulher teria ciúmes. — Amin acariciou os cachos dourados de Juliana.

— Amor, tudo o que foi ou é importante para você também é importante para mim!

Contemplando aquele homem a quem amava — tão belo e másculo, e ainda por cima com aqueles olhinhos tristes — Juliana sentiu uma vontade imensa de abraçá-lo, beijá-lo e acariciá-lo, como faziam as outras moças com os seus amores, em um namoro dito "normal".

Jesus, o Senhor foi tentado em tudo, e não pecou. Socorre-me agora, nesse momento de tentação!, Juliana orou em pensamento. Sabia que depois que se casassem, poderia tirar todo o atrasado (e o melhor de tudo, com a bênção de Deus). E não via a hora de aquele momento chegar!

[1] "Minha amada."

Juliana ficava imaginando o que se passava na mente de Amin quando estavam juntos. *Será que, como eu, ele também luta para controlar seus impulsos naturais?*, Juliana pensava. Estava ciente de que essas coisas eram muito mais difíceis para os homens, mas o que ela não sabia é que, enquanto estava com ela, Amin orava o tempo todo em pensamento, pedindo a Deus que lhe desse forças. Pensar na sua irmãzinha também ajudava muito! Se ela estivesse viva, teria quase a mesma idade de Juliana agora.

— Quer saber por que não tivemos lua de mel? — Amin sorriu para ela. — Na cultura do meu povo é ensinado que a vida a dois, o casamento em si, tem que ser uma contínua e eterna lua de mel.

— Amin, não vou mais colocar empecilhos para que você e Juliana se casem — disse Lorenzo, que fora fazer uma visita na casa do futuro genro. — Mesmo que sua situação financeira não seja do meu agrado, sei que você jamais deixaria minha filha passar fome.

— Lorenzo, prometo que cuidarei dela acima da minha própria vida!

Amin acompanhava Lorenzo até o portão, quase explodindo de felicidade por ter finalmente recebido a bênção de Lorenzo. Agora, só faltava fazer o pedido oficialmente à sua noiva e marcarem a data do tão almejado casamento.

Um barulho de pneus raspando no chão fez com que Amin e Lorenzo olhassem para o pátio ao lado. Era João, que acabara de chegar com seu carro esporte de segunda mão.

Ele parecia furioso! Amin e Lorenzo surpreenderam-se quando ele veio na sua direção. João ficou de frente para Amin, e sem mais nem menos lhe desferiu um soco no rosto.

Assustados, Amin e Lorenzo tentavam entender o que estava acontecendo.

— Você engravidou minha mulher, crápula! — proferiu João, com o rosto vermelho e um olhar chispando de ódio.

João fedia a cachaça, e estava completamente bêbado.

— Não sei do que você está falando, João!

— Não se faça de inocente, seu... seu árabe desprezível!

João partiu para cima de Amin, desferindo-lhe golpes a torto e a direito. Lorenzo agarrou João, e Amin conseguiu se esquivar dele.

— O que é que está acontecendo aqui? — indagou Lorenzo atônito.

— É, pastor... — João bufou. — Ele e minha mulher estavam sempre juntos... Eu peguei-os juntos algumas vezes!

— Você está louco? Eu nunca... — Amin colocou as mãos na cabeça — ... nunca toquei nela!

Lorenzo olhou de soslaio para Amin, enquanto segurava João. Não queria acreditar na possibilidade de aquilo ser verdade, mas também sabia que João era estéril, e por isso não poderia ser o pai da criança (caso Silvia realmente estivesse grávida).

— Escute o que eu digo, pastor! Seu pupilo não é o santo que você imagina ser!

Lorenzo soltou João, e ele dirigiu-se novamente ao seu carro, cambaleando e grunhindo frases sem sentido. Partiu em alta velocidade, cantando pneus.

— Lorenzo, você não vai acreditar nele, né? Silvia e eu apenas conversávamos!

— Espero que seja assim mesmo, Amin. Para o seu próprio bem!

Algum tempo após Lorenzo ter ido embora, Amin ouviu alguém o chamando do outro lado do muro. Era Silvia, que acabara de chegar do serviço.

— Amin... Estou grávida! — disse ela, quase não se aguentando de tanta felicidade.

— É... eu fiquei sabendo! — disse Amin em um tom exasperado.

Ele passou a mão no rosto, que ainda doía devido ao soco que recebera de João, e disse:

— Não tem pena do seu marido, Silvia?

— Do que você está falando?

— Bom, se ele é infértil, só posso concluir que...

— Não! Eu jamais fui infiel a João!

— Então se explique!

— Amin, eu estava na igreja certo dia, e o pastor Lorenzo pregava sobre milagres, que eles ainda acontecem nos dias de hoje. Eu supliquei a Deus, de todo o meu coração e minha alma, que fizesse João ser fértil, ao menos uma vez na vida, para que eu pudesse gerar um filho dele. E aconteceu, Amin!

Amin pensou que, independentemente de ser milagre, quem estava encrencado era ele.

João foi ao médico fazer um espermograma, pois Silvia teimava tanto em insistir que o filho era dele, que ele estava quase acreditando. Queria muito que aquilo fosse verdade, mas precisava ter certeza. No consultório médico, João aguardava ansioso a resposta do médico.

— João, sinto lhe informar, mas o resultado do exame deu 0% de esperma. Você continua agâmico.

— E se por acaso a minha mulher engravidasse, qual a probabilidade de eu ser o pai da criança?

O médico inclinou-se para trás e soltou uma gargalhada.

— Zero, João. Zero! Só se acontecesse um milagre! — O médico gargalhou novamente.

Ao chegar em casa, João encontrou Silvia dormindo no quarto deles. Contemplou-a em silêncio, exuberante nos seus três meses de gestação. Por um momento, toda a raiva que sentia desapareceu. Queria tanto que aquele filho fosse dele! Como Silvia pôde ser capaz dc traí-lo? Ele já não suportava mais aquela situação. Todos os vizinhos que sabiam que ele era infértil caçoavam dele.

— Silvia... — João cutucou sua esposa.

Ao ver João, Silvia sentou-se na cama.

— Oi — disse ela sonolenta, esfregando os olhos.

— Vamos fazer um teste de DNA para eu ter certeza de que não sou o pai. Não suporto mais suas mentiras!

— Não, João! Acreditando ou não, você é o pai! E o médico disse que fazer um teste agora pode ser perigoso para o bebê — protestou Silvia, que ouvira de seu obstetra que fazer o teste de DNA durante a gestação poderia oferecer alguns riscos ao feto, e até mesmo antecipar o parto.

— Mas pode ser feito! Os riscos são mínimos!

— Não e não. Eu levei tanto tempo para engravidar, e agora que finalmente consegui, não vou pôr a vida ou a saúde do meu bebê em risco. De forma alguma! Teste de DNA, só depois que meu bebê nascer! Ninguém vai mexer nele enquanto estiver dentro de mim.

— Então eu vou embora, Silvia. É doloroso demais conviver com você!

João pensava que o fato de Silvia recusar-se terminantemente a se submeter ao teste de DNA só servia para levantar ainda mais suspeitas de que ela estava escondendo alguma coisa. Ele fez suas malas e partiu.

Sozinha em sua casa, Silvia dobrou os joelhos e suplicou a ajuda de Deus, prostrada sobre a cama onde a criança que ela carregava no ventre havia sido concebida.

Na igreja evangélica de Redenção estava sendo realizada uma reunião (com Lorenzo e os obreiros) com o objetivo de tratarem da questão do

Amin e da Silvia. Embora ambos se declarassem inocentes, tudo conspirava contra eles. João havia saído de casa, e Silvia fora morar por um tempo com seus pais, em Porto Alegre, pois não queria ter nenhum aborrecimento durante a gestação. O pior de tudo é que um vizinho de Silvia dizia ter visto os dois em uma situação constrangedora. Naquele momento, no salão da igreja evangélica de Redenção, Lorenzo interrogava aquele senhor:

— Eu juro que vi! E minha esposa também!

— O senhor poderia nos descrever em detalhes o que viu naquele dia? — inquiriu Lorenzo.

— Claro! Eu sou velho, mas não sou caduco! — disse o homem, que devia ter perto de uns 80 anos. — Eu estava em frente ao portão da minha casa, verificando minha correspondência, quando vi o palestino à espera de alguém no outro lado da rua. Ele parecia muito ansioso, e olhava para os lados a todo momento. Minha mulher foi até o portão comigo, e ficamos observando o homem em sua angustiante espera. De repente passou um ônibus, e a dona Silvia desceu dele. Era ela quem o palestino estava aguardando! Dona Silvia atirou-se nos braços dele, e os dois ficaram abraçados por um bom tempo. Eu não vi eles trocarem beijos, mas minha mulher disse que viu. Talvez eu tenha olhado para o outro lado naquela hora, mas o fato é que, se minha mulher disse que viu então ela viu!

— E depois disso, você observou mais alguma coisa?

— Sim. Depois de um longo tempo nos braços do palestino, dona Silvia afastou-se um pouco e lhe disse alguma coisa. Eu não consegui escutar o que ela falou, mas minha mulher, que tem uma audição de cachorro, disse que dona Silvia falou para o palestino que tinha que ir, senão alguém poderia vê-los. Pela intimidade que havia em seus olhares, calculei que fossem amantes há um bom tempo.

— E então? — perguntou Lorenzo, quase soltando fumaça pelas narinas. Sentiu naquele momento uma vontade imensa de dar uma surra em Amin, para ensiná-lo a ser homem de verdade!

— Então dona Silvia fez uma cara de desgosto, e minha mulher disse que ela falou que precisava voltar para o seu tedioso marido. — De olhos arregalados, os obreiros murmuravam entre si. — Quando dona Silvia saía, o palestino entregou-lhe um papel, que ela guardou na bolsa. Acredito que tenha sido uma carta de amor.

O Amin me paga... Ah, mas ele me paga!, pensou Lorenzo, antes de decidir com os outros obreiros o que seria feito a respeito daquela situação.

— Não! Lorenzo, o que aquele senhor disse é invenção da sua cabeça! — Amin tentava se defender diante de Lorenzo, enquanto Juliana chorava trancada em seu quarto.

— Amin, como advogado você deve saber que duas testemunhas são mais do que suficientes para condenar uma pessoa!

Lorenzo passara o dia inteiro orando sobre aquele assunto, pedindo a Deus que lhe desse graça e paciência para controlar sua raiva, especialmente quando Amin fosse vê-lo. Temia não se aguentar e partir para cima dele. Mas agora, diante de Amin, já não sabia exatamente o que fazer.

— Vou repetir o que aconteceu naquele dia — disse Amin. — Eu estava em frente à casa do senhor de imaginação fértil, sim, e olhava de um lado a outro, porque orava em pensamento pelos moradores daquela rua! Um ônibus parou bem na minha frente, mesmo não sendo ali um ponto de ônibus, e a Silvia desceu dele. Quando ela colocou os pés no chão, tropeçou no cordão da calçada e eu a amparei! Cumprimentei-a alegre, como faço com todas as pessoas, e ela, ao olhar para mim, foi um pouco ríspida comigo. Acredito que estivesse cansada das minhas insistências para que se convertesse. Mas nunca houve sequer um beijo no rosto, Lorenzo. Você precisa acreditar em mim!

— E a cartinha de amor?

— Que carta de amor, o quê, Lorenzo! Era um folheto evangelístico!

— Sinto muito, Amin, mas até que seja provado o contrário, você é culpado. E até que Silvia ganhe o bebê e faça o teste de DNA, confirmando finalmente sua culpa ou inocência, não quero que você ponha os pés nesta casa ou mesmo fale com Juliana.

Lorenzo lembrava-se de que no início da sua vida como evangélico, na pequenina igreja onde congregava, as pessoas que cometiam pecados graves, como adultério, por exemplo, eram chamadas à frente do altar. O casal adúltero tinha que ficar de frente para a igreja, o pastor dizia o pecado que eles tinham cometido, dava a disciplina e exigia que a igreja não ficasse fazendo fofoca, mas que orasse por eles e vigiassem para que eles próprios continuassem em pé. Mas agora, se um pastor disciplinasse um membro, corria o risco de ser processado por essa pessoa! — Só tenho a Deus como testemunha de que tudo o que falei foi verdade — disse Amin. — Um dia você verá que foi injusto comigo, Lorenzo!

Amin entregou uma carta a Lorenzo e pediu-lhe que a desse a Juliana. Partiu dali sem ao menos poder se despedir dela.

No quarto de Juliana, Lorenzo conversava com a filha, que estava desolada.

— Pai... Não consigo acreditar que Amin estivesse me enganando durante todo esse tempo!

— Filha, você tem que entender que ele esteve sozinho por mais de dois anos! E Amin é um homem jovem, vigoroso... — Juliana começou a chorar.

Lorenzo também não queria acreditar que Amin fosse amante de Silvia. Pensava que conhecia aquele rapaz o suficiente para saber que ele era fiel a Deus, e que também possuía uma vida honrada, baseada nas Escrituras. Mas o que fazer diante dos fatos e testemunhos que culminavam contra ele? Pediu a Deus que o perdoasse, caso Amin fosse realmente inocente.

Amin recebera informações de que sua irmã estava presa em uma penitenciária feminina de Israel, há mais de um mês, mas os motivos eram desconhecidos por ele. Ao saber disso, ele determinou-se a procurá-la. Precisava encontrá-la! Luloah era tudo o que restara da sua família, e ele não podia perder a chance de vê-la novamente — e principalmente de falar-lhe do amor de Jesus. Dentro de um avião com destino a Israel, Amin pensava em Juliana: *Será que Lorenzo entregou a ela a carta que escrevi?* Antes de partir, Amin ligou para Juliana e também para Lorenzo, mas eles não atenderam. Mandou, então, uma mensagem para o celular de Juliana, explicando que precisava fazer uma viagem e pedindo a ela que esperasse por ele. Por um lado, até que aquela viagem veio em boa hora. Talvez, quando retornasse, as coisas estivessem mais calmas em Redenção.

Sentado em seu banco, na classe econômica daquele avião, Amin pensava em tudo o que lhe acontecera nos últimos meses, enquanto seu coração dilacerado sofria de amor por Juliana.

12

Capítulo

Somália 14h30
Vilarejo Dafed — Galguduud

Na base médica de Ajuda Humanitária Internacional, Eduardo auxiliava alguns nativos na fabricação de tijolos para a construção de uma nova enfermaria. Os médicos (também missionários cristãos) e algumas enfermeiras trabalhavam arduamente, fazendo partos, cirurgias de maior urgência e cuidando de doentes e feridos. Enquanto isso, as esposas dos médicos ensinavam as crianças somalis na escola, que ficava a pouco mais de um quilômetro de onde estava aquela base. Ayanna e Chidima encontravam-se com elas.

Eduardo amassava o barro lodoso com os pés já calejados de tanto labutarem, e pensava no contraste que havia entre o cristianismo verdadeiro e o islamismo radical. Enquanto missionários cristãos, em países islâmicos, davam suas vidas por amor às almas que estavam se perdendo, extremistas muçulmanos matavam pessoas inocentes, com o desejo de que fossem para o inferno. Eles, caso morressem como mártires, acreditavam que iriam desfrutar de orgias no paraíso!

Ficava cada vez mais difícil ser um cristão secreto na Somália. Muitos nativos que se converteram ao Senhor Jesus haviam sido torturados brutalmente e assassinados pelos rebeldes islâmicos. Qualquer um que se convertesse tinha que praticar sua fé em segredo, e viviam sempre com medo de serem descobertos. Mais do que temerem ser torturados e mortos, temiam por suas esposas e filhos. Era comum, ao descobrirem que um somali era cristão, os militantes islâmicos do *Al Shabaab*[1] invadirem sua residência, estuprarem sua esposa na sua frente, fazer o mesmo com suas filhas e aliciarem seus filhos para se tornarem soldados em prol da causa do islã.

Eduardo amava os muçulmanos, afinal, era especialmente por amor a eles que se tornara missionário. Mas ele repudiava o islamismo radical com todas as suas forças. Aquela ideologia diabólica cegava as pessoas, levando-as a cometer crimes medonhos, até mesmo contra os membros da sua própria família! Prova disso eram as últimas mortes de alguns cristãos daquele vilarejo. Ele desconfiava de que houvesse um informante infiltrado no meio da sua equipe, pois sempre que havia uma nova conversão, mesmo com total sigilo por parte de todos os cristãos, os militantes islâmicos logo ficavam sabendo.

A base médica era vigiada quase o tempo todo por militantes armados do *Al Shabaab*. Há tempos que essa organização terrorista tentava obter o controle total da Somália, e lutava para erradicar o cristianismo do país, extremamente arruinado pelas guerras. Eduardo estava certo de que os líderes do *Al Shabaab* sabiam que ele e os médicos eram cristãos. Acreditava que suas vidas e aquela base só eram mantidas por que eles precisavam dos serviços médicos.

Enquanto Eduardo e dois nativos trabalhavam, misturando argila e água com os pés, alguns militantes armados do *Al Shabaab* circundavam a região da base. Vestidos com uniforme camuflado, típico dos militantes, eles seguravam impassíveis suas obsoletas metralhadoras.

Entre uma baforada e outra de cigarro, as "façanhas" de cada um eram partilhadas com o companheiro:

— Pegamos mais um cristão ontem. Primeiro o torturamos juntamente com sua família, e depois, os assamos vivos, em fogo baixo — evidenciou o macérrimo e comprido guerreiro, fazendo com que seu companheiro soltasse uma gargalhada. — Mesmo assim, eles não renunciaram sua fé!

— São loucos! Esses infiéis precisam ser exterminados logo, antes que essa praga de cristianismo se espalhe. Na minha lista de suspeitos de serem cristãos há mais de cem pessoas, apenas deste vilarejo.

Eduardo tremia de raiva. Por mais vontade que tivesse de dar lugar ao seu instinto natural de proteção, partir para cima daqueles homens e

[1] Grupo rebelde somali cujo objetivo principal é erradicar o cristianismo do país, visando impor o islamismo radical para todos os cidadãos da Somália.

matá-los com as próprias mãos, respirou fundo e orou a Deus em pensamento. Pediu ao Senhor que perdoasse aquelas pessoas, tão enganadas pelo Diabo, abrisse seus olhos e as levasse ao conhecimento da verdade.

Um dos companheiros de Eduardo (também cristão secreto) que trabalhava com ele na fabricação dos tijolos, saiu correndo repentinamente. Assustado, Eduardo parou de amassar o barro e olhou na direção do homem. Ele corria até sua esposa, que acabara de sair da mata (que separava a base médica da escola). Ensanguentada e sem forças, ela caiu de joelhos no chão. Eduardo correu até eles. Em estado de choque e com a respiração fraca, a mulher disse: "Eles mataram as crianças e as mulheres... Todas mortas... Todas elas..."

Eduardo colocou as mãos na cabeça, chorando. Olhou para trás e viu que os militantes fumavam em silêncio, contemplando-os. Com um olhar ameaçador, pareciam querer dizer-lhes que aquilo fora apenas um aviso, e que estavam cientes de tudo o que acontecia naquela base.

Após a morte de Ayanna, Chidima e das outras mulheres e crianças, Eduardo e os demais missionários tiveram que fugir da Somália, a fim de salvar suas próprias vidas. Mas Eduardo não quis retornar ao Brasil. Partiu como missionário para uma cidade rural de Angola, onde fizera seu desafio prático quando esteve na JOCUM. Naquele país, quase não havia perseguição aos cristãos. Mas devido à desigualdade social e as muitas injustiças, a maior parte da população era imensamente pobre e necessitada do amor de Deus.

Depois que a nora e a neta faleceram, Beatriz vendeu sua casa em São Paulo e mudou-se para Angola. Trabalhava como missionária juntamente com Eduardo, e usava na obra de Deus a gorda pensão que Jader lhe deixara. Helena também lhes enviava mensalmente uma quantia grande em dinheiro. Mas mesmo assim, aquela ajuda era quase insignificante diante da miséria que reinava naquelas terras desarrimadas.

Meia hora antes de começar a Escola Dominical, Juliana arrumava a sala de aula da classe infantil, onde era professora. Helena, professora da classe adolescentes da sala ao lado, ajudava sua amiga a colar alguns cartazes na parede, enquanto conversavam com Císntia, a secretária da igreja.

— Você viu o que está nos dizendo, Cíntia? — perguntou Juliana.

— Não. Mas a Morgana me disse que a Fernanda viu, e como você sabe, a Nanda é uma mulher de fé!

— Ok, mas se você não presenciou a cena, então eu não posso acreditar! — disse Juliana. — Como é que eu vou ter certeza de que a Morgana ou a Fernanda não estavam mentindo? E principalmente se você me dissesse que a viu roubando, e conhecendo a sua fama de "leva e traz", então, eu não acreditaria mesmo! — Cíntia estava com os olhos arregalados, e um beiço que fazia com que seu lábio inferior quase alcançasse o queixo. — E embora eu tivesse visto com meus próprios olhos, ainda assim duvidaria deles, pois, acredite, nem tudo é o que parece.

— Ah, Juliana, é impossível manter um diálogo sociável com você! — Cíntia saiu emburrada, aos trotes, quando de súbito parou e olhou para trás, com o dedo indicador apontado para Juliana: — Você se acha mais santa que todo mundo só porque... — a moça parecia estar rebuscando em sua mente um motivo qualquer — ... só porque é a filha do pastor! Mas eu tenho certeza de que aquele vestido é roubado da loja!

Cíntia resmungou mais alguma coisa que Juliana não entendeu, e saiu afoita, fazendo um barulho irritante com seus escarpins vermelhos de verniz, bico fino e salto alto. Juliana cruzou os braços e balançou a cabeça, rindo de Cíntia (conhecida também como o jornalzinho ambulante da igreja).

— Ju, se todas as pessoas fossem como você, acabar-se-iam as fofocas na igreja! — disse Helena, admirada com a ousadia de Juliana ao dar fim a um "zum-zum-zum", como ela costumava chamar um mexerico passado de boca em boca.

Cíntia já havia descido as escadas, mas ainda dava para ouvir o "plac, plac" retumbante de seus sapatos no saguão. Juliana sentiu um arrepio na espinha ao se imaginar usando um par daqueles calçados que deviam ser o desconforto em pessoa.

— Amiga, ainda não acredito que Beatriz mudou-se para a África! — disse Juliana.

— Mamãe missionária... Também custo a acreditar! Parece que finalmente ela reencontrou a felicidade — disse Helena, que há poucos dias recebera uma foto por e-mail, na qual sua mãe aparecia sorrindo ao lado de Eduardo, ambos rodeados por dezenas de crianças africanas.

— Posso saber o que se passa nessa cabecinha loira? — perguntou Helena, ao notar que a amiga ficara repentinamente quieta.

— Tenho pensado muito em Amin ultimamente.

— Ainda se lembra daquele safado? Ju, já faz cinco meses que ele partiu, e nunca mandou notícias! Esqueça-o de uma vez por todas!

— Esquecê-lo seria impossível, Helena! Eu o amo mais que a minha própria vida!

Amin estava acabado. Emocional e financeiramente acabado. Já no Brasil, após ter ficado cinco meses em Israel, ele não tinha nada, nenhum dinheiro, nem ao menos um lugar para dormir. Não queria voltar para Redenção, e pedir a Lorenzo que lhe cedesse novamente a casa da zeladoria da igreja. Não depois de Lorenzo tê-lo magoado tanto, duvidando da sua fidelidade. Isso seria humilhante demais! Teve que apelar pela ajuda de seu ex-cunhado, que morava em Porto Alegre com a esposa e os filhos. Enquanto Amin não conseguisse um emprego, Mohamed consentiu que ele morasse em sua casa. Amin sofria muito com aquela situação, tendo que depender dos outros para viver. Mas não podia voltar para as ruas. Não outra vez!

Antes de Amin partir para Israel à procura da irmã, ele vendera todos os seus móveis. Ao chegar a Israel, logo teve seu nome associado ao de Luloah, que se envolvera com uma fação terrorista, e por isso estava presa. Amin ficou detido aqueles cinco meses, até que houve a confirmação de que ele não estava envolvido com os cúmplices de Luloah. Amin gastou todo o seu dinheiro, todas as suas economias tentando limpar seu nome e ajudar Luloah, mas tudo foi em vão. Ele nem ao menos pôde vê-la. Suas roupas e calçados foram o único bem material que lhe restou. Só encontrava forças para ainda continuar lutando porque sentiu que Jesus o acompanhou durante toda aquela situação adversa.

No mercado público de Porto Alegre, Amin comprava alguns mantimentos, por ordem de Mohamed. Enquanto morava com a família do seu ex-cunhado, esforçava-se ao máximo para ser útil em tudo. Até no serviço da casa ele ajudava, pois não queria ser um fardo para ninguém. Ele encontrava-se em uma procura incessante por emprego, mas como seu currículo era cheio de lacunas (em razão da vida complicada que levou), não estava sendo fácil. Decidiu-se ainda naquele dia que se até o fim da semana não conseguisse emprego na sua área, faria um novo currículo, sem mencionar que era graduado em Direito. Um emprego era tudo de que ele precisava naquele momento, mesmo que não fosse dentro da sua área de formação.

Enquanto escolhia as frutas e verduras mais viçosas daquela banca, Amin avistou João, o esposo da Silvia, comprando alguma coisa em outra banquinha. Ao ver Amin, João começou a caminhar em direção a ele, parecendo ansioso.

Ah, não... De novo, não!, Amin pensou, já prevendo problemas.

Amin pagou logo os mantimentos que estavam na sua cesta e apressou-se em sair dali.

— Amin, espere! — gritou João.

Bom, e agora, o que fazer?, Amin pensou. Ele não queria conversar com João, mas também não era frouxo para fugir de um conflito. Virou-se e encarou João.

— Olha, João, mais uma vez eu lhe digo que não tive nada a ver...

— É claro que não teve! — João sorria e tinha os olhos brilhando. Sem mais nem menos deu um abraço em Amin.

— Ei, o que é isso?

— Eu sou o pai, Amin, eu sou o pai! Minha mulher ganhou uma menina há vinte dias, e o teste de DNA confirmou que eu sou o pai!

— É mesmo?

— Sim! Fiz o exame em dois laboratórios diferentes para ter certeza!

— Então, parabéns, João! — Amin não estava muito animado, pois aquela gravidez fora responsável por uma grande angústia em sua vida.

— Amin, peço desculpas por tudo que o fiz passar.

— Tudo bem. *Meras desculpas não trarão Juliana de volta*, pensou Amin. *E se ela apaixonou-se por outro homem durante a minha ausência?*

— Amin, vou buscar Silvia e o bebê amanhã na casa da mãe dela. Voltaremos para Redenção. Você gostaria de mandar um recado para o seu pastor... Sua ex-noiva? Fiquei sabendo que você não mora mais lá.

— Não, obrigado, João. E qual é o nome da sua filha?

— Suzana — disse João, com um sorriso que ia quase até as orelhas.

Em frente ao portão da igreja de Redenção, Amin lutava entre dois pensamentos: entrar e encarar a tudo e a todos; ou dar meia volta e colocar uma pedra em cima do que aconteceu, e começar uma vida nova em outro lugar.

Virava as costas para ir embora, quando ouviu a voz de Lorenzo.

— Amin, Amin! — Lorenzo correu até ele, fazendo chacoalhar sua barriga proeminente de um lado a outro. — Ah, meu filho, que bom vê-lo!

Lorenzo abriu os braços para receber Amin, mas Amin não se mexeu.

— Por favor, me perdoe, meu filho! Eu não deveria ter duvidado de você! Vamos, entre! Juliana tem sofrido muito por sua causa. Você precisa vê-la!

Amin estranhou a atitude de Lorenzo. Agora, ele o empurrava para a sua filha? Antigamente, não gostava nem que conversassem!

— Lorenzo, talvez seja melhor eu não vê-la.

— E por qual motivo, homem?

— Não quero magoá-la.

— Diga-me, Amin, nesse tempo em que você esteve fora, permaneceste fiel a Jesus e a Juliana?

— Sim, mas...

— Então vamos! Não há nada que o impeça de falar com ela.

O que deixava Amin com medo era a sua atual situação financeira. Ele não tinha nada! Gastara todas as suas economias tentando ajudar Luloah em Israel... Até mesmo o seu celular ele teve que vender!

Ao entrarem na casa de Lorenzo, ele pediu que Amin aguardasse na sala e foi até o quarto de Juliana.

— Filha, tem alguém querendo vê-la.

— Já estou indo. Só um minuto.

— Amin, vou à padaria comprar alguma coisa para o café da tarde. Você vai tomar café conosco, né? — Amin não respondeu. Estava um pouco assustado com toda aquela receptividade. — Você e Juliana podem conversar à vontade, filho!

Lorenzo piscou para Amin e saiu. *Estaria Lorenzo querendo se redimir do seu erro?* Amin pensou que essa era a única forma de explicar aquela estranha situação!

Juliana apareceu na entrada da sala, com uma toalha enrolada nos cabelos molhados. Ao ver Amin sentado no sofá, colocou as mãos no rosto e começou a querer chorar.

— Meu Deus... Amin!

— Juliana, precisamos conversar. — Amin se levantou e esperou que ela viesse até ele. Sentiu uma vontade imensa de correr até ela e abraçá-la, mas não queria dar o braço a torcer. Era um homem digno, tinha o seu orgulho próprio, e ele fora muito ferido.

— Amin, me perdoe por ter duvidado de você... Por favor!

Após Juliana abraçá-lo saudosamente, sentou-se ao lado de Amin e ele lhe contou tudo o que lhe sucedera em Israel.

— Estou morando há duas semanas na casa do meu ex-cunhado Mohamed, em Porto Alegre. É provisório, só até eu conseguir um emprego.

— Amin, eu preciso saber uma coisa.

— Fale.

— Você me ama?

Antes de responder, Amin olhou dentro daqueles olhos verdes arrebatadores, e sentiu uma profunda tristeza invadir sua alma.

— É claro que eu a amo, Juliana! Durante esses cinco meses não deixei de pensar em você um só dia! Jamais nossa aliança de noivado saiu do meu dedo! — Amin olhou para o dedo anelar da mão direita de Juliana, e viu que ela também usava sua aliança. — E quanto àquela história com a Silvia... Juliana, você precisa saber que, depois de Maymunah, eu não tive ninguém! Deus é prova disso!

— Eu também te amo, Amin. E durante toda a minha vida fui fiel a você, mesmo antes de conhecê-lo.

— Ah, Juliana... Se você soubesse como isso me deixa feliz... E triste ao mesmo tempo!

— Por que, meu amor?

— Não posso me casar com você. Não tenho nada para lhe oferecer!

— Seu amor é tudo de que preciso! Case-se comigo, seja meu esposo!

— Onde iríamos morar? Na praça de Redenção, em tributo ao nosso primeiro encontro? — Amin riu abatido, sentindo a ironia do que dissera. — Nem dinheiro para alugar uma casa eu tenho, quanto mais sustentá-la!

— Eu tenho o meu próprio dinheiro, Amin. Não preciso que ninguém me sustente. E posso ajudá-lo a pagar as contas!

— Não. Nem pense nisso. Seu dinheiro é para você gastar com você mesma! Na minha cultura, quem tem que sustentar uma casa, uma família, é o homem. E eu me recuso a abrir mão disso!

— Amin, deixe esse orgulho bobo de lado! Podemos morar na casa da zeladoria... Ao menos no começo! Meu salário como professora não é muito, mas fome nós não passaremos!

— Não, Juliana. Desculpe-me, mas não dá. Eu tenho os meus princípios, e não posso aceitar a opção que você está me oferecendo.

— Amin, fiquei sabendo que alguém o pediu em casamento. É verdade? — gracejou Lorenzo, que marcara um encontro com Amin em um café no centro de Redenção.

— Parece que sim. — Amin curvou a cabeça, com um olhar triste. — Mas esse casamento não vai sair Lorenzo. Terei que abrir mão de Juliana para o seu próprio bem.

— Sente aí. — Lorenzo puxou uma cadeira para que Amin sentasse. — Vamos ter uma conversa de homem para homem.

De frente um para o outro, Amin e Lorenzo olhavam-se nos olhos.

— Estou indo embora de Redenção, Amin.

— Como assim, Lorenzo? Qual o motivo?

— Desde que você fez aquela viagem a Israel, isso veio ao meu coração, e tenho orado muito a respeito. Acredito que meu tempo aqui terminou. Já fiz o meu trabalho.

— Mas e a igreja?

— Pedi transferência apenas como membro para a igreja de São Paulo. E voltarei a morar na minha antiga casa, que eu tinha colocado para alugar quando vim para Redenção.

— Mas eu não compreendo, Lorenzo!

— Amin, meus superiores pediram que eu indicasse alguém para cuidar da igreja de Redenção, e... eu indiquei você!

— Eu? E as nossas conversas sobre o erro de se colocar parentes, ou mesmo amigos em cargos importantes dentro da igreja...

— Acredito que é essa a vontade de Deus em relação a você, Amin. Orei muito sobre esse assunto. E mais: meus superiores concordaram com minha indicação. Depois de um tempo de teste, pretendem consagrá-lo a pastor.

— Lorenzo, eu nem sei o que dizer! É uma responsabilidade muito grande... E se você estiver agindo por emoção, e não for realmente essa a vontade de Deus?

— Ore você mesmo e peça a confirmação dEle! Eu quero lhe pedir mais uma coisa, Amin. Reate o noivado com Juliana, case-se com ela e faça-a feliz!

Aquela era uma noite especial na igreja evangélica de Redenção: a apresentação de Suzana, a filhinha de João e Silvia. Há alguns dias João entregara sua vida a Jesus, e iria descer às águas já no próximo batismo, em testemunho da sua fé.

Depois que a apresentação foi feita, e a família de João recebeu a bênção de Lorenzo e a oração da igreja, João admirou-se ao ver seu médico sentado em um dos últimos bancos. Quando João lhe disse que ele era o pai biológico da criança, o médico não acreditou muito e disse que deveria ter sido alguma falha técnica no procedimento dos exames. Pediu para ele mesmo coletar o material genético de João e Suzana, pois queria certificar-se pessoalmente de que João era o pai.

Ao término do culto, João dirigiu-se ao médico para cumprimentá-lo.

— Doutor, o senhor aqui? Que bom vê-lo!

— Bem... Eu só vim trazer o resultado do exame.

João sabia que não era somente isso. Aquela era uma desculpa para comparecer à igreja, pois se ele quisesse, poderia simplesmente ligar para dizer-lhe o resultado.

— E então?

— Você é mesmo o pai, João!

— Eu sei! — disse João com o sorriso de um garoto.

— João, seu corpo produziu um único espermatozoide saudável, que venceu o difícil caminho até o óvulo e conseguiu fecundá-lo! Isso é um milagre!

Amin e Juliana passeavam de mãos dadas pela praça de Redenção, a mesma onde Juliana lhe entregara um lanche tempos atrás (dizendo-lhe também que Jesus o amava e que ele era muito precioso para Deus).

Juliana sentou-se em um banco de concreto, embaixo de um ipê roxo carregado de flores. Amin, em pé diante dela, contemplava em silêncio sua bela noiva. Ele tentou afastar da mente a lembrança de que dormira naquele banco muitas vezes quando mendigo, e agradeceu a Deus por seu amor e bondade ao salvá-lo. Amin dobrou um joelho no chão e segurou as mãos de Juliana entre as suas.

— Amin, o que você está fazendo? — indagou Juliana envergonhada, enquanto olhava para os lados e percebia que era o centro das atenções. Naquela tarde quente de verão a praça encontrava-se em intenso movimento, e especialmente depois que Amin se ajoelhou, muitos olhares curiosos passaram a observar o casal.

— *Hal turidi tzauajini? Uad aan tkune zaujeti?*[2]— disse Amin.

— Não compreendi uma palavra sequer, amor!

— Eu a pedi em casamento na minha língua natal. Se você quiser, eu também posso fazer o pedido em italiano. Seu pai me deu umas aulinhas.

Juliana riu.

[2] "Quer casar comigo? Gostaria de tornar-se minha esposa?"

— Tente, então.

— Juliana, *vuoi sposarmi? Io ti amo e non posso più vivere senza di te. Tu sei la mia vita e io ti amo, amore mio. Ti amo!*[3]

Agora Juliana compreendera! Naquele momento, enquanto Amin a olhava arrebatado de amor, tendo suas mãos grandes e fortes a segurar as suas, pequenas e delicadas, Juliana teve a impressão de que estavam sozinhos naquela praça. Parecia que o universo inteiro havia parado só para eles.

— Sim, Amin. De toda a minha alma e coração!

Amin orou e jejuou a respeito da proposta de Lorenzo, e sentiu fortemente que aquela era, sem dúvida alguma, a vontade de Deus. Estava disposto a aceitar o cargo que lhe fora oferecido. Também havia conseguido um emprego de meio turno (como assessor de um advogado que tinha seu escritório em Redenção), pois não queria depender apenas do salário de ajuda que receberia da igreja.

Seu casamento com Juliana estava marcado para dali a uma semana, e ele estava determinando a reformar pessoalmente a casa pastoral da igreja, que havia sido de Lorenzo (e onde ele e Juliana morariam após o casamento). Helena presenteou Juliana com alguns móveis novos, vários utensílios e eletrodomésticos. Amin não pôde recusar, pois, afinal, Helena deixara bem claro que o presente era para Juliana.

Amin estava dormindo no quarto da zeladoria, Lorenzo no quarto de Juliana, e Juliana no antigo quarto de Lorenzo, que era maior, e por isso seria o aposento do casal. Após o casamento, na mesma noite Lorenzo embarcaria em um avião de volta a São Paulo.

Amin finalizava a colocação de um tapete novo no chão da sala recém-pintada quando ouviu a voz de Lorenzo atrás de si.

— Está ficando uma linda morada! — disse Lorenzo olhando ao seu redor, admirado com o trabalho que Amin fizera. A casa nem parecia mais a mesma. Estava simplesmente perfeita!

— Teve o toque pessoal da Juliana. Foi ela quem escolheu a combinação das cores, as cortinas...

— Cuide bem dela, Amin. — Lorenzo interrompeu-o com um sussurro rouco, parecendo estar esforçando-se para reprimir o choro. Com os olhos avermelhados, Lorenzo apenas encarava o futuro genro.

---

[3] "Quer se casar comigo? Eu te amo e não posso mais viver sem você. Você é a minha vida e eu te amo, meu amor. Te amo!"

Após alguns segundos olhando nos olhos de Lorenzo, Amin colocou a mão no ombro do seu amigo e, emocionado, disse-lhe:

— Acima da minha própria vida, pai!

Lorenzo afastou-se um pouco e pigarreou, tentando disfarçar sua consternação. Colocou a mão no bolso e depois a estendeu a Amin, entregando-lhe alguma coisa. Ao abrir a mão, Amin deparou-se com uma correntinha de ouro, com um pingente em forma de coração. Bem no meio do coração estavam gravadas as letras *P.E.A.*

— Essa correntinha era de Juliana — disse Lorenzo. — Fez parte de um pacto que ela e Helena fizeram quando eram adolescentes, de se guardarem puras até encontrarem o seu *Perfeito e Eterno Amor*. Quando elas tinham 18 anos, Helena quebrou o pacto, e Juliana jogou a corrente fora. Eu a ajuntei e guardei-a até o dia de hoje. Penso que ela pertence a você, Amin. Você é o *P.E.A.* para quem minha filha se guardou durante toda a sua vida.

Enquanto "*In Christ Alone*" era solado ao violino e cantado em inglês por uma jovem da igreja, Juliana (de braços dados com o pai) entrava na igreja, para unir-se com seu noivo. Amin e Juliana estavam cientes de que a maior parte dos convidados não compreenderia a letra da música, por ser em outro idioma, mas para eles isso não importava. Eles sabiam o significado da canção, e desejavam que aquelas palavras ecoassem em seu futuro. Estariam iniciando uma nova vida juntos, e independentemente do que lhes acontecesse, sua esperança se encontrava "somente em Cristo", o seu "Chão sólido", seu "Confortador" e seu "Tudo em tudo", conforme dizia aquele hino.

Lorenzo recusou-se a realizar o casamento, pois disse que ninguém além dele conduziria sua filha até o altar. Convidaram então o pastor Antônio, da igreja de São Paulo, para realizar a cerimônia.

Após os noivos trocarem as alianças e finalmente terem sido declarados marido e mulher, o pastor Antônio proferiu: "Já pode beijar a noiva, Amin!"

Olhando para a esposa, que em suas vestes nupciais mais parecia um anjo, Amin teve que controlar-se para não chorar. Levantou o véu que cobria o rosto da amada, simbolizando sua tão preciosa pureza, e beijou-lhe a testa alva. Olharam-se nos olhos por um momento, sorrindo um para o outro, até que Juliana surpreendeu-o com um beijo nos lábios. O seu primeiro beijo. Amin não resistiu e retribuiu-lhe desejosamente, tendo uma das mãos a segurar gentilmente a cintura da bela donzela e a outra a acariciar-lhe a face. Afinal, haviam esperado durante muito tempo por esse momento. Conseguiram sobreviver ao período de namoro e noivado em total respeito um ao outro, e o mais importante, em santidade ao Senhor. Mereciam os deleites que viriam a seguir.

"Calma, calma!", exclamou o pastor Antônio. "Vocês terão uma vida inteira para se amar!"

Todos os convidados riram, emocionados, e a presença de Deus se fez presente naquele lugar.

13

Capítulo

Três anos depois

Amin fora consagrado pastor da igreja evangélica de Redenção havia mais de cinco meses, e a obra de Deus progredia na pequena cidade. Porém, os serviços eclesiásticos ocupavam quase todo o seu tempo, e ele já não estava conseguindo conciliar vida pastoral com a prática da advocacia. Pensando no que seria melhor para suas ovelhas, decidiu deixar o emprego secular a fim de dedicar-se exclusivamente à igreja.

As almas continuavam sendo libertas e salvas, e a obra do Senhor progredia em Redenção, mas Amin não se encontrava muito bem. Fazia alguns meses que Juliana sofrera um aborto espontâneo, e os dois estavam muito abatidos com aquela perda. Para piorar, ele estava tendo sérios problemas com um "evangelista" da sua igreja, que havia sido prefeito em outra cidade e agora se candidatava a senador do Estado. Mesmo sendo um membro novo, ele já possuía grande influência na congregação, e estava seduzindo algumas ovelhas de Cristo com suas heresias execráveis — que incluía a famigerada teologia da prosperidade, que Amin repudiava com todas as suas forças.

Amin lutava para tentar entender a ingenuidade do povo. Mesmo a verdade sendo tão óbvia, eles caíam facilmente nos engodos de Jerônimo, o político evangelista que dizia trazer uma "nova revelação" para a igreja. Amin havia sido informado por João e outros irmãos (que permaneciam inabaláveis na Palavra e na verdade de Cristo) que Jerônimo estava promovendo um abaixo-assinado para demovê-lo como pastor daquela igreja.

Era uma noite de sexta-feira, e Amin dirigia a Kombi da igreja de volta à sua casa. Tinha ido levar a Santa Ceia para uma senhora de idade muito avançada, que por ser paralítica não conseguia locomover-se até o templo. Ao aproximar-se de um motel, Amin avistou uma Mercedes preta estacionada em frente ao estabelecimento. Estranhou, pois a única pessoa na cidade que possuía uma Mercedes, e ainda por cima com aquela cor, era Jerônimo! Parou a Kombi um pouco antes do motel, em um lugar onde ficava oculto aos olhos de quem estivesse mais a frente, e aguardou. Viu que havia dois homens dentro do veículo, e sentiu que precisava certificar-se de suas identidades. Após um instante, Jerônimo saiu de dentro da Mercedes acompanhado de um jovem (que pela tenra feição poderia até mesmo ser menor de idade) e entrou no motel. Antes, porém, entregou um molho de chaves para um senhor, provavelmente um segurança, que entrou na Mercedes de Jerônimo e partiu com ela daquele local.

Amin estava apavorado e enojado. O que Jerônimo poderia querer fazer com um garoto em um motel? Estava aí a prova de que ele precisava para confrontar aquele homem, que ele considerava ser um lobo astuto e perverso dentro da igreja. Enquanto voltava para casa, Amin refletia: *Trair a esposa, e ainda por cima com um rapaz?* Amin sempre acreditou que só pessoas de mente fraca eram capazes de trair seus cônjuges; fidelidade era uma virtude que cabia exclusivamente aos fortes. E isso se tornou ainda mais intrínseco depois que se converteu. Ele sabia que Deus nunca permitiria uma tentação além do que uma pessoa pudesse suportar. Então, se ela cedeu, foi simplesmente por que quis, ou seja, mente fraca.

Ao chegar em casa, Amin encontrou Juliana na cozinha, devorando um pote gigantesco de sorvete. Pelas embalagens vazias que estavam na cesta de lixo, Amin percebeu que ela também havia comido uma barra de chocolate e um pacote de salgadinho. Ele já não falava mais para ela se cuidar, pois sempre que tocava no assunto, dizendo-lhe que precisava preocupar-se com sua saúde, ela ficava irritada, e aí sim que comia mesmo. Há algumas semanas, o médico de Juliana havia conversado particularmente com Amin. Ele lhe dissera que Juliana estava com uma espécie de depressão pós-aborto, e por isso, muito sensível. Para que ela se recuperasse daquele trauma, Amin precisava ter todo o cuidado para não magoá-la, e fazer o possível para deixá-la fora dos seus problemas.

Enquanto padecia aquela luta, Amin procurou afastar-se um pouco de sua esposa, para não correr o risco de contar a ela o que estava passando e deixá-la preocupada.

— Jerônimo, eu sei o que vi! Confesse seu erro e arrependa-se! Deus ainda pode perdoá-lo e restaurar sua vida!

Em frente ao portão da luxuosa casa onde Jerônimo residia, Amin confrontava-o, dizendo ter-lhe visto entrar no motel com um rapaz.

O homem loiro, alto e possante, de rosto quadrado e olhos penetrantes, encarou Amin com um semblante de ódio extremo.

— Amin, você não viu nada.

— É claro que eu vi Jerônimo!

— Pastor Amin, escute uma coisa. — o homem ficou mais calmo e colocou a mão no ombro de Amin, tentando parecer amigável. — Se você levar adiante essa mentira... Se essa bobagem chegar aos ouvidos da igreja ou da minha família, irá se arrepender amargamente! Ouça bem o que estou dizendo!

No salão da igreja evangélica de Redenção, uma reunião estava sendo feita juntamente com Amin e todos os obreiros. Apresentavam a Amin o pedido da sua exclusão como pastor, sendo o motivo principal para isso o fato de ele não aceitar as "revelações" de Jerônimo. Jerônimo não compareceu, pois tinha comício político naquele dia.

A última heresia de Jerônimo era a de que Deus havia lhe dado uma revelação, dizendo que iria colocar muitos escolhidos dele à prova naquela igreja, induzindo-lhes a pecar para que entendessem como um grande pecador se sentia. E que, depois dessa "experiência", enviaria um grande avivamento, com muita unção e maravilhas. Aquilo era tão absurdo que Amin desconfiava que os membros da sua igreja, que davam crédito a Jerônimo, estivessem padecendo de algum distúrbio psiquiátrico!

Dos homens que se encontravam naquela reunião, pouco mais de uma dúzia estava a favor de Amin, incluindo João, o esposo de Silvia.

— Não, irmãos, vocês estão enganados! — disse Amin. — Isso que Jerônimo falou a vocês não tem nenhum apoio bíblico!

— Mas ele teve uma revelação de Deus, Amin! Não podemos rejeitar a voz de Deus!

— Isso é extrabíblico! Em Atos 17.10,11 encontramos os crentes de Bereia como um exemplo a seguir! Eles examinavam cada palavra dita pelo homem, certificando-se de que estas não estavam em desacordo com as Sagradas Escrituras.

— Não importa. Atos 17.10,11 foi um caso isolado. Estamos em outros tempos agora. E Deus tem novas e diversas maneiras de falar com seu povo. Amin, Jerônimo é um homem de Deus, e se ele disse que Deus o avisou de que vai conduzir alguns ao pecado, você deveria acreditar. Jerônimo é um vaso escolhido, e a Bíblia é bem clara ao dizer que "ai daquele que tocar no ungido do Senhor!"

— Deixe-me perguntar a vocês: Se uma pessoa sofre uma tentação muito grande, em relação a adultério, fornicação ou roubo, por exemplo, e cai nesse pecado, ela pecou simplesmente porque quis ou porque Deus a fez pecar? — inquiriu Amin.

— Porque quis, porque somos perversos e gostamos de satisfazer nossa carne! — respondeu João. — Deus jamais levaria alguém a pecar. Isso é um disparate!

— Não! — respondeu um obreiro, que devia ter a idade de Amin. — No caso da revelação de Jerônimo, as pessoas escolhidas por Deus serão conduzidas por Ele ao pecado! Será o desejo de Deus que elas pequem, para que entendam do sobrenatural.

— Em 1 Coríntios 10.13 está escrito: *"Não veio sobre vós tentação, senão humana; mas fiel é Deus, que vos não deixará tentar acima do que podeis; antes, com a tentação dará também o escape, para que a possais suportar"*. Então, se uma pessoa cai em pecado, é porque cedeu à tentação! — disse João, em auxílio de Amin.

Amin prosseguiu, complementando o que João havia falado:

— Já sofri tentações fortes na minha vida e que foram difíceis de resistir. Mas com a ajuda de Jesus eu consegui! Hebreus 2.18 diz: *"Porque, naquilo que ele mesmo, sendo tentado, padeceu, pode socorrer aos que são tentados"*.

— Amin, você está se desviando do assunto principal! — disse um senhor.

Uma parte considerável dos obreiros começou a cochichar e a olhar para Amin, acusadoramente.

— Eu concordo com o pastor Amin — disse um senhor de idade. – Deus até pode provar uma pessoa, mas não induzi-la ao pecado. Minha Bíblia diz, em Tiago 1.13: *"Ninguém, sendo tentado, diga: De Deus sou tentado; porque Deus não pode ser tentado pelo mal e a ninguém tenta"*. Então, não importa a tentação sofrida, se a pessoa quiser, consegue resistir e vencer o pecado. Deus nos deu o livre-arbítrio, irmãos! E o que Jerônimo diz está completamente em desacordo com a Bíblia!

— Mas como pode grandes homens de Deus, eruditos, de mente brilhante, terem caído em pecado? Eles poderiam ter resistido ou foi permissão de Deus para crescerem, amadurecerem, etc., como Jerônimo apregoa? — perguntou um rapaz, que além de obreiro, era o líder da mocidade. Amin o conhecia bem, por ser ele um dos primeiros membros daquela igreja.

— Fernando, abra sua Bíblia em Tiago 1.13, no versículo que o nosso irmão acabou de ler. — Fernando abriu a Bíblia. Ele parecia confuso com toda aquela situação. — Percebe que o que você disse entra em choque com o versículo citado? A Bíblia não se contradiz, ela se completa!

— Acho que concordo com o pastor Amin — disse Fernando. — Não acredito mais nessa revelação de Jerônimo. Realmente, Deus jamais conduziria alguém a pecar, pois Ele abomina o pecado! Se alguém pecar, tendo como apoio o que Jerônimo disse, será por sua própria vontade. Deus não terá parte nisso.

— Olha só, irmãos! Ele já está levando o povo a se voltar contra a mensagem revelada de Deus!

— Tem razão! Amin, não o queremos mais como nosso pastor! Você é duro demais em suas mensagens, e esquece-se de que Deus é amor!

— Irmãos, Jerônimo está enganando vocês! É ele quem está em pecado! Por favor, deixem que o Espírito Santo os convença do...

— Não julgueis para que não sejais julgado, Amin! — vociferou um obreiro. — E será mesmo que você não teve nada com a professora Silvia? Só porque não foi confirmado que você era o pai da criança, não quer dizer que o que aquele senhor viu em frente à sua casa não tenha sido verdade.

Outros obreiros concordaram e começaram a acusar Amin, dizendo que ele devia falar tanto sobre o pecado em suas mensagens para disfarçar, porque ele próprio estava em pecado.

Amin se sentia como um verme diante de tantas heresias e acusações. Esfregou os olhos e pediu a Deus que lhe desse forças. João deu-lhe um tapinha nas costas, em sinal de apoio.

— Meus irmãos, como eu não vou julgar? Como posso deixar de apontar seus erros e suplicar-lhes que se arrependam e se convertam verdadeiramente? Sendo o vosso pastor, sou eu quem prestará conta de suas almas a Deus!

— Amin, vamos finalizar essa reunião. Dois terços dos presentes votaram por sua exclusão. A partir de hoje você não será mais nosso pastor. Não precisamos de um legalista sem visão do espiritual para nos pastorear.

— Antes de sair, quero falar uma última coisa — disse Amin — e peço que reflitam a respeito: A Palavra de Deus é a autoridade suprema, e ela está acima de qualquer tipo de manifestação espiritual, revelação, emoção ou sensação. Olhem somente para ela! Repudiem o que diz o homem quando suas palavras não têm apoio nas Sagradas Escrituras. Ainda há tempo, voltem-se para Deus!

Helena aprontava-se para dormir quando ouviu o telefone tocar.

— Oi, Ju! Algum problema? Não consegui falar com você depois do culto!

— Eu saí um pouco mais cedo — disse Juliana do outro lado da linha. — Helena, estou desconfiada de algumas coisas em relação ao Amin... Acho que ele não gosta mais de mim, e pode estar querendo me deixar!

— Não diga uma bobagem dessas, Ju! Ele sempre foi louco por você!

— Você o viu no culto hoje?

— Não.

— Então onde ele esteve? Só sei que hoje à tarde aconteceu uma reunião importante na igreja, e ele não quis me contar o motivo! E hoje no culto, o irmão Jerônimo falou que tem algo importante para comunicar à igreja nos próximos dias. Penso que é sobre o Amin, Helena. Ele tem estado muito estranho comigo ultimamente...

— Ju, não se precipite. Não acredito na possibilidade de Amin estar querendo deixá-la.

— Lembra-se de quando tínhamos 13 anos e fizemos aquelas entrevistas, e conversamos com um homem que havia deixado a esposa porque ela engordou?

— Ju, que bobagem! Mesmo fofinha você continua linda!

— Não. — Juliana começou a chorar. — Estou horrível! Nem entro mais nas minhas roupas!

Amin não foi ao culto naquela noite. Ficou orando na casa da zeladoria, pois precisava passar algumas horas a sós com Deus. Ele sentia sua alma esfacelada pelo que lhe acontecera, e o pior de tudo é que não podia ao menos partilhar sua dor com Juliana (sendo que o único consolo que ele queria naquele momento, além do de Deus, era o dela). Deram-lhe o prazo de um mês para desocupar a casa pastoral, e boatos surgiram na igreja de que ele estava em adultério. Jerônimo dizia ter provas disso.

Amin ainda não havia se alimentado. Estivera em jejum durante todo aquele dia. Passou pela cozinha, fez uma oração e comeu apenas uma maçã. Mesmo já tendo entregado o jejum, sentia um nó no estômago. Enquanto fazia a higiene pessoal, olhando para a sua imagem refletida no espelho, não conseguia parar de pensar em algumas coisas: *Por que Deus permitiu que isso acontecesse comigo? Eu sempre fui fiel e zelei pela verdade!* Ao dirigir-se ao seu quarto, outro pensamento lhe sobreveio: *Queria ser como o David Wilkerson? Conseguiu! Agora sofre Amin!*

A luz estava apagada, então provavelmente Juliana já estava dormindo. Amin deitou, cuidando para fazer o mínimo possível de ruído. Estava refletindo em seus problemas, quando ouviu o que parecia ser um gato miando dentro do quarto. *Que estranho*, pensou. Olhou para o lado, e percebeu que aquele som vinha de Juliana, que estava deitada de costas para ele. Acendeu a luz do abajur, quando Juliana, soluçando, levantou-se da cama e dirigiu-se apressada ao banheiro.

— Juliana! — Amin correu atrás da esposa, mas ela trancou a porta atrás de si. — Juliana, o que houve?! — Amin bateu na porta. — Você está bem?

Dentro do banheiro Juliana acabava-se em prantos.

— Abre a porta, amor! — Amin estava assustado.

— Não! — Juliana contestou, parecendo uma criancinha mimada.

— Eu fiz algo errado... Alguma coisa que a magoou?

Juliana não respondeu.

— Se você não abrir, vou acabar tendo que arrombar essa porta!

— Eu já sei o que está acontecendo, Amin! — agora Juliana soluçava baixinho.

Do que ela está falando?, pensou Amin atormentado.

— Então me diga, porque eu não sei! — Amin não conseguiu evitar o tom irado em sua voz e deu um murro na porta.

— Você está querendo me deixar! — Juliana voltou a chorar. — Não gosta mais de mim e vai pedir o divórcio!

Ah, aquilo já era demais!

— De onde você tirou essa ideia? — Amin desesperou-se ao pensar que a esposa poderia estar perdendo o juízo. Ficou em silêncio por alguns momentos, tentando digerir tudo aquilo.

— Saia daí, Juliana. Vamos conversar.

Minutos depois, Juliana saiu do banheiro, envergonhada e cabisbaixa, com o rosto inchado de tanto chorar.

— Ju, olha para mim.

Juliana continuou olhando para baixo, com novas lágrimas fluindo por sua face.

— Olhe nos meus olhos. — Amin aproximou-se e segurou gentilmente o queixo de sua esposa, obrigando-a a encará-lo. — Eu não consigo sequer sonhar em imaginar de onde você tirou essa ideia maluca! — Amin estava visivelmente confuso.

— Você não me procura mais... — Juliana soluçou — e está estranho comigo, me evitando...

Amin não sabia o que dizer. Se ela soubesse tudo o que ele havia passado nas últimas semanas!

— Eu sei que estou horrível, enorme... — disse Juliana, como se estivesse confessando um assassinato.

Amin segurou o delicado rosto de Juliana entre suas mãos e acariciou-lhe levemente os cabelos perfumados.

— Querida, hoje eu a amo ainda mais do que no dia em que me casei com você! — Juliana continuava irredutível. — E sobre aquela palavra apavorante que você falou... Aquilo jamais passou pela minha cabeça. Nenhuma vez!

— Mas você está tão distante! Eu pensei que...

— Benzinho, a culpa é toda minha. — Agora Juliana encarava-o espontaneamente, com seus olhos verdes faiscando. — Resumindo... Estou tendo alguns problemas de liderança com certos obreiros, e não a coloquei a par dos fatos porque seu médico recomendou-me que eu deveria poupá-la de qualquer aborrecimento. Foi por isso me afastei um pouco de você!

Juliana olhava para ele, tentando acreditar no que acabara de ouvir.

— Juliana, depois de Jesus você é a pessoa a quem eu mais amo e desejo! — Amin sentiu que toda a carga de emoções que estivera presa dentro de si nos últimos dias estava prestes a estourar. Tentou controlar-se, mas sua voz, inevitavelmente, saiu embargada e trêmula. — O que eu preciso fazer para provar a você que eu a considero a mulher mais bela e formosa deste planeta, e que eu a amo muito mais do que a minha própria vida?

— Mas eu estou gor... — Amin cobriu a boca de Juliana com a mão, contrastando a cor de sua pele morena com a do rosto alvo e delicado da esposa.

— Você é a mais linda de todas — olhou para as belas feições de Juliana, pensando que essa era uma verdade incontestável — até mesmo quando acorda descabelada pela manhã. — Amin riu, com os olhos banhados em lágrimas. Segurou a cintura de Juliana e puxou-a carinhosamente para perto de si. Sentiu junto ao peito o coração de Juliana bater acelerado.

— Ah, Amin... Eu o amo tanto! — Juliana enroscou seus braços ao redor do pescoço do marido.

— Eu também te amo, minha princesa.

Amin beijou-a ternamente, enquanto recordações da noite de núpcias, de três anos atrás, vieram à sua mente, lembrando-o de que ele fora o primeiro e o único homem na vida daquela preciosa donzela. Juliana só havia pertencido a ele, e isso o enchia de orgulho e gratidão.

Pingos de chuva começaram a cair no telhado, quebrando o silêncio da noite e embalando os dois amantes como se fosse uma cantiga suave.

Amin já não a beijava mais com ternura, mas sofregamente, desejando-a com um amor puro e verdadeiro, acrescido da mais intensa paixão.

O que eles sentiam naquele momento estava muito além do carnal. Era algo que só um casal que se amava e que deu início ao seu relacionamento em santidade — por amor a Jesus, tendo vivido sempre desse modo — poderia experimentar.

Uma glória santa e sublime pairava sobre eles, inundando todo o ambiente.

Juliana estava decidida a cuidar um pouco melhor do seu corpo e da sua saúde. Não era justo com Amin a sua negligência. Ele casara-se com uma mulher magra, e era com uma mulher magra que continuaria casado. Mas saber que ele gostava dela e a amava do jeitinho que estava trazia-lhe um enorme conforto!

Amin já havia contado a Juliana todos os seus problemas com a igreja. Naquela tarde, o casal conversava na sala de estar da casa que logo teriam que abandonar. Juliana, sentada no sofá, acariciava os cabelos negros e espessos de Amin, que tinha a cabeça deitada em seu colo.

— Amor, nunca mais quero que você esconda um problema de mim. Sou sua esposa, e não importa o que aconteça, vamos enfrentar juntos qualquer adversidade.

— Vamos perder tudo, Juliana... Tudo o que conquistamos até aqui! O que as pessoas que ganhei para Jesus pensarão de mim? Não compreendo o motivo de Deus estar permitindo que passemos por tudo isso. Sempre fomos fieis a Ele!

Amin começou a chorar. Era a primeira vez que Juliana presenciava seu marido a chorar. Vira-o emotivo na igreja algumas vezes, quando falava da salvação em Jesus Cristo e do que Ele fizera na sua vida, mas não como agora. Olhando para aquele homem de traços extremamente másculos, parecendo, porém, tão indefeso e inseguro, Juliana sentiu vontade de pegar para si seus problemas e toda a dor que ele sentia.

— Amor, lembre-se dos heróis da fé e dos profetas da Bíblia! Eles desagradavam a maioria! Olhe para Jeremias, o único reconhecimento que tinha era diante de Deus, e porque falava a verdade, sofreu muito!

— Juliana, o que você acha de sairmos dessa igreja?

Juliana enxugou com a ponta dos dedos as lágrimas do rosto de Amin.

— Precisamos orar sobre isso, amor. Mas minha opinião é a de que devemos ficar. Não cometemos nenhum erro!

— Juliana, as pessoas nos rejeitarão!

— Foi Deus quem nos colocou aqui, Amin! Você está limpo diante dEle, e é isso o que importa. Por que não continuamos apenas como membros? E podemos alugar uma casinha, até resolvermos nossa situação financeira.

Recebendo aquele carinho e o apoio de Juliana, Amin sentiu-se tão seguro, tão em paz! Juliana era um bálsamo na vida dele. Compreendeu naquele momento que com a ajuda de Jesus e o suporte de sua esposa enfrentaria aquela luta sem titubear.

Juliana afagava os cabelos de Amin e acariciava seu rosto, quando percebeu que ele lentamente fechava os olhos, até que adormeceu. Juliana ficou contemplando e amando seu esposo, mas depois de algum tempo suas pernas começaram a formigar. Desde que perdera seu bebê, ela estava sofrendo com câimbras, devido a um problema de má circulação nos membros inferiores. Levantou-se, colocou uma almofada embaixo da cabeça de Amin, que dormia profundamente parecendo estar em paz, e ajoelhou-se em frente a ele. Beijou-lhe de leve os lábios, e percebeu que ele sorriu. De súbito, sentiu uma vontade imensa de orar por Amin e pelos membros da igreja de Redenção. A noite já estava chegando, e começava a esfriar. Juliana colocou uma manta por cima de Amin, e dirigiu-se ao quarto, a fim de conversar com Deus. Ajoelhada, com a cabeça prostrada sobre a cama, Juliana orou, até que não aguentou mais e pegou no sono.

Duas horas depois, Juliana acordou deitada na cama. Estranhou, pois não se lembrava de ter deitado. Levantou-se e viu que o relógio marcava

10 horas da noite. Juliana lavou o rosto, escovou os dentes e penteou os cabelos. Sentiu um cheiro maravilhoso vindo da cozinha. Chegando à cozinha, encontrou a mesa arrumada e Amin de avental em frente ao fogão, colocando ervas aromáticas dentro de uma panela. Pelo visto, teriam um jantar à luz de velas. Juliana chegou por trás do marido e o abraçou.

— Você pegou no sono ajoelhada, *aaiune.*[1] Eu coloquei você na cama por causa das câimbras.

Trocaram um longo beijo de amor.

— Estou de dieta, Amin! Não pretendia jantar hoje.

— Não se preocupe. É uma comida saudável. Estou fazendo esfirra de legumes.

— Hum... O cheiro está delicioso!

Amin estendeu-lhe a colher para que Juliana provasse seu molho. Juliana adorava quando Amin ia para a cozinha. Ele conseguia fazer uma combinação de temperos que deixava a comida com um sabor indescritível.

Após o jantar romântico, Amin pediu a Juliana que fosse descansar, pois ele limparia a cozinha. Ela não concordou. Combinaram então de repartir as tarefas. Enquanto Juliana lavava a louça, Amin secava-a e a guardava no armário. Conversavam animados, felizes como um casal de namorados. Estavam apaixonados e em paz. Sentiam como se os problemas não existissem mais. Naquele período de tribulação, estavam seguros no esconderijo do Altíssimo, refugiados à sombra de suas asas. Nenhum mal poderia lhes sobrevir.

Após o término da lição na classe dos jovens da Escola Dominical, Helena dera um espaço para debaterem a lição e fazerem perguntas, como acontecia todos os domingos.

— Professora, meu pai diz estar certo de que no Éden todos os animais falavam, pois só se Eva fosse muito burra para não desconfiar de que houvesse algo errado em uma serpente que falava — disse uma menina.

Helena odiava especulações. Acreditava que eram através delas que surgiam as heresias.

— Meu bem, isso está escrito na Bíblia? — a menina não soube responder. — Vamos! Alguém que conhece a Bíblia pode me dizer se ela relata que os animais falavam no jardim do Éden?

[1] "Meus olhos." Expressão comum em árabe, dita somente a pessoas muito especiais.

— Não. A Bíblia não fala isso — disse um rapaz.

— Exatamente, José. Ela não fala. Vocês precisam compreender de uma vez por todas que a Bíblia é perfeita, completa, interpretando-se a si mesma, sem qualquer contradição! — disse Helena. — Então, se um ensinamento defendido por alguém está escrito na Bíblia, vocês podem acreditar. Caso contrário, por algum motivo, não precisávamos saber mais sobre aquele assunto. Em Deuteronômio 29.29 diz: *"As coisas encobertas são para o Senhor, nosso Deus; porém as reveladas são para nós e para nossos filhos"*. Foi Deus quem organizou a Bíblia. Acham que o Criador Perfeito, em quem não há sombra de dúvidas, iria permitir que houvesse algum erro em sua Palavra? Naaaaaaaão! — enfatizou Helena. — Então, esqueçam essa teoria de que os animais falavam no jardim do Éden.

Amin ligou para Lorenzo em São Paulo, e seu sogro determinou-se a fazer uma campanha de oração sobre aquela questão. Amin e Juliana nem precisaram sair daquela casa, pois menos de um mês após a reunião, Jerônimo foi condenado judicialmente por fazer parte de uma rede de prostituição, que envolvia pedofilia.

Amin voltou a pastorear a igreja evangélica de Redenção, e decidiu que continuaria sendo verdadeiro no ensino da sã doutrina, seguindo a admoestação de Paulo ao jovem Timóteo e pregando *"insistentemente a Palavra de Deus em todos os momentos, sempre que [tivesse] a oportunidade, a tempo e fora de tempo, quando [fosse] conveniente e quando não [fosse]. [Corrigindo] e [repreendendo] o seu povo quando eles [precisassem], [estimulando-os] a fazer o bem, e em todo o tempo alimentando-os pacientemente com a Palavra de Deus"*.[2]

Após a condenação de Jerônimo, Amin não recebeu mais nenhuma reclamação por parte dos membros da sua igreja, e pôde comprovar que, mesmo com algum atraso, a verdade sempre aparece.

[2] 2 Timóteo 4.2.

14 Capítulo

Dezoito anos depois

— Passei, passei! — exclamou Suzana ao ver na internet a lista dos aprovados para o curso de Medicina da UFRGS.[1] Desligou o computador e correu até a cozinha, onde seus pais faziam o desjejum.

— Levantou cedo hoje, Suzi! — zombou João, que sabia que sua filha costumava dormir até perto do meio-dia.

— Só por isso não vou contar para o senhor o que eu fiquei sabendo agora há pouco.

Suzana fez uma cara de emburrada para o pai, e cochichou alguma coisa no ouvido de sua mãe.

— Ah, filha, que bom! Que maravilha! — Silvia abraçou Suzana.

— Ei, e eu? — perguntou João enciumado.

— Pai... — Suzana olhou séria para João, até que deu um sorriso e disse: — Fui aprovada no vestibular da UFRGS!

João sorriu e abriu os braços. Suzana pulou em seu pescoço.

— Graças a Deus, Silvia! — João olhou para a esposa. — Nossa filha é a mais nova caloura da UFRGS! — Silvia se uniu ao abraço de João e Suzana. — Viu como valeu a pena acordar cedo para estudar nesses últimos cinco meses?

---

[1] Universidade Federal do Rio Grande do Sul.

— Ah, pai... Prometo que assim que começar a vida universitária, vou me esforçar para ser mais disciplinada.

— Sil, o que você acha de não fazer almoço hoje e sairmos para comemorar?

— Eu concordo — respondeu Silvia. — E você, Suzi, está de acordo?

— Só se me deixarem escolher o restaurante... E a sobremesa tem que ser bufê de sorvete!

Helena acordou sentindo ânsia de vômito. Passou pela cozinha, mas não conseguiu fazer o desjejum. Teve um sonho naquela madrugada, no qual viu muitos jovens da igreja, a maioria seus alunos da Escola Dominical, cada um ajoelhado em frente a uma privada. Ao aproximar-se, Helena percebeu, extremamente chocada, que eles metiam o rosto dentro da privada e sugavam as fezes que havia ali dentro. Como se aquilo não fosse o bastante, agarravam com as mãos porções daquelas nojeiras e as enfiavam dentro da boca, comendo com avidez, parecendo deliciados.

Meu Deus, o que significa isso?, Helena pensava, enquanto se dirigia ao ponto de ônibus. Precisava ir até o centro da cidade pagar algumas contas, e como seu carro estava na oficina, resolveu utilizar o transporte coletivo. Era particularmente agradável passear de ônibus pelas ruas de Redenção.

Dentro do ônibus, viu uma adolescente da igreja sentada à sua frente, absorta na leitura de um livro de história vampiresca (que Helena estava certa de que fora concebido nas profundezas do inferno), camuflado em um belo romance. Quando o ônibus passou em frente a uma escola, Helena viu um casal encostado em um muro trocando beijos "calientes" e carícias íntimas. Helena reconheceu o rapaz. Também era seu aluno da Escola Dominical. Chegando ao centro, passou por uma rua e viu mais dois rapazes, ambos da sua igreja, comprando revistas impróprias em uma banquinha. Foi até o banco, e na volta resolveu atravessar a praça da cidade. Avistou duas adolescentes atrás de uma árvore, trocando carícias enquanto fumavam. Uma das meninas era aluna da sua classe, e também filha do dirigente da Escola Dominical.

O que é isso, meu Deus?, Helena pensou, abismada. Na volta, dentro do ônibus, sentou-se ao lado de um adolescente de 15 anos que lia um livro de iniciação ao satanismo disfarçado em uma história de aventura. Aquele menino era um dos seus melhores alunos, o mais dedicado e interessado pelas Sagradas Escrituras! Helena decidiu que precisava puxar assunto com ele.

— Oi, Lucas.

— Oi, professora! — exclamou o garoto, parecendo feliz em ver Helena.

— O que você está lendo?

— Ah, é a história de um menino bruxo que foi muito humilhado, mas que depois conseguiu triunfar através da magia. Ele luta contra as forças do mal e ajuda os bons. Gostaria de ser como ele. Se eu tivesse seus poderes, tudo seria mais fácil na minha vida.

— E Jesus, Lucas? Você não gostaria de ser como Ele?

— Não é a mesma coisa, professora. Jesus era meio monótono... E não entendia nada de magia. O que Ele fez além de transformar água em vinho e curar algumas pessoas?

Meu Senhor, é isso que queres me mostrar? O que presenciei hoje está relacionado com o meu sonho?, Helena pensava, enquanto observava as expressões faciais de Lucas ao ler aquele livro diabólico. Parecia que o menino estava vivendo a história! Helena pensou na decadência da leitura juvenil da atualidade. Lembrava-se de que quando era criança ficava fascinada com as maravilhosas histórias dos livros de Júlio Verne, seu escritor favorito. Naquele tempo, nunca que ela iria se sentir atraída por livros de bruxaria, magia ou satanismo, tão apreciados pela juventude contemporânea!

No culto à noite, Helena viu vários casais de jovens no pátio da igreja, namorando de forma indecente (alguns certamente apenas "ficando"). Ela sabia que aquele tipo de namoro não estava de acordo com o padrão estipulado por Deus para os jovens cristãos. Compreendia também que se aqueles jovens não mudassem seu comportamento, haveria consequências graves e dolorosas no futuro deles.

Helena estava ciente de que todos os membros da igreja tinham televisão e computador com internet em suas casas. Sabia da podridão que havia naqueles "meios de comunicação", e que muitos jovens (e adultos) cristãos eram viciados em pornografia. Ela sentia extrema repulsa por tudo o que estava relacionado à pornografia. Pensava que os distúrbios sexuais da atualidade (incluindo a pedofilia, o maior crime que poderia ser cometido contra uma criança) estavam relacionados direta ou indiretamente com pornografia. A pornografia ia contra todos os princípios e valores morais familiares, entristecendo o Espírito Santo, ou até mesmo extinguindo-o da vida dos cristãos que faziam uso dela.

Helena tinha conhecimento de que os apreciadores de pornografia que insistiam em seu pecado acabavam ficando com a mente cauterizada. A pornografia deixava-os acostumados à devassidão, induzindo-os a cometer atos mais graves, como infidelidade, estupro e homossexualismo (ou coisas ainda piores). Quando esteve internada na clínica psiquiátrica de São Paulo, Helena conheceu um jovem cristão que enlouqueceu por ficar muito tempo na internet. Em uma determinada conversa, ele contou-lhe que antes de ser internado passava as madrugadas na internet vendo material "impróprio", dormia somente no período da manhã e estudava à tarde. Sua mente não aguentou tamanha desordem.

Ao voltar para casa depois daquele culto — e diante de tudo o que presenciara naquele dia — Helena compreendeu o significado do seu sonho: os jovens da sua igreja realmente estavam sorvendo as imundícies do pecado que dominava o mundo e se deliciando com aquilo. E o que ela presenciou não eram os únicos problemas que assolavam a juventude cristã; havia ainda outros males, como o álcool, as drogas, a rebeldia, o aborto...

Helena decidiu que começaria a ter uma abordagem diferente com os jovens da sua igreja. Mesmo que eles não gostassem, seus ensinamentos na Escola Dominical seriam mais rígidos e diretos. Como professora, precisava advertir e proteger seus alunos de seus atos pecaminosos, incluindo a pornografia, que ela acreditava ser um grande perigo para a saúde mental e espiritual da Noiva de Cristo.

— Por que essa carinha triste, amor? — perguntou Juliana a Amin, que assistia a um documentário (pela centésima vez) sobre Israel, os árabes e o fim dos tempos, que lhe fora presenteado por Lorenzo.

— Às vezes eu penso se não deveria voltar para a terra onde nasci e evangelizar meus parentes, meu povo...

— Por mim tudo bem.

— Sério? — indagou Amin surpreso. — Mesmo sabendo que eu poderia ser morto?

— Eu irei com você!

— Simples assim, você irá comigo?

— É claro! Sou tua esposa, e aonde fores também irei!

Amin ficou impressionado com a resposta de Juliana.

— Ah, amor... Meu povo está morrendo e indo direto para o inferno... E eu, que conheço a verdade, o que faço além de me lamentar?

Juliana sentou-se ao lado de Amin e aconchegou-se em seu corpo.

— Ore a respeito disso, querido. Tenho fé que Deus lhe mostrará a direção certa.

— Logo quando me converti, pensava que a profecia descrita em Zacarias 12.2,3 não se aplicava a todos os países. Acreditava que era uma hipérbole, pois não conseguia conceber a ideia de que o Brasil, um país neutro, pudesse se levantar contra Israel. Mas nosso governo está repudiando publicamente Israel, apoiando e fazendo acordos com o Irã, um dos seus maiores inimigos!

— Se continuar assim, pode ser perigoso para o Brasil... — disse Juliana.

— Tem razão. As Escrituras são bem claras quanto a Israel: "*E abençoarei os que te abençoarem e amaldiçoarei os que te amaldiçoarem...*"[2]

— Amor... Hoje não estou a fim de conversar sobre isso. — Juliana interrompeu Amin, pois sabia que quando ele começava a falar de Israel, se empolgava e ficava mais de uma hora debatendo com ela e contando-lhe de seus anseios. — Vamos falar de nós — ela afirmou.

Amin desligou a TV e o DVD e virou-se para a esposa, abraçando-a. Acariciou seus cabelos loiros, com meia dúzia de fios grisalhos, e agradeceu a Deus por ter lhe presenteado com aquela mulher virtuosa. Mesmo tendo mais de 40 anos, Juliana ainda era uma bela e graciosa mulher.

— E sobre o que você quer falar, *'habibi*?

— Ontem eu fui ao médico, e ele disse que há chances de eu engravidar...

O telefone tocou. Amin atendeu.

— Amor, era o Fernando — disse Amin minutos depois. — Ariele foi embora e levou as crianças. Ele pediu-me que fosse visitá-lo agora, pois não está nada bem.

Embora contrariada por ter que ficar sozinha, Juliana deu um beijo em Amin e desejou que ele fosse com Deus.

— Vou orar por você enquanto estiver lá — disse ela.

Amin dirigiu-se à parada de ônibus, pois estava sem veículo próprio no momento.

---

[2] Gênesis 12.3.

Enquanto aguardava o ônibus, Amin observava um condomínio residencial que estava sendo construído do outro lado da rua, onde antigamente fora uma fazenda. Redenção havia evoluído muito desde que ele a vira pela primeira vez, há mais de vinte anos. Muitas fazendas foram vendidas e transformadas em prédios habitacionais, e a igreja de Redenção já possuía sete filiais espalhadas pela cidade.

Amin pensava na situação de Fernando e pedia a Deus que o ajudasse naquele aconselhamento. Enquanto orava, Hebreus 13.4 veio à sua mente: *"Honrem o seu casamento e os seus respectivos votos; e sejam puros; porque Deus sem falta castigará todos os que são imorais ou cometem adultério"*. Depois que Ariele descobriu que Fernando cometera adultério com sua melhor amiga (uma cristã cheia de aparências, a típica destruidora de lares...), pediu o divórcio. Amin e Juliana intercederam junto ao casal, para que houvesse reconciliação, e durante algum tempo eles conseguiram conviver em harmonia. Mas pela ligação que Amin recebera antes de Fernando, sua esposa se cansou de continuar vivendo com um marido infiel.

Com base nos muitos aconselhamentos de casais que ele e Juliana haviam feito, Amin chegou à conclusão de que as pessoas que traíam seus cônjuges na maioria das vezes não estavam simplesmente à procura de sexo. Os motivos predominantes que as levavam ao adultério eram os mais infantis possíveis, alguns dignos de uma criança de 6 anos! Amin sabia que algum dia seria tentado nessa área. Era inevitável, acontecia com todo o mundo. Mas ele já treinava seu coração e sua mente desde agora para resistir à tentação quando esta viesse. Sabia que o desejo por algo ilícito, pelo pecado e a concupiscência sempre tinham início no coração e na mente.

Amin sequer pensava na possibilidade de trair Juliana, pois além de amá-la e honrar o compromisso que tinha com ela, acima de tudo ele honrava e amava a Deus. Sabia também que sua esposa nunca o trairia. Ela lhe disse certa vez, que era fiel a ele até mesmo em pensamento. E por que ele também não poderia ser? Quando os dois saíam juntos, Amin notava que os homens olhavam para Juliana. Alguns desaforados chegavam a torcer o pescoço quando passavam por ela. Juliana parecia ficar irritada com aquilo e virava o rosto para o lado ou abaixava a cabeça. A atitude de desprezo dela para com os outros homens o deixava louco! Mesmo percebendo, Amin fazia de conta que não tinha visto e não falava nada a respeito. Mas se sentia o homem mais feliz do mundo.

Ele também sempre fora muito cobiçado. Logo que veio para o Brasil, nos primeiros anos, antes de conhecer Maymunah, ele adorava o efeito que a sua presença exótica exercia nas mulheres. Tinha de admitir que mesmo depois de casado com Maymunah, ainda gostava de ser paquerado. Fazia bem ao seu ego. Mas depois que se converteu, aprendeu a lidar com aquilo de forma natural, já nem se importava mais com os assédios. Imaginava que aquelas mulheres que o paqueravam eram carcaças ambulantes, fedendo a podridão do pecado. Ele treinou seu coração e sua mente de tal forma a pensar aquilo, que não tinha mais lugar na sua vida ou em seus pensamentos para mais ninguém além de Juliana.

Amin lembrava-se de que quando era casado com Maymunah e tinha sido efetivado em um escritório de advocacia, seu chefe deu-lhe o direito de contratar uma secretária a sua escolha. Maymunah pediu-lhe que contratasse sua amiga Gisele (uma moça que ela conheceu nas aulas de dança do ventre), que possuía curso de secretariado, mas estava desempregada. Ele concordou só para agradar sua esposa, mas não via Gisele com bons olhos. Quando ela ia visitá-los, lançava olhares insinuantes para ele. Amin não quis comentar com Maymunah, pois ela queria muito bem àquela amiga. Mas quando Gisele começou a trabalhar para ele, se insinuava e provocava-o diariamente. E o pior é que Amin estava começando a gostar daquilo! Ela era tão jovial e sedutora, e Maymunah quase não tinha mais tempo para ele, pois todas as suas energias eram consumidas com Jamilah, que na época estava com um ano. Então, em um determinado dia, quando seu chefe pediu-lhe que ficasse no escritório até que terminasse as papeladas de um processo, sua secretária também decidiu fazer hora extra. Estava ali a oportunidade perfeita! Na mente de Amin, dois pensamentos o perturbavam: ser fiel a Maymunah e continuar naquela rotina tediosa, ou entregar-se a uma pequena aventura e colorir um pouco sua vida. Ele se imaginava com a secretária e gostava muito daquilo. Quando todos foram embora, ela provavelmente percebera que aquele era o momento certo, e, devido às circunstâncias (só se encontravam Amin, Gisele e a secretária do seu chefe, que trabalhava no segundo andar daquele prédio), imaginou que seria correspondida. Entrou na sala de Amin, sentou-se sensualmente em cima da sua mesa e se inclinou por cima dele, com os braços enroscados em seu pescoço, pronta para beijá-lo. Amin sorriu, olhando-a lascivamente dos pés a cabeça (pois realmente gostava do que via) e disse:

"Por favor, Gisele. Antes de iniciarmos qualquer coisa, eu quero dizer a você algo que está preso no meu peito já faz algum tempo."

Ela se afastou um pouco, sorrindo maliciosamente.

Amin colocou rapidamente suas coisas na maleta, levantou-se e disse:

"Está demitida." E saiu porta afora, deixando-a com cara de boba em cima da mesa.

Enquanto voltava para casa, Amin sentia-se extremamente frustrado, mas a paz e a satisfação que também experimentava por ter sido fiel a Maymunah era algo indescritível.

Ao chegar em casa, Maymunah o esperava com o jantar pronto e a mesa posta. Sentindo o aconchego do lar, vendo sua esposa cheirosa recebendo-o amorosamente com um beijo e seu bebê lindo feliz em vê-lo, ele se deu conta de que os laços de um casamento são por demais sagrados. Não valia a pena quebrá-los por uma aventura passageira. Desde aquele dia ele disciplinava sua mente e a bloqueava contra qualquer possibilidade de infidelidade. Independentemente do problema que tivesse em sua vida conjugal, ele jamais teria "outra". Jamais uma mulher o tocaria além de sua esposa. Amin também queria muito que Jamilah sempre se orgulhasse dele, e conforme ouvira seu professor de ética na faculdade dizer uma vez, citando Theodore M. Hesburgh: "A coisa mais importante que um pai pode fazer por seus filhos é amar a mãe deles".[3] E quem ama é fiel, acima de tudo.

Suzana aguardava ser atendida na sua antiga escola. Precisava de uma cópia do seu certificado de conclusão do Ensino Médio. Enquanto esperava, avistou Vítor, um garoto por quem ela fora apaixonada tempos atrás, aproximando-se. Sentiu seu coração acelerar e as pernas tremerem.

"Deus, por favorzinho, não o deixe vir falar comigo!", Suzana orou e baixou a cabeça. Pegou o MP4 da mochila, colocou os fones de ouvido e uma música em volume alto, para que Vítor visse que ela estava ocupada e a esquecesse.

Suzana levantou a cabeça um pouquinho, e percebeu que ele a olhava. Lembrou-se da primeira vez que o vira, no primeiro dia de aula do ano passado. Todos os alunos se encontravam em frente ao pátio da escola,

[3] Citado no livro *Pérolas para a Vida*, de John Blanchard, Edições Vida Nova.

aguardando o sinal, e Suzana conversava com suas amigas. Ouviu um som de violão, e ao olhar para o lado, deparou-se com Vítor, um cabeludo com roupas despojadas que estava sentado em cima de uma pedra, tendo por companhia apenas seu violão. Suzana olhou para ele, ele olhou para ela, e foi paixão à primeira vista. Ficaram naquele famoso joguinho romântico por algum tempo, até que ele pediu para "ficar" com ela. Suzana não aceitou. Estava apaixonada por Vítor, sentia uma atração física muito forte por ele, mas disse não. Ele ficou magoado, e, para piorar, suas "amigas" disseram-lhe que Suzana não queria "ficar" com ele porque tinha vergonha por ele ser muito feio. Suzana ficou furiosa com suas amigas! Não era aquele o motivo. Ele podia ser tímido e meio "diferente", mas Suzana gostava dele como era. O problema é que Vítor não era cristão. E mesmo que Ele servisse a Jesus, Suzana não queria "ficar" simplesmente por "ficar". Queria namorar sério, com alguém que fosse fiel a Jesus, e que também a amasse de verdade.

Suzana tinha 18 anos e ainda não tinha "ficado" com ninguém. Nem ela sabia direito como isso era possível. Só sabia que os anos foram passando, ela foi resistindo às tentações que apareceram no seu caminho, uma a uma, até que chegou à conclusão de que não queria mais "ficar". E ela sabia bem o que os garotos falavam das meninas namoradeiras: *"Ah, aquela eu já peguei!"*, *"Aquela ali fica com todo o mundo!"*, *"Aquela outra é muito fácil!"*. Suzana não queria ser semelhante a uma "maçaneta de porta", onde qualquer um passava a mão. Seu objetivo era ser mulher de um só homem!

Suzana olhou para onde Vítor estava e não o enxergou mais. Olhou para os lados e viu-o saindo pelo portão. Deu graças a Deus, pois andava meio carente ultimamente, e tinha medo de que se ele viesse falar com ela, não conseguisse resistir e acabasse "ficando" com ele.

— O senhor tem certeza que não quer ver outro modelo... Outra cor?

— Vou ficar com esse mesmo.

Ao ver a cara de admiração no rosto do homem que o atendia, Amin apressou-se em dizer:

— Não, não... Não é para mim. É um presente para minha esposa!

— Ah, bom! — disse o vendedor olhando de alto a baixo para Amin, que não combinava nem um pouquinho com aquele veículo.

Amin entregou o dinheiro ao vendedor e entrou no Fusquinha rosa choque. Enquanto dirigia até sua casa, imaginava a felicidade que Juliana ficaria ao receber aquele presente.

Helena e Juliana conversavam em frente ao portão no momento em que Amin chegou. Quando ele saiu de dentro do veículo, Helena começou a rir. Juliana colocou a mão na boca, se segurando para não rir também.

— Desculpe Amin, mas você está muito ridículo com esse Fusca rosa!

— É mesmo? — Amin fingiu estar ofendido. — Não se preocupe Helena. Nunca vou lhe oferecer uma carona.

— E eu fico muito grata por isso! — disse Helena com lágrimas nos olhos, de tanto que ria.

— Juliana, é um presente para você — disse Amin. — Lembro-me de que me disse uma vez que sempre sonhou em ter um Fusca rosa...

— Amor, mas eu não sei dirigir! Esqueceu-se que ainda não tirei minha carteira de habilitação?

Após ouvir essas palavras e ver a cara de surpresa que Amin fez, aí sim que Helena começou a rir mesmo.

— Deixem-me ir embora. Não aguento mais! — Helena despediu-se do casal e foi para a sua casa. Porém, cada vez que recordava da cena em que Amin, todo másculo e vestido de terno preto, saía de um Fusca rosa choque, desandava-se a rir novamente.

Quando faltava meia hora para terminar a Escola Dominical, Helena debatia com os alunos da classe de jovens o tema "Afinal, 'ficar' é ou não é pecado?".

— Eu penso que não — disse um rapaz. — Como vou saber se eu realmente quero namorar uma garota se antes eu não "ficar" com ela?

— Eliseu, em 1 Timóteo 5.2 está escrito: *"Trate as mulheres mais velhas como mães, e as moças como suas irmãs, tendo só pensamentos puros sobre elas"* — disse Helena. — Responda-me uma coisa: Você daria na sua irmã um beijo daqueles de "desentupir pia"? Ou faria nela "aquelas" mesmas carícias que você faz na sua namorada?

— Báh! Mas que nojo, professora! — disse o jovem fazendo uma careta.

Helena ensinava para os jovens da Escola Dominical que o "namoro corte", em que não havia contato físico direto (podiam fazer tudo o que dois irmãos fariam), era o mais indicado, pois caso o relacionamento não desse certo, não teria ocorrido o comprometimento físico (e as suas consequências).

— Mas não pode rolar nem ao menos um selinho? — disse outra jovem.

— É claro que pode! Só que...

— Não encontrei em nenhuma parte da Bíblia a referência de que "ficar" é pecado — disse uma menina interrompendo Helena.

— Abram suas Bíblias em 1 Coríntios 6.12. — Helena esperou que todos achassem aquela passagem para então continuar. — *"Posso fazer qualquer coisa que eu quiser se Cristo não tiver dito 'não', mas algumas dessas coisas não são boas para mim. Mesmo que me seja permitido fazê-las, eu recusarei, se achar que elas poderão ter um tal domínio sobre mim que não poderei facilmente parar quando quiser*. Então, se vocês pensam que têm controle sobre si mesmos para não passar do selinho, não vejo problema algum. Mas lembrem-se de que a tentação começa aos poucos, e ninguém brinca com o pecado sem se ferir!

— Mas o que tem de mais num beijo de língua? — perguntou um garoto, que provavelmente não tinha conhecimento prático da sua pergunta.

— Pessoal, em um beijo de língua os níveis de testosterona ficam extremamente elevados, causando o estímulo do desejo sexual em ambas as pessoas que estão se beijando. Quem já experimentou esse tipo de beijo sabe muito bem do que estou falando! — Alguns adolescentes olharam-se e riram maliciosamente. — E se Deus determinou o sexo exclusivamente para o casamento, então vocês devem evitar fazer e até mesmo assistir a qualquer coisa que estimule suas ambições carnais.

Helena percorreu os olhos pela sala, e percebeu que seus alunos pareciam meio chochos com tantas restrições.

— Gente, dentro do casamento, o sexo é algo maravilhoso! — prosseguiu. — Pensem comigo: Depois de casados, vocês poderão aproveitar à vontade a intimidade com seu cônjuge. É só ter um pouco de paciência e domínio próprio!

— *Muita* paciência *e muito* domínio próprio, professora! — disse um rapaz, levando a turma aos risos.

— Mas podem estar certos de que a recompensa é *muitas* vezes maior do que qualquer sacrifício que vocês tenham que fazer para viverem em santidade — disse Helena.

Após o término da aula, quando desciam as escadas, Suzana chamou Helena.

— Professora...

— Fale meu anjo.

— Eu tenho quase 19 anos, e nunca "fiquei" com ninguém.

— Parabéns, Suzi! Isso é algo muito bom, e sua santidade é preciosa para Deus!

— Tenho de admitir que eu não tinha a intenção de não "ficar". As coisas simplesmente não aconteceram! Deus me livrou de uma forma que eu não compreendo. Mas a questão é que há algum tempo eu decidi que quero que meu primeiro beijo aconteça somente com aquele que será meu futuro esposo.

— E você pode me explicar o motivo de você querer isso?

— Bom, eu acho muito lindo os casais que se guardam um para o outro, e também acredito que Deus abençoa mais quem se mantém puro. Quero presentear meu marido com minha virgindade.

— E se você não tivesse esse objetivo de se guardar para o seu esposo, pertencer somente a ele, você "ficaria" ou namoraria outros rapazes até conhecer o homem que viria a ser seu esposo? — perguntou Helena.

— É... Acho que sim. A maior parte dos jovens cristãos namora até conhecer alguém para casar. Não penso que isso seja errado, só que eu, particularmente, quero namorar somente aquele que será meu esposo.

— Sinto lhe dizer, mas você está muito errada, Suzi! — Suzana olhou espantada para sua professora. Jamais esperaria ouvir dela aquelas palavras. — Suas intenções são nobres — prosseguiu Helena —, mas equivocadas. Você deveria se guardar pura por amor a Jesus, e não simplesmente para agradar um homem. Jesus deve ser a sua prioridade, Suzi. Você faz parte da Noiva de Cristo, então é por amor a Ele que você tem que se santificar!

Suzana teve de admitir para si mesma que não havia pensado em se santificar por amor a Jesus. É claro que ela fugia do pecado e se santificava porque queria ir para o céu e ver Deus um dia. Mas realmente, sua prioridade sempre fora se guardar casta por amor ao seu futuro esposo.

— E mais uma coisinha, Suzana. — continuou Helena. — Eu já sabia disso que você me contou. Vi algumas vezes as jovens da igreja debochando de você por ser "BV".[4] Eu sei que você é diferente. Se Deus a guardou até aqui, é por que Ele tem algo especial reservado para o seu futuro. Então, vou lhe dar mais um conselho: Suzi, por favor, não fique espalhando para todo o mundo que você é virgem e que nunca "ficou" com ninguém! Isso é precioso demais para cair nos ouvidos de qualquer

[4] Designação popular entre os adolescentes para "boca virgem".

um. Meu bem, você é uma moça linda, e eu tenho certeza de que aparecerão rapazes interessados somente em tirar sua pureza. Não corra esse risco! A Bíblia diz em Mateus 7.6: *"Não deis aos cães as coisas santas, nem deiteis aos porcos as vossas pérolas; para que não as pisem e, voltando-se, vos despedacem"*. Esse é um segredo precioso que deve ser muito bem guardado, Suzi! E o meu conselho é que você o revele apenas no tempo certo, para o rapaz certo.

— E como eu faço para lidar com a pressão psicológica das outras meninas, ou o assédio dos rapazes?

— Diga que você já está comprometida com alguém muito especial, e que não quer saber de mais ninguém além dele. Esse alguém especial pode ser o seu futuro esposo, mas principalmente Jesus, nosso Noivo amado!

— Valeu pelas dicas, professora. Gostei da nossa conversa.

Helena sentiu que precisava orar por aquela menina e ajudá-la espiritualmente. Cruzou os braços e ficou parada no mesmo lugar por alguns segundos, observando Suzana se afastar, enquanto pensava: *A que ponto chegamos! Uma sociedade onde ser virgem, casto, é vergonhoso! Uma coisa tão nobre diante de Deus e que deveria ser digna de orgulho tem que ser encoberta, pois a sociedade pecaminosa e imoral do século XXI não aceita! E o pior de tudo é que isso já se alastrou para dentro da igreja!"*

"Abram suas Bíblias em 2 Timóteo 3.1-5." Amin esperou que todos encontrassem a passagem solicitada, para então dar início ao sermão daquele domingo. Ele amava o som das páginas da Bíblia sendo viradas. *"Sabe, porém, isto: que nos últimos dias sobrevirão tempos trabalhosos; porque haverá homens amantes de si mesmos, avarentos, presunçosos, soberbos, blasfemos, desobedientes a pais e mães, ingratos, profanos, sem afeto natural, irreconciliáveis, caluniadores, incontinentes, cruéis, sem amor para com os bons, traidores, obstinados, orgulhosos, mais amigos dos deleites do que amigos de Deus, tendo aparência de piedade, mas negando a eficácia dela."*

"A Segunda Carta a Timóteo foi a última escrita pelo apóstolo Paulo, quando esteve preso em Roma, pouco antes de ser executado pelo imperador Nero. Ele escreveu a Timóteo, pastor da igreja em Éfeso, exortando os crentes a viver em santidade, a permanecer no caminho da verdade e a aceitar a correção de Deus, preparando seus corações para padecerem por amor a Cristo. Paulo disse em 2 Timóteo 4.3-5 que nos últimos dias viriam tempos difíceis, em que *'as pessoas não ouvirão a verdade, mas anda-*

rão de um lado para outro procurando mestres que lhes digam apenas aquilo que desejam ouvir. Não ouvirão aquilo que a Bíblia diz, mas seguirão alegremente suas próprias ideias desorientadas. Você precisa estar alerta e vigilante contra todos estes perigos. E não tenha medo de sofrer pelo Senhor. Leve outros a Cristo. Não deixe por fazer nada que você deve fazer'."

Amin olhou para a igreja e percebeu que as pessoas pareciam indiferentes, entediadas. Com certeza já previam que seriam obrigadas a ouvir mais um sermão de exortação. Amin pediu para Deus ajudá-lo naquela mensagem, e suplicou-lhe que as pessoas fossem tocadas por Ele durante o culto. Amin queria poder pregar um sermão suave, porém, coisas graves vinham acontecendo dentro da igreja nos últimos tempos, e ele sabia que não podia ser complacente com a iniquidade. Quer seu povo gostasse quer não, ele precisava ser franco na exposição das doutrinas bíblicas. Famílias prestes a serem destruídas necessitavam disso. Almas preciosas jacentes à beira do inferno dependiam disso!

"Eu sei que minhas palavras muitas vezes são duras, mas eu prego assim porque zelo por suas almas, e quero que todos vocês sejam salvos!", disse Amin. "Amigo, como está sua vida com Deus? Se você morresse agora, neste exato momento, para onde iria? Só existem duas opções: o céu ou o inferno. Não há purgatório, nem reencarnação. Depois da morte, não adianta fazer mais nada, nenhum arrependimento será válido. As decisões tomadas em vida determinarão onde você passará a eternidade depois que morrer. E o lugar que você escolher — Sim, é você quem escolhe![5] — é onde sua alma vai estar para sempre, por toda a eternidade; ou no Paraíso, juntamente com os salvos, gozando as delícias que existem ali, ou no inferno, com o Diabo e seus anjos — para sempre! Talvez você queira me dizer: 'Ah, pastor, mas eu já aceitei a Cristo. Posso fazer o que quiser. Estou salvo, e salvo uma vez, salvo para sempre'. Deixe-me dizer-lhe uma coisa: Você está terrivelmente equivocado, e esse conceito deturpado pode levá-lo para o inferno, meu amigo![6] Se você morrer na prática do seu pecado de estimação, é lá que passará a eternidade! A salvação é um presente que recebemos por meio da fé no Filho de Deus, pois ninguém, por mais

---

[5] Isaías 45.22; Mateus 11.28-30; Marcos 16.15,16; João 1.10-13; João 3.14-18; João 6.40; João 12.46; Atos 2.21; Atos 17.30; Romanos 10.8-13; Romanos 11.23; Romanos 11.32; 1 Timóteo 2.3-6; Hebreus 2.9; 2 Pedro 3.9; 1 João 2.2; Apocalipse 22.17; etc.

[6] A doutrina que defende "salvo uma vez, salvo para sempre" pode levar um *cristão despreparado* a acreditar que está salvo, quando na verdade, ainda não está, ou fazê-lo pensar que não está predestinado à salvação, quando na verdade poderia ser salvo. Jesus não morreu apenas por *alguns*, mas por toda a humanidade: *"Porque Deus amou* o mundo *de tal maneira que deu o seu Filho unigênito, para que* todo aquele que nele crê *não pereça, mas tenha a vida eterna"* (Jo 3.16). Portanto, recebe a salvação quem realmente a quiser. A Bíblia contém as instruções para todos aqueles que desejam ir para o céu.

bom e piedoso que seja, é digno de recebê-la. Mas a *perseverança* na fé e na obediência ao Senhor é a prova de que você verdadeiramente está salvo! Lucas 21.19 diz: '*E se vocês ficarem firmes, ganharão as suas almas*', e em Hebreus 5.9 está escrito que Jesus '*se tornou o doador da salvação eterna* a todos os que Lhe obedecem'. Se você aceitou a Jesus em seu coração, deve continuar levando sua cruz dia após dia, arrependendo-se dos seus pecados continuamente, e lutando para viver uma vida limpa e santa diante de Deus. Meu amigo, o precioso e perfeito sacrifício de Jesus na cruz do Calvário foi suficiente para pagar por todos os erros que você cometeu até aqui, e por aqueles que ainda irá cometer! Mas entenda que isso não lhe dá o direito de condescender com o pecado! E de acordo com a Palavra, eu afirmo que cristãos que pecam deliberadamente, sem tentativa de mudança, cristãos conformados com o pecado em suas vidas, não entrarão no céu! Leia em sua Bíblia quando chegar em casa: Mateus 6.14,15; Mateus 7.21-27; Mateus 10.37-39; Mateus 22.37-40; Mateus 25.1-46; Marcos 10.15; João 5.39; João 6.51-57; João 15.4-6, 1 Coríntios 6.9,10; Gálatas 5.19-21; Efésios 5.5; Hebreus 10.25-27; Hebreus 10.29; 1 Pedro 1.13-23; 1 João 3.15; Apocalipse 21.8; e Apocalipse 22.15. Examine sua vida à luz das Escrituras. Verifique se você realmente está salvo."

Após alguns instantes de silêncio, Amin continuou:

"Irmãos, estamos vivendo em um período de intenso esfriamento espiritual e mornidão nas igrejas. E em Apocalipse 3.16 o próprio Senhor Jesus fala do perigo fatal da mornidão, quando diz: '*Assim, porque és morno e não és frio nem quente, vomitar-te-ei da minha boca*'. O que é mornidão? Mornidão é ser um cristão apático, que vive de aparências e não aceita exortações. O crente morno pensa que se basta a si mesmo. Encontra-se tão empedernido que não consegue mais enxergar seus próprios pecados. Está sempre com um pé na igreja e outro no mundo. Deus diz que vai nos vomitar da sua santa boca se continuarmos em mornidão! '*Ah, mas eu faço o bem, sou uma pessoa boa, e há muitos crentes com mais pecado que eu por aí!*' Se você acredita que suas boas obras poderão justificar sua falta de santificação, não se engane. Em Hebreus 12.14 está escrito que sem santificação, ninguém verá o Senhor! O céu está repleto de prostitutas, assassinos, ladrões e pessoas de má índole, mas que se arrependeram dos seus pecados, entregaram suas vidas a Cristo e obedeceram à sua Palavra. Da mesma forma, o inferno está cheio de bons cristãos, mas que nunca permitiram que o Senhor Jesus guiasse verdadeiramente suas vidas.

"E não pense que só pelo fato de sua vida estar limpa diante de Deus você estará livre de lutas e dores. Em Lucas 17.10 está escrito: *'Assim também vós, quando fizerdes tudo o que vos for mandado, dizei: Somos servos inúteis, porque fizemos somente o que devíamos fazer'.* Não fazemos nada além das nossas obrigações como cristãos, e ainda temos o atrevimento de cobrar de Deus quando passamos por tribulações! Quando vamos nos converter de verdade? Quando vamos nos arrepender de coração, chorar pelos nossos pecados? Quem dera se nos humilhássemos todos os dias e clamássemos a Deus: *Senhor, sou pecador! Por favor, me exorta para que eu não peque e errando te desagrade me afastando de ti. Corrija-me, porque tudo o que eu sei fazer é te dar trabalho com os meus pecados e te cansar com as minhas iniquidades!*"

Amin percorreu os olhos pela igreja, e notou que alguns tinham a cabeça baixa, em temor, mas a maioria demonstrava não estar gostando da mensagem. Inclinou a cabeça em silêncio por um instante e continuou:

"Deus corrige a quem Ele ama. Será que estamos deixando que Ele nos corrija? Ou estamos conformados com nossas vidas, com a iniquidade, e em sendo como sal insípido neste mundo atroz? A correção de Deus é dura, mas é a única forma de podermos andar no caminho que Ele nos preparou. É a única maneira de mudarmos para agradá-lo. O único jeito de endireitarmos nossas vidas. Eu amo vocês. Por isso estou falando isso! Eu não quero feri-los ou magoá-los. Não quero tirar a pouca água que têm em seus cantis, no deserto de suas vidas. Eu quero levá-los à terra fértil, onde há água sobrando! Quero mostrar-lhes a verdade da Palavra e o que ela fala sobre nossas vidas terrenas — e principalmente, a vida eterna. A Bíblia diz em Tiago 4.8,9: *'Chegai-vos a Deus, e ele se chegará a vós. Limpai as mãos, pecadores; e, vós de duplo ânimo, purificai o coração. Senti as vossas misérias, e lamentai, e chorai; converta-se o vosso riso em pranto, e o vosso gozo, em tristeza'.*

"A igreja dos dias de hoje precisa disso. Eu preciso disso, todos nós necessitamos disso: mais arrependimento, mais lamento, mais angústia pelas nossas misérias, pelos nossos pecados. Deus quer nos dar vida abundante aqui na Terra, quer fazer de nós grandes ganhadores de almas e guiar-nos ao céu. Mas precisamos dar liberdade a Ele, negar os prazeres que Ele odeia, negar as formas de entretenimento pecaminosas que o mundo oferece e que não agradam ao Senhor. Tomar nossa cruz; nossa honra de sofrer por Ele; a nossa aflição como servos de Cristo; o nosso compromisso com Ele e segui-lo. Mas como segui-lo? No caminho estreito, o único caminho. Não há outro caminho que leve a Deus, a não ser pela Palavra da verdade, por Jesus. Ele é a Palavra, Ele é a verdade. Ele disse que quem o ama guarda os seus mandamentos. Você o ama de verdade? Você guarda os seus mandamentos, pratica o que a Bíblia diz? Eu convido você a viver uma vida de oração, de meditação na Palavra. Aplique a Palavra de Deus diariamente em sua vida, e viva uma vida limpa e santa diante de Deus. Tenha temor e tremor! Tenha medo de não estar salvo, de não estar sendo fiel o suficiente. Odeie o pecado. Resista ao Diabo e fuja do pecado! Não permaneça nas suas iniquidades, mas mude de vida! Pense nisso, reflita todos os dias, em todo o seu viver, falar, pensar e agir. E lembre-se sempre de que a vida é muito curta, mas a eternidade é infinitamente longa. Eu não quero ir para o inferno, não posso ir para o inferno, e me esforço dia após dia para ser fiel a Jesus, porque não consigo imaginar minha vida longe dEle! Eu amo tanto meu Salvador, que não posso apostatar da fé, e me permitir passar a eternidade separado dEle!"

Nesse ponto da pregação, Amin já estava chorando. Ele sentia um fardo intenso, e ao mesmo tempo amor e compaixão pelas almas que o ouviam.

"Jesus está prestes a voltar, irmãos", Amin continuou. "Estamos vivendo os últimos dias da igreja na face da terra! Jesus veio salvar o que se havia perdido, e Ele quer salvar você. Em Ezequiel 18.23 o Senhor diz: '*Desejaria eu, de qualquer maneira, a morte do ímpio? Diz o Senhor Jeová; não desejo, antes, que se converta dos seus caminhos e viva?*'. E em Ezequiel 33.11 o Senhor continua: '*Vivo eu, diz o Senhor Jeová, que não tenho prazer na morte do ímpio, mas em que o ímpio se converta do seu caminho e viva; convertei-vos, convertei-vos dos vossos maus caminhos*'."

Amin fechou a Bíblia, olhou com amor sincero para a congregação e disse: "Não desistam da vida eterna com Jesus, meus amados. É somente isso que importa! Um dia valerá a pena ter sofrido nessa terra por amor a Cristo".

Amin terminou o sermão e convidou para ir à frente quem quisesse uma oração. Meia dúzia de pessoas dirigiu-se aos pés do altar, incluindo Suzana, dois jovens e mais três visitantes (que entregaram suas vidas a Cristo naquele momento).

Que culto maravilhoso!, Suzana refletia em seu quarto. Independentemente do tema do sermão, Amin sempre conseguia encaixar uma advertência sobre o céu, o inferno e a volta de Cristo, fazendo cair um temor santo sobre o remanescente da igreja. E em todos os cultos ele incentivava, às vezes aos prantos, os crentes a não desistirem da vida eterna com Jesus. Suzana abriu a Bíblia nos capítulos recomendados por Amin (que ela anotara na margem de uma folha da sua Bíblia durante o culto) e começou a lê-los. Suzana era uma cristã fiel e verdadeira, e sempre se considerou muito à frente da maioria dos seus irmãos em Cristo. Mas de acordo com aqueles versículos, ela se viu como uma maldizente (adorava falar mal dos cristãos que cometiam pecados que ela não cometia), inimiga de algumas pessoas, covarde, murmuradora, impura (costumava alimentar pensamentos carnais em relação a alguns rapazes), mentirosa, desobediente, glutona (como não tinha tendência para engordar, muitas vezes comia até ficar doente), faladora de palavras torpes e "não recebia o Reino de Deus como criança" (gostava de complicar o Evangelho, e vivia tentando entender Deus). Também percebeu que ainda não havia perdoado certas pessoas que a magoaram no passado.

Meu Deus! Eu realmente faço tudo isso!, pensou Suzana ao meditar nas palavras de Amin e no que estava lendo na sua Bíblia. *Como preciso mudar... Eu sou uma miserável! Sou uma serva inútil, completamente inútil! Faço tudo errado, e só porque não cometo os mesmos erros que outros crentes cometem, ainda penso que sou melhor que eles!* Suzana dobrou os joelhos e, com o rosto no chão, suplicou a Deus por sua misericórdia e seu perdão. Decidiu que a partir daquele dia ela se esforçaria para ser diferente. Pediu a Deus que a ajudasse a não cometer mais aqueles erros, e que a corrigisse, convencendo-a do pecado, da justiça e do juízo sempre que errasse. De forma alguma ela poderia arriscar perder sua salvação (o bem mais precioso que possuía), e passar a eternidade separada do seu amado Salvador.

15

Capítulo

Suzana caminhava vagarosamente pelo *campus* da universidade, apenas observando os universitários em diálogos animados junto às suas "tribos". Ela já estava no segundo semestre da faculdade de medicina, e continuava solteira. Olhou para alguns casais namorando, e sentiu uma vontade imensa de ter alguém. *Quando será que vou encontrar o meu amado, aquele que será meu esposo?*, pensou ela, sentindo um aperto no peito. *Todo o mundo tem alguém, só eu que não... Quando será que vai chegar a minha vez?* Suzana dirigiu sua atenção para algumas colegas que conversavam embaixo de uma árvore. Elas cumprimentaram Suzana e chamaram-na para ficar com elas. Suzana fez-lhes um sinal, indicando que tinha que ir andando. Não estava a fim de conversar com ninguém naquele dia. Queria ficar apenas na companhia dos seus pensamentos.

Suzana não tinha amigos. Tinha colegas e conhecidos. Seus antigos amigos sempre a decepcionaram porque ela pensava diferente deles e tinha princípios muito elevados. Até na igreja ela ficava um pouco separada da maior parte da juventude. Preferia fazer amizade com irmãs mais velhas, que a aceitavam como era, e até admiravam-na por ser diferente. Suzana simplesmente não suportava a atitude das moças "pops" da igreja, que debochavam das garotas mais simples, que não eram belas e bem arrumadas como elas, e debochavam também dos mais idosos. Suas amigas de infância, ao entrarem na adolescência junto com ela, tornaram-se muito diferentes; vulgares, debochadas e "ficavam" com todos os garotos que queriam. Suzana lembrava que quando elas pegavam o ônibus para irem à escola, costumavam sentar bem no fundo, no último banco, e suas três amigas ficavam debochando das pessoas que entravam, e comentando cada detalhe de suas roupas, sapatos e cabelo. Suzana detestava aquilo. Não suportava pessoas debochadas. Começou a sentar-se nos bancos da frente, longe delas, enquanto suas amigas no fundão se divertiam falando mal das pessoas, ou comentando os seus casinhos ridículos. Elas perguntavam o que havia de errado com Suzana, que estava se afastando delas. Suzana dava alguma desculpa, até que cortou definitivamente qualquer laço de amizade.

Suzana tinha uma colega do curso de medicina, que também era evangélica, e ela até que era bem legal. Mas um dia, quando elas estudavam na casa de Suzana e Amin tinha ido visitar João e Silvia, ao passar por elas ele cumprimentou-as. Depois que Amin saiu, sua colega disse, suspirando:

— Ai, ai... Vai ser lindo assim lá em casa!

— Sai pra lá, tentação! — exclamou Suzana. — Vai ser lindo assim bem longe de mim!

Após a menina ter lhe lançado um olhar crítico, Suzana continuou:

— Aline, ele é casado!

— E daí? Boi amarrado também pasta! — disse ela, referindo-se a um famoso ditado popular.

"Dê-me paciência, Senhor!", murmurou Suzana entre os dentes. Aquilo foi o suficiente para se afastar da moça. Paquerar um homem casado? Mesmo sendo bem mais velho que elas, Amin não representava a idade que tinha, e realmente Suzana o achava atraente. Porém, por mais bonito e charmoso que fosse, simplesmente não dava! Nem para admirar! Ele já tinha dona e ponto final! Ela ficava imaginando a raiva que sentiria se, quando se casasse, soubesse que havia uma moça paquerando ou mesmo cobiçando seu marido. Suzana colocou um bloqueio em si mesma em relação a homens casados. E também em relação a homens muito bonitos. Pensava que rapazes "lindos" só davam problema. *Imagina o tormento? A mulherada sempre correndo atrás?*, Suzana pensava. Ela preferia um rapaz mais comum, mais simples na aparência, mas que tivesse princípios elevados, uma personalidade compatível com a sua, um bom caráter e que fosse fiel a Jesus e a ela. E Suzana começou a se dar conta e a se conformar que, além de Jesus, ela não tinha e nunca teve amigos (no genuíno sentido da palavra), só conhecidos e colegas. Bom, tinha a professora Helena, mas Suzana a via mais como uma conselheira do que como uma amiga.

Suzana entrou na cantina, pois já era quase meio-dia e ela estava faminta. Havia saído correndo de casa para não chegar atrasada na aula, e por isso não conseguiu fazer o desjejum. Enquanto almoçava, teve sua atenção voltada para um grupo de rapazes, que também almoçavam sentados juntos a uma mesa mais à frente.

— Olha só, Arthur, que lindo... — disse um jovem apontando para a mão do rapaz que estava ao seu lado. — Há uma mosca pousada na sua mão, e foi Deus quem a criou!

O rapaz de nome Arthur pareceu não se importar, e continuou comendo.

— Ô, Arthur, olhe o céu pela janela...

Os outros rapazes olharam para o céu, e exclamaram:

— Oh, que coisa linda! Foi Deus quem fez!

Os rapazes riam e se divertiam à custa daquele jovem, que Suzana imaginou ser um pouco mais velho que ela.

— Se vocês observassem mais a complexidade, a beleza e a perfeição da criação, tenho certeza de que conseguiriam perceber a existência do Criador — disse Arthur.

— Arthur, você é uma figura! Daqui a alguns dias vai começar a abraçar as árvores e chamá-las de "irmãs" porque foi Deus quem as criou.

— Arthur, ore por nós para irmos bem na prova de anatomia hoje! — zombou um jovem.

— Deus deve passar "cola" para o Arthur! Por isso que ele só tira notas altas!

Enquanto observava aqueles jovens brincando, Suzana não conseguiu tirar os olhos do rapaz que ela ouviu ser chamado de Arthur.

— O convite para irem à igreja comigo hoje ainda está de pé! — disse Arthur.

— Nem pensar! Sabe que dia é hoje? — perguntou um rapaz ruivo de corpo atlético.

— Sexta feira — respondeu o ingênuo Arthur.

— E é dia de quê?

— De pegar a mulherada! — disse outro rapaz. — Você deveria experimentar, Arthur! Vai acabar "virando a casaca" se continuar nessa castidade toda.

— Estou bem assim.

— Arthur, para você conseguir a garota dos seus sonhos, primeiro ela terá que nascer, pois acredite, ela não existe! E depois você terá que criá-la do seu jeito, para só então se casar com ela.

Suzana notou que o tal Arthur já não estava se agradando daquela conversa. *Vou fazer amizade com esse garoto!*, pensou Suzana. *É de um amigo assim que eu preciso!*

— Professora, um cristão deve assistir a novelas? — perguntou uma menina durante a Escola Dominical.

— É claro que não! — disse Helena. — Eu penso que as novelas são responsáveis por uma parte considerável dos divórcios. Pessoal, não assistam a novelas! Elas farão com que vocês desejem viver uma realidade totalmente diferente daquela que deveria ser vivenciada. Se alguém aqui é viciado em novelas, busque em Deus a libertação. Fujam das novelas. Elas são arquitetadas no inferno pelo próprio Satanás, para enrolar a vida das pessoas!

— E em relação à televisão, de forma geral?

— Se vocês sabem se controlar e filtrar o que assistem, não vejo problema algum — respondeu Helena. — Mas quando estiverem assistindo a um filme, seriado, programa de auditório ou *reality show*, pensem no que o apóstolo Paulo disse em Filipenses 4.8: *"Quanto ao mais, irmãos, tudo o que é verdadeiro, tudo o que é honesto, tudo o que é justo, tudo o que é puro, tudo o que é amável, tudo o que é de boa fama, se há alguma virtude, e se há algum louvor, nisso pensai"*. Será que o que você assiste na televisão está de acordo com esse versículo? Lembrem-se de que eu só penso naquilo que já vi, li ou ouvi. Até mesmo nas propagandas há cenas de nudez e insinuações de sexo. E como vocês devem saber, as insinuações e as cenas impróprias permanecem na mente por muito tempo, causando problemas posteriormente. Em Salmos 101.3 está escrito: *"Não porei coisa má diante dos meus olhos"*. Portanto, meu conselho é que passem longe das novelas, filmes, programas violentos, imorais, e assistam somente a filmes, desenhos e programas que não ofendam os princípios de Deus.

— Mas isso é coisa de criança!

— A Bíblia diz que para entrar no céu tem que ser como criança! — respondeu Helena. — Eu, por exemplo, admito que sofria muito com pensamentos impuros, e era viciada em televisão. Então, decidi "desligar" minha televisão. Mandei um técnico extrair de dentro dela os componentes que tornam possível a recepção de canais. Depois disso, minha TV só funciona para assistir DVD. Assisto a material cristão de excelente qualidade, documentários... E admito que para meu entretenimento alugo algum filme secular às vezes, mas escolho muito bem o que estará diante dos meus olhos. Evito qualquer tipo de filme que vá contra as Escrituras.

— E você ainda encontra esse tipo de filme?

— É só procurar bem. E depois de um tempo, a mente se acostuma com coisas "leves", e se você assistir a alguma coisa mais "pesada" vai sentir a diferença. Decidi que não seria dominada pela televisão. Então, eu a dominei! Agora, percebo que consigo aproveitar melhor meu tempo. E também aprecio com mais intensidade as pequenas coisas da vida.

— Isso é radical demais! — proferiu um rapaz. — Não conseguiria viver sem TV. De que outra forma vou saber o que se passa no mundo? E a vida é muito chata! Eu preciso da televisão para me distrair.

— Eliseu, não estou dizendo que você não pode ter televisão. Mas como cristão você precisa filtrar e selecionar o que assiste! E quem quer se santificar, tem que ser radical. Em 1 João 2.15,16 diz: *"Não ameis o mundo, nem o que no mundo há. Se alguém ama o mundo, o amor do Pai não está nele. Porque tudo o que há no mundo, a concupiscência da carne, a concupiscência dos olhos e a soberba da vida, não é do Pai, mas do mundo".* E existem outras formas de se manter informado, e há muitas diversões saudáveis além da televisão. Pessoal, pensem um pouco: Enquanto vocês estão assistindo à novela, ao jogo ou ao seriado preferido, há um lindo pôr do sol lá fora, ou um céu enluarado e estrelado para ser contemplado. Pequenas e maravilhosas coisas da vida, criadas por Deus, e que deixamos de lado para alimentarmos nossa mente com uma porção de mentiras, com o chorume do inferno!

Após aquele ensinamento, Suzana percebeu que precisava dominar a televisão. Era aquilo que faltava para ela conseguir fazer seu dia render, e também vencer os pensamentos impuros.

Suzana caminhava pelo *campus* da universidade quando avistou Arthur (o menino da cantina) sentado embaixo de uma árvore, em um cantinho mais afastado do pessoal, olhando para o céu. Suzana olhou para o alto, e então entendeu por que Arthur parecia tão deslumbrado. O céu estava magnífico! O sol, quase se pondo, deixava as nuvens a sua volta em tons de laranja, rosa e violeta, formando uma miscelânea de cores. Pensou em se aproximar dele e puxar assunto, mas sentiu vergonha. Então, decidiu fazer o que aprendera ultimamente para vencer sua timidez: não pensou em nada e foi até Arthur.

— Com licença... Você pode me dizer que horas são?

— São dezessete e doze — disse Arthur ao olhar para o relógio no pulso.

Suzana ponderou sobre fazer todo aquele famoso joguinho emocional, até que começassem de fato a conversar, mas apesar de tímida, ela era uma pessoa muito sincera. Por fim, resolveu falar logo o que queria, sem fazer rodeios.

— Olha, vou direto ao ponto: ouvi você conversando com alguns amigos na cantina outro dia, e por isso sei que seu nome é Arthur e que você é cristão. Eu também sou, e fiquei muito feliz em saber que tenho um irmão aqui no *campus*. Se você quiser... — Suzana entrelaçou os dedos, tentando disfarçar seu nervosismo. — Bem, poderemos ser amigos!

Arthur se levantou e estendeu a mão para Suzana.

— É um prazer conhecer você!

— É um prazer. Eu me chamo Suzana.

— Ah, e quanto àqueles caras da cantina... Bem, eles eram apenas alguns colegas — disse Arthur. — Não dá para chamar qualquer um de amigo hoje em dia. Mas e você, Suzana, também faz medicina?

— Sim. Eu vou jantar daqui a pouco, Arthur. Se você aceitar minha companhia, poderemos conversar melhor. — Ao notar que Arthur parecia um pouco receoso, Suzana resolveu deixar logo bem claras as suas intenções com ele. — Apenas como amigos. Não estou dando em cima de você, Arthur, pois já estou comprometida. E com um homem muito especial para mim!

— Tudo bem. — Arthur riu. — Mas vou logo avisando que sou bem diferente. Sou esquisitão mesmo!

Duvido que você seja mais diferente que eu!, Suzana pensou.

Enquanto jantavam, Arthur e Suzana conversavam.

— Você mora em Porto Alegre? — perguntou Arthur.

— Não. Moro em Redenção. Venho de ônibus para cá quando tenho aula. E você?

— Morava em Gramado — disse Arthur —, mas depois que comecei a faculdade, passei a morar na casa estudantil do *campus*.

— E não sente falta da sua família?

— Um pouco. — Arthur olhou reflexivamente para a folha de alface no seu garfo. — Mas meus pais são separados, cada um tem sua nova família... Para falar a verdade, foi melhor para mim morar sozinho. Hei, você congrega em alguma igreja, Suzana? — Arthur perguntou, tentando mudar de assunto. Ele não queria ter de falar sobre os seus problemas familiares para uma desconhecida.

— Congrego na igreja evangélica de Redenção. Se você quiser, pode me chamar só de Suzi. É assim que os mais próximos a mim me chamam. Você congrega, Arthur?

— Sim. Eu participo de uma igreja evangélica que fica próxima ao *campus*.

— O que o levou a querer fazer medicina?

— Eu quero ser missionário — disse Arthur. — Esse é o maior desejo da minha vida; servir a Cristo e ganhar almas para Ele.

— O que tem a ver medicina com missão?

— Meu sonho é servir como missionário em um país pobre da África, ou mesmo da América Latina — respondeu Arthur — e penso que posso ser mais útil como médico. E você, por que optou por medicina?

— Depois dessa revelação — disse Suzana —, sinto vergonha de contar meus motivos!

— Vamos, fale! Prometo que não vou censurá-la.

— Bom, medicina é uma profissão nobre... E eu sempre quis ser uma pediatra para poder ajudar as crianças, e também gosto de estudar o corpo humano, as doenças... Arthur — disse Suzana, tentando mudar de assunto —, daqui a alguns meses haverá uma campanha evangelística na minha igreja. Está convidado desde agora!

Já haviam tocado o sinal para o intervalo das aulas na escola estadual onde Silvia trabalhava. Silvia entrou na sala dos professores, que acomodados nos sofás, riam de alguma coisa. Passou reto por eles. Quando a viram, ficaram em silêncio por um momento. Silvia largou suas coisas no armário e dirigiu-se ao banheiro. Agora que Juliana não trabalhava mais naquela escola (pedira demissão, pois estava tentando engravidar, e seu médico lhe recomendara repouso), havia poucas pessoas ali dentro com quem valesse a pena conversar. A maior parte dos seus colegas eram falsos e debochados, e Silvia não suportava pessoas assim! Lembrou-se que uma vez, quando estava sentada com eles na sala dos professores, um de seus colegas começou a imitar um aluno com deficiência mental e a debochar dele. Todos naquele recinto gargalhavam, a ponto de quase chorar de tanto rir. Silvia foi a única que não riu. Ficou séria o tempo todo, pois não conseguia achar graça em debochar de um jovem com problema mental, que nascera assim e nem tinha a possibilidade de se defender. As pessoas na sala repararam que só ela não estava rindo, e a partir daquele dia passou a ser chamada de "estranha", entre outros adjetivos.

Silvia também não suportava a atitude de algumas colegas suas, que se ajuntavam para falar mal de outra colega, e quando essa mesma colega chegava, elas abriam um sorriso e diziam bajulações do tipo: *"Oi! Como você está linda hoje!"* ou *"Sente-se aqui com a gente! Estávamos esperando por você, querida!"*.

Quando dava o sinal para o intervalo, quase sempre Silvia passava reto pela sala dos professores, que ao vê-la, geralmente paravam de conversar. Silvia ficava em outra salinha durante o recreio (onde permaneciam as funcionárias da merenda e da limpeza), revisando algum conteúdo ou corrigindo as avaliações da sua matéria. Seus colegas diziam que ela era arrogante, mas Silvia sempre pensou consigo mesma: *Prefiro ser arrogante a hipócrita!*

Algumas semanas se passaram e Suzana e Arthur tornaram-se grandes amigos. Ambos eram filhos únicos, e a cada dia descobriam que possuíam mais coisas em comum. A afinidade entre eles era tamanha, que às vezes sentiam conhecerem-se há longos anos.

Aquele era um sábado de primavera, e a igreja evangélica de Redenção havia alugado um salão esportivo (com lugar para aproximadamente mil pessoas) para a realização de uma campanha evangelística, em que Amin seria o preletor.

Aguardando o início do culto, Suzana e Arthur, já acomodados em seus lugares, conversavam. Algumas moças animadas (que Suzana conhecia, pois congregavam em uma das filiais da igreja evangélica de Redenção) passaram por ela e Arthur, rindo e conversando. Elas vestiam roupas bem justas, extremamente curtas e transparentes, mostrando todas as curvas do corpo, inclusive parte dos seios.

— Ih... Começou o desfile de moda — disse Arthur.

Suzana olhou para ele, admirada.

— Pensei que os homens gostassem desse tipo de coisa!

— Não, eu não gosto. E para falar a verdade, acho ridículo! Bom... — disse Arthur, como se estivesse repensando o que havia dito. — Se minha esposa se vestisse assim em casa, para mim exclusivamente... É claro que eu iria gostar! Mas usar roupas sensuais, que despertam a lascívia nos homens... Dentro da igreja, a casa de Deus, um lugar que deveria ser santo e honrado?

— Ok, ok... Eu concordo com você, mas vamos deixar isso pra lá, senão vamos acabar murmurando — disse Suzana.

Parecia que quanto mais Suzana conhecia Arthur, mais o admirava. Além da falta de pudor no vestir de muitas mulheres cristãs, ela também achava uma incrível insolência e desrespeito ao Senhor os casais de jovens que ficavam de "agarramento" nas cercanias da igreja. Suzana pensava que aquele não era um lugar qualquer. Era a casa do Pai, o santuário do Altíssimo, e deveria ser honrado! Com tantos outros lugares para namorar, os jovens precisavam escolher justamente a igreja para essa prática? E o pior de tudo, é que era comum o namoro dos jovens da sua igreja ser bastante indecente. Algumas vezes, ao término do culto, Suzana dava de cara com um casalzinho logo na entrada, trocando beijos e carícias indecorosas. Ela ficava chocada com aquilo. Tinha imenso zelo pela casa do Senhor e pelas coisas santas. Também nos cultos de oração, ela se indignava com certas mulheres, algumas delas esposas de obreiros, que em vez de orar ficavam colocando a conversa em dia e tirando a concentração de quem realmente queria falar com Deus. Por ser tão moralista e zelosa com as coisas espirituais, Suzana sempre foi taxada de "esquisitinha" dentro da igreja. Mas não se importava. Ela pensava que se estivesse conseguindo agradar a Deus, não precisava agradar a mais ninguém.

Arthur colocou um tripé entre ele e Suzana e encaixou uma câmera nele.

— O que você vai fazer Arthur? — perguntou Suzana.

— Preciso filmar essa mensagem! Já tinha escutado alguma coisa a respeito desse tal de Amin. Dizem que ele prega no mesmo estilo de David Wilkerson!

— Você gosta de David Wilkerson? — perguntou Suzana admirada.

— Sim. Algum problema quanto a isso?

— Não, não... É que além de mim, você é o primeiro jovem que eu conheço que gosta de David Wilkerson. Os jovens da minha igreja não são muito chegados a mensagens de exortação.

— Suas mensagens foram de fundamental importância para a minha real conversão e crescimento espiritual na minha adolescência e juventude — disse Arthur. — David Wilkerson foi um santo homem de Deus. O mundo não era digno dele.

No *campus* da UFRGS, sentados embaixo da árvore favorita de Arthur (que também se tornara o cantinho preferido de Suzana dentro daquele *campus*), os amigos conversavam:

— Tá, Suzi, mas eu já considero você como a irmã que eu não tive! Por que não posso saber com quem você está comprometida? — indagou Arthur, parecendo ressentido com a insistência de Suzana em guardar um segredo dele. — Ele é de outra cidade... Por acaso você o conheceu na internet, e por isso namoram a distância?

— Arthur, já disse que não quero falar sobre o homem com quem estou comprometida. Por favor, respeite minha decisão!

— Tudo bem, então. — Arthur cruzou os braços e olhou para o outro lado.

— E você... Tem namorada, está comprometido com alguma garota? — indagou Suzana.

— Se você não me fala a respeito da sua vida sentimental, por que vou falar da minha? — respondeu Arthur. — Ok, eu falo — disse ele mudando rapidamente de ideia, demostrando que realmente queria adentrar naquele assunto. — Não tenho namorada. Na verdade, eu nunca namorei... E nem "fiquei".

— Sério?

— Sei que parece estranho... — Arthur olhou para Suzana e viu que ela estava com um ar de riso. — Eu lhe avisei quando nos conhecemos que eu era diferente! O fato é que estou me guardando para uma única mulher.

— Isso é mesmo muito estranho, Arthur! Especialmente no tempo em que vivemos. Posso saber de qual planeta você vem?

Suzana decidiu não contar a ele que tinha o mesmo objetivo. Sabia que se ele soubesse, ficaria um clima esquisito entre os dois, e ela não queria correr o risco de perder sua amizade.

— Pode debochar, mas sei que Deus aprova o meu propósito. Um dia vai valer a pena ter me guardado e sido diferente.

— Fale-me um pouco sobre seus pais, Arthur. Por que eles se divorciaram?

— Eles se casaram pelas motivações erradas. Tenho raras lembranças deles em momentos felizes.

— Pode soltar o verbo! Temos duas horas para conversar até começarem as aulas da noite.

— Ah, Suzi... Não vou enchê-la com minhas recordações tristes.

— Por favor, eu amo ouvir histórias!

Olhando para Suzana e vendo que ela realmente queria ouvir a narrativa de sua vida, Arthur decidiu falar:

— Durante toda a minha vida, acredite, desde a minha mais tenra infância, eu tive que conviver com esse tormento: Meu pai reclamando da minha mãe para mim, minha mãe reclamando do meu pai, os dois sempre enchendo a minha cabeça com suas queixas e adversidades e continuamente me colocando um contra o outro... Como eu odiava aquilo tudo! Que culpa eu tinha se eles se detestavam e eram infelizes? Por que eu tinha que fazer parte daquilo? Eu é que era a vítima, e eles nem percebiam. Penso que os pais deveriam deixar seus filhos fora dos seus problemas conjugais. Nesses casos os filhos são os que mais sofrem, e também são eles os únicos inocentes.

— Meus pais nunca discutiram na minha frente, e nunca me deixaram a par de nenhum problema conjugal que pudessem ter tido — disse Suzana.

— Agradeça a Deus, Suzi! Você não faz ideia das marcas que isso deixa em uma criança! Quando eu tinha uns 10 ou 11 anos — continuou Arthur — pensei até mesmo em mudar de religião e tornar-me padre depois que crescesse.

Suzana riu.

— É sério! — continuou Arthur. — Eu não acreditava mais no amor, no casamento e na união familiar. Pensava que se era para correr o risco de ter um casamento malsucedido como tiveram meus pais, era preferível ficar solteiro.

— Todos os pais cometem erros — disse Suzana.

— Acontece que eu tenho um número muito maior de lembranças negativas deles do que de positivas, Suzi! Nunca fomos uma família de verdade. — Arthur ficou pensativo por um momento. — Se um dia eu tiver filhos, vou agir diferente com eles. Minha casa vai ser um pedacinho do céu! Quando meus filhos pensarem nos meus erros ou em algum problema familiar, pesarão na balança, e verão que as coisas boas relacionadas a mim e a nossa família, ganharão em disparado das coisas ruins.

Arthur parecia estar começando a ficar com os ânimos alterados, pois suas bochechas avermelharam. Suzana ouvia em silêncio o desabafo do amigo.

— E vou tratar minha esposa como se ela fosse... — Arthur engasgou antes de continuar — ... como se fosse uma joia rara e preciosa!

— Percebo que você tem uma mágoa muito grande dos seus pais — disse Suzana.

— Não, não... — ele suspirou. — Para falar a verdade, eu já consegui perdoá-los. Em um determinado momento da minha vida, percebi que se eu continuasse guardando mágoas e alimentando sentimentos ruins, estaria pondo em risco minha salvação. O rancor e a mágoa que eu sentia deles, especialmente do meu pai, que tratava minha mãe como se ela fosse um objeto desprezível, saiu quando me entreguei por completo a Cristo. Só que às vezes, a ferida ainda dói um pouco. E quanto aos seus pais, como é o relacionamento deles?

— Eles se entendem. Tenho-os como exemplo para a minha própria vida — respondeu Suzana. — E com a cabeça que tem hoje, pretende se casar algum dia, Arthur?

— Com certeza! Hoje sei que em um relacionamento em que Cristo é priorizado, havendo temor e obediência à Palavra de Deus, as coisas podem ser diferentes. Acredito que é a vontade de Deus que os casais sejam felizes no seu matrimônio, e penso até mesmo que Ele inicialmente providencia para que o casamento dê certo. Só que as próprias pessoas colocam tudo a perder com o seu orgulho e egoísmo.

— Eu acredito que em um casamento em que os cônjuges foram unidos por Deus, as coisas dão certo e nada pode separá-los.

— Olha, Suzi, eu discordo de você.

— Por quê?

— Já presenciei diversos casamentos que talvez realmente tenham sido arquitetados por Deus, que se concretizaram através de provas e outras coisas, mas que terminaram em divórcio ou em "aguentamento". Isso infelizmente aconteceu com meus pais. Penso que só pelo fato de Deus ter unido um casal, não quer dizer que eles estarão protegidos das adversidades ou com uma "unção especial" para serem felizes. Acredito que as pessoas que se casam estando certas de que Deus as uniu, e que por isso o seu casamento está a salvo e assegurado, que a vida a dois vai ser como nos contos de fada, estão em uma grande ilusão. Deus faz a parte dEle, mas o casal também precisa fazer a sua! E Deus não se responsabiliza pelos erros cometidos pelo casal, mesmo quando esse casal foi unido por Ele. Adão e Eva são um exemplo perfeito disso!

— Nunca havia pensado assim — disse Suzana.

— Ah, eu disponibilizei na internet o vídeo com a pregação do pastor Amin, daquele culto evangelístico que eu filmei — disse Arthur. — Hoje de manhã já tinha mais de dois mil acessos!

Após o culto de domingo, Suzana aprontava-se para dormir. Sentada em frente a uma penteadeira, ela escovava os longos cabelos negros ondulados, olhando-se no espelho. *Será que as pessoas não gostaram do hino que eu cantei?*, ela pensava, lembrando-se de que naquele culto, quando cantou um louvor a Deus, a pedido do pastor Amin, as pessoas ficaram estranhamente quietas e a cantora principal da igreja parecia rir em seu banco.

Suzana atirou a escova de cabelos em um canto, e correu até onde estava seu mp4. Ligou o gravador e cantou o mesmo hino que cantara na igreja. Depois, colocou os fones de ouvido e escutou sua própria voz.

— Meu Jesus, que coisa horrível! — exclamou Suzana, sentindo vontade de chorar.

Que voz feia, que horror!, pensou ela. *É por isso que as pessoas sempre ficam estranhas quando eu canto na igreja!*

Suzana apagou a luz, deitou em sua cama e virou-se para o lado, magoada. Nem para orar ela encontrou ânimo.

Isso não é justo! Por quê, Deus? O Senhor sabe que tenho um desejo imenso de louvá-lo! Por que não me deu uma voz melhor?, continuou pensando.

Enquanto tentava dormir, mesmo ressentida, começou a se lembrar de tudo o que Jesus fez na sua vida, de todos os livramentos que Ele lhe dera e da preciosa salvação. De repente, começou a cantar baixinho uma música que emanou do fundo da sua alma: *"Tu és Soberano sobre a Terra, sobre o céu Tu és Senhor, absoluto... Tudo o que existe, acontece, Tu o sabes muito bem, Tu és tremendo... E apesar dessa glória que tens, Tu te importas comigo também..."*[1]

Depois de algum tempo, Suzana já estava em pé, andando de um lado a outro no quarto, com as mãos erguidas, cantando hinos de louvores exclusivamente a Deus. Seu quarto ficava distante do dormitório de seus pais, então, naquele momento de adoração, os únicos que estavam cientes do que acontecia no aposento de Suzana eram ela, Deus e os anjos.

Depois de entoar alguns hinos a Deus, Suzana sentiu uma vontade imensa de orar. Dobrou os joelhos e conversou com Deus por quase uma hora. Quando finalmente se deitou para dormir, sentiu que Deus queria lhe mostrar alguma coisa. De repente, Suzana começou a analisar suas motivações como cristã, e chegou à conclusão de que era falsa, hipócrita em muitas coisas. Na igreja, algumas vezes quando cantava ou glorificava a Deus, era mais para que as pessoas vissem o quanto ela era espiritual. Em outras ocasiões, quando conversava com uma pessoa de quem não gostava muito, enchia-a de elogios e agrados falsos, só para se

---

[1] "Tu és soberano", composição de Ângela J. Peres.

mostrar amigável. Enquanto Suzana olhava para o teto do seu quarto, na escuridão da noite, sua consciência começou a apresentar-lhe uma lista de coisas onde ela era falsa. Sentiu um temor imenso de Deus, e decidiu que iria mudar. Despir-se-ia de toda a sua hipocrisia. A partir daquele dia, ela não faria mais as coisas simplesmente para agradar as pessoas. Não se importaria mais em manter uma aparência de cristã piedosa (quando isso muitas vezes não era verdade). Só se importaria em agradar a Deus, e em saber o que Ele pensava dela.

— É um pastor do Uruguai — disse Juliana com uma cara amarrada, ao alcançar o telefone para Amin.

— Do Uruguai? — Amin perguntou, com os olhos brilhando.

Juliana entregou-lhe o telefone e saiu da sala, sem responder.

Alguns minutos depois, Amin procurou sua esposa, encontrando-a no jardim atrás da igreja. Ela arrancava algumas ervas daninhas que cresciam junto com as flores.

— Juliana, por favor, tente entender!

— Amin, depois que aquele vídeo foi postado na internet, você quase nunca para em casa!

Amin teve que concordar com sua esposa, pois após o amigo de Suzana ter colocado sua pregação na web, ele tinha a agenda sempre cheia. Nunca lhe faltavam convites para pregar em outras igrejas.

— Amor... Como posso recusar-me a pregar?

— Amin, por acaso você orou perguntando a Deus se é a vontade dEle que você pregue em outros lugares? — indagou Juliana.

— É óbvio que é vontade dEle! Pedir permissão ao Senhor para pregar seria como perguntar-lhe se eu deveria ou não falar do seu amor a um ímpio!

— Você deveria orar mais sobre isso, Amin. Penso que o seu trabalho é aqui, em Redenção.

— Ju, vou viajar na próxima semana. Haverá um grande evento evangelístico no Uruguai, com duração de duas semanas, e fui convidado para ser um dos preletores.

— Sinto que você não deve ir, Amin!

— Mas eu vou, *'habibi.* Se você quiser, pode ir comigo.

Suzana encontrava-se cansada do evangelho da prosperidade, do egocentrismo e da onda do "ganhar e receber" que estava dominando as igrejas, inclusive a sua. É claro que Amin não era assim! Sua pregação era verdadeira e baseada somente nas Escrituras Sagradas. Mas quando outros obreiros eram escalados para ministrar a Palavra, a maior parte deles tinha a pregação no mesmo estilo, do ganhar e receber de Deus; ganhar a vitória, uma bênção especial, como ser um vencedor. "Você não pode sair daqui do jeito que entrou, sem receber nada!", diziam eles. Suzana se irritava com aquilo, pois geralmente ela não ia à igreja para receber nada de Deus além do perdão de seus pecados, forças para continuar a jornada rumo ao céu e também para aprender mais sobre Ele. Acreditava que a salvação já era mais do que suficiente. Na maior parte das vezes em que ia a igreja, não queria nada de Deus. Só dar a Ele o seu louvor, seu reconhecimento por tudo que havia feito na sua vida e principalmente agradecer-lhe pela preciosa salvação.

Suzana também não aguentava mais os hinos melodramáticos e os de "autoajuda", que só amaciavam o ego e praticamente nem falavam de Jesus (e quando o faziam, era de uma forma deturpada, dando às palavras do Senhor o sentido que queriam). Ela sabia que Amin era completamente contra a teologia da prosperidade, e abominava os hinos de autoajuda (até há pouco tempo, era ele quem escolhia o repertório dos hinos a serem cantados na igreja — e os escolhia muito bem, por sinal), mas notava que ele estava perdendo a batalha. Estava sendo dominado pela maioria, que não queria saber de se aprofundar na Palavra, não queria saber de uma mensagem que expunha que eram pecadores e que precisavam de mudança em suas vidas. Só queriam bênçãos, vitória e mais vitória, ganhar e receber, e cantar músicas que mexiam com suas emoções e levantavam a sua moral, mostrando-lhes o quanto eram importantes.

Arthur havia almoçado na casa de Suzana naquele domingo. Os dois futuros médicos já se gostavam como irmãos, eram "unha e carne". Silvia e João tomavam chimarrão na área, enquanto Arthur e Suzana conversavam na sala de estar.

— De quem é aquele violão? — perguntou Arthur, olhando para um canto da sala.

— É do meu pai. Pode pegar se quiser — disse Suzana, que sabia que Arthur tocava violão e guitarra na igreja.

Arthur afinou o violão, e começou a tocar e a cantar uma canção de melodia envolvente (a música do momento, a mais tocada nas rádios e a preferida dos cantores nas igrejas): *"Você é especial, não despreze o seu pooootencial... Você é muito mais que um caaaampeão, então erga a cabeça e levante deeeesse chão... Você nasceu para vencer, suas bênçãos estão vindo, é só não esmoooorecer. Vai, vai, vai, vai... não desista que a vitória do céu cai... Vai, vai, vai, vai..."*

Arthur olhou para Suzana e percebeu que ela não parecia muito feliz.

— O que foi? Não gostou da minha voz... Acha que eu toco mal?

— Não, não é isso.

— O que é então?

— Ah, Arthur... Sei lá, eu estou cansada desse tipo de "louvor" — ela fez sinal de aspas com os dedos quando falou a palavra "louvor".

— Mas por quê? É um hino tão bonito! Todo o mundo gosta!

— Enjoei desses hinos de autoajuda.

— Autoajuda? — repetiu Arthur surpreso.

— Sim! Você nunca reparou que cerca de 90% das músicas cantadas nas igrejas não são entoadas diretamente a Deus?

Como Arthur não respondeu, Suzana continuou:

— São entoadas unicamente às pessoas que estão dentro do templo!

— É... — Arthur olhou para ela, parecendo estar refletindo em suas palavras. — Pensando bem, talvez você tenha razão!

— Eu fiz as contas, e dos dezesseis hinos cantados na última semana de cultos, somente dois eram de adoração e direcionados a Deus. Dois hinos, Arthur! Só dois faziam em sua letra menção à salvação e ao precioso sacrifício de Jesus! As outras quatorze músicas falavam de vitória, vencer, conquistar... Ah, Arthur, estou cansada disso. Deus merece mais!

— E de que tipo de música você gosta?

— A questão não é o tipo de música de que eu gosto, mas o tipo de música de que Ele gosta! Esses hinos populares nas igrejas só falam de vitória, mas parece que as pessoas estão se esquecendo de que a maior vitória já foi conquistada na cruz, e essa vitória é a salvação!

— Deus acabou de usá-la para abrir meus olhos, Suzi!

— Fico feliz, Arthur. Você conhece o grupo *Gaither Vocal Band*?[2]

— Não. É o seu conjunto preferido?

— Não sou mais fã de nenhuma banda ou cantor. Meus artistas preferidos sempre acabavam me decepcionando. Gosto dos hinos desse ou

[2] Grupo norte-americano de louvor ao Senhor, fundado em 1991 como um quarteto. Atualmente, cinco integrantes compõem o grupo: Bill Gaither, Mark Lowry, Michael English, Wes Hamptom e David Phelps. Bill Gather (cantor que deu nome ao grupo) e sua esposa, Gloria Gaither, são compositores de música sacra conhecidos internacionalmente.

daquele grupo, mas sem acompanhar como uma fanática os passos de seus integrantes, como fazia antigamente. Limito-me a orar por eles e apreciar sua música. Apenas isso. Mas em minha opinião, Gaither Vocal Band tem um estilo quase perfeito de adoração. Eu digo quase por que perfeição só haverá no céu. Suas músicas são espirituais, e as letras falam da salvação, do sacrifício de Jesus... Quase todas elas são direcionadas a Deus, aos seus feitos, e não às pessoas. Quando escuto determinadas canções de *Gaither Vocal Band*, sinto-me mais próxima do céu.

— Mostre-me algumas músicas deles!

Suzana pegou uma pilha de CDs que estava na estante, e colocou um dos discos para tocar.

— Eu amo essa canção que está tocando — disse Suzana. — Ela se chama *"I'm free"*, e sua letra glorifica a Deus porque Jesus perdoou a pessoa tola que éramos antes de sermos salvos por Ele, e nos fez completos, livrando-nos de toda a culpa do pecado e do medo do futuro.

Suzana passou para a próxima música, *"No other name but Jesus"*, e explicou a Arthur do que se tratava a sua letra. Após ouvir em silêncio diversas canções de Gaither Vocal Band (todas acompanhadas do comentário de Suzana), Arthur resolveu se pronunciar:

— Você gosta da Harpa Cristã, o hinário da nossa igreja?

— Eu amo! — respondeu Suzana com um sorriso no rosto e um brilho nos olhos.

Arthur estendeu a mão para ela. Mesmo sem entender, Suzana estendeu a sua. Cumprimentaram-se.

— É um prazer. Chamo-me Arthur, e sou de Júpiter. E você, bela jovem que gosta dos antigos e sacros hinos do nosso hinário, de que planeta vem?

Suzana riu. Lembrou-se de ter ficado espantada ao ouvir, certa vez, um jovem da sua igreja dizer que as músicas sacras já não deveriam mais ser cantadas nas igrejas, pois estavam muito "defasadas".

Olhando aquela moça de personalidade forte, e ao mesmo tempo tão meiga e feminina, Arthur pensou em possibilidades, pela primeira vez desde que se conheceram.

Não se apaixone Arthur! Cuidado! Ela não é para você!, Arthur pensava.

— Tudo bem, Arthur? Você ficou tão quieto de repente!

— Ah... Não é nada — disse ele. — Suzi, sabia que você é a resposta para as minhas orações?

— É mesmo? E por quê?

— Desde o meu primeiro dia na universidade, pedi a Deus que me desse um amigo, ou mesmo uma amiga, que fosse fiel a Ele, e que também compartilhasse dos meus ideais. Durante toda a minha vida tive amigos falsos, que tentaram a todo custo fazer com que eu fosse igual a eles. Mas você é tão especial, Suzi! Você é tão... tão diferente!

— E que atitude tomar quando você não sabe o que fazer com relação a um sentimento? — perguntou Helena aos seus alunos, em mais uma Escola Dominical.

— Bom, devemos seguir nosso coração! — disse uma jovem.

— Não! — exclamou Helena. — Jamais escutem o seu coração! Ele vai enganar vocês, pois é mentiroso e traiçoeiro! A Bíblia diz em Jeremias 17.9 que *"enganoso é o coração, mais do que todas as coisas, e perverso; quem o conhecerá?"*. Em Provérbios 4.23 diz: *"Sobre tudo o que se deve guardar, guarda o teu coração, porque dele procedem as saídas da vida"*. Conforme também está escrito em Marcos 7.21,22, *"Porque do interior do coração dos homens saem os maus pensamentos, os adultérios, as prostituições, os homicídios, os furtos, a avareza, as maldades, o engano, a dissolução, a inveja, a blasfêmia, a soberba, a loucura. Todos estes males procedem de dentro e contaminam o homem"*.

— Então, de que forma saberemos como agir quando gostarmos de alguém, já que não podemos confiar em nosso coração? — perguntou a mesma jovem que havia respondido à pergunta de Helena.

— Usem a cabeça, pensem! Vocês são inteligentes! Empreguem suas faculdades mentais e reflitam sobre as consequências de dar lugar a uma paixão desenfreada. Suzana, você que faz medicina, pode nos dizer, fisiologicamente falando, como ocorre o sentimento da paixão? — solicitou Helena.

— A bioquímica explica que, quando nos apaixonamos, nosso organismo produz quantidades elevadas de certas anfetaminas, que são estimulantes e também constituintes de alguns entorpecentes sintéticos. As anfetaminas provenientes de uma paixão causam uma euforia temporária, semelhante ao efeito das drogas.

— E por quanto tempo essas anfetaminas "naturais", digamos assim, permanecem no nosso organismo? Qual a duração de uma paixão?

— Aproximadamente um ano e meio — respondeu Suzana.

— E o que sobra depois que essas anfetaminas vão embora e a paixão acaba? — perguntou Helena.

— Nada, professora! Pois a paixão é baseada em uma ilusão, em uma fantasia que criamos da pessoa que foi alvo do nosso sentimento.

— "Nada" na melhor das hipóteses, Suzi. Geralmente o relacionamento que se deu devido a uma paixão se transforma em ódio! Pessoal, complementando o que a Suzi disse, quando estamos apaixonados, formamos uma imagem equivocada da pessoa por quem nutrimos nossa paixão. Só enxergamos qualidades naquela pessoa, e qualidades que muitas vezes nem existem! E quando os defeitos vêm à tona e percebemos quem realmente é aquela pessoa, o estrago é grande em nossas vidas. Podem acreditar no que digo, pois eu vivi isso! Se eu não tivesse dado lugar a uma paixão descomedida, meu paizinho poderia estar vivo agora. — Helena lutou para controlar suas emoções, pois a simples menção de seu pai mexeu em uma antiga e dolorosa ferida. — Pessoal, cuidado com as paixões! — prosseguiu Helena. — Casamentos que se dão somente por paixão acabam se tornando "aguentamentos"! Cuidado com os momentos de carência. Quando estamos carentes de afeto e precisando de um chamego, somos capazes de nos apaixonar por qualquer pessoa que cruzar nosso caminho. Quando passarem por momentos assim, clamem por Jesus e resistam. Lutem com todas as suas forças! Ele sempre me ajudou a suportar e a atravessar meus momentos de carência.

— Professora, e o que deve acontecer quando duas pessoas cristãs, que se casaram pelas motivações erradas e são infelizes juntas, querem se separar, pois o relacionamento não deu certo? — perguntou uma jovem.

— Sou contra o divórcio. Penso que divórcio só pode ocorrer em casos muito extremos, pois a Bíblia não deixa dúvidas ao dizer em Marcos 10.9 que *"o que Deus ajuntou, não o separe o homem"* — respondeu Helena. — Mas então, o que duas pessoas cristãs devem fazer quando percebem que seu casamento é um fracasso? Continuam juntas, aguentando-se mutuamente por amor a Jesus e aos filhos? Separam-se, causando feridas em si mesmas e naqueles que os amam e casam-se novamente, correndo o risco de estragarem tudo outra vez? Tenho que dizer-lhes que eu não possuo as respostas para essas indagações. Penso apenas que é possível ser feliz com Jesus, independentemente das circunstâncias em que nos encontramos, até mesmo em meio a um casamento fracassado. Mas creio também que Deus restaura casamentos!

— Professora, o que precisamos fazer para não corrermos o risco de ter um casamento fracassado? — perguntou Suzana, que já tinha idade para assistir às aulas na classe dos adultos, mas por consentimento de Helena, ainda permanecia na classe dos jovens. Outros jovens da idade de Suzana faziam o mesmo, pois as aulas ministradas por Helena eram cativantes e enriquecedoras.

— Em primeiro lugar, leiam a Bíblia. Obedeçam-lhe, sigam os seus ensinamentos!

Helena olhou para aqueles jovens que a fitavam, cujos corações encontravam-se repletos de sonhos e esperanças, e sentiu o peso da responsabilidade que tinha como professora da Escola Dominical. Eles possuíam os seus defeitos, os seus pecados, mas amavam a Jesus. Estavam lutando, persistindo em trilhar o caminho certo. E ela estava lidando com vidas, almas preciosas a Deus, e carregava consigo o dever de instruí-los a tomar decisões certas em suas vidas. Precisava ajudá-los a prosseguirem na jornada rumo ao céu!

— Pessoal — Helena continuou —, vocês não precisam cometer erros para aprender com eles. Aprendam com os erros que outras pessoas já cometeram! Sejam sábios, observem, analisem os casamentos de pessoas próximas a vocês. "Ah, meus pais cometeram tal erro, e por isso o seu casamento não deu certo." Sabendo disso, vou me esforçar para não repetir esse erro! O casamento dos meus tios, dos meus vizinhos, ou de qualquer outra pessoa não deu certo por tal motivo, então, eu não vou fazer isso no meu casamento! E leiam bons livros de autores cristãos que abordem os assuntos namoro, noivado e casamento. Isso é muito importante!

— Professora, eu duvido que exista ao menos um casamento bem-sucedido hoje em dia — disse um jovem com uma ponta de rancor na voz.

— Pois eu afirmo que existe sim! É possível um casamento em que impera o amor, a harmonia e o entendimento entre os cônjuges. Um casamento feliz dependerá única e exclusivamente de vocês! Pessoal, por que eu insisto tanto com vocês para que obedeçam ao Senhor e tomem decisões corretas em suas vidas? Alguns de vocês costumam me dizer: "Eu tenho os meus erros, admito que peco às vezes, mas me arrependo e sinto que Jesus me perdoa". Sim, Ele realmente perdoa! Ele está sempre pronto a nos perdoar. Mas todo pecado gera uma consequência, e é isso o que eu quero que vocês evitem ter que passar! Jamais se esqueçam de que as atitudes que tomamos no presente têm uma enorme repercussão no nosso futuro. Vocês querem ter um futuro abençoado? Então façam a coisa certa no presente!

— Meus pais tem um bom casamento — disse Suzana. — Se algum dia eu me casar, gostaria que meu relacionamento com meu marido fosse semelhante ao dos meus pais.

— Suzana... — Helena olhou surpresa para a futura médica de longos cabelos negros ondulados, cujas feições faziam lembrar uma índia — ...

admito que estou admirada com o que você acabou de me falar! Geralmente os filhos declaram que querem ter um casamento bem diferente do qual tiveram seus pais, e acabam cometendo os mesmos erros que seus genitores cometeram, e às vezes, erros bem piores. Mas você me surpreendeu, Suzi! Que bom seria se todos os pais fossem um exemplo positivo para seus filhos. Os relacionamentos seriam muito mais sólidos e duradouros! Ao longo da minha jornada de fé, tenho observado as famílias, especialmente as cristãs, e noto que, infelizmente, os erros cometidos pelos pais na sua vida conjugal refletem de forma terrivelmente negativa em seus filhos.

Helena curvou a cabeça em silêncio por um momento, como se estivesse lembrando-se de alguma coisa.

— Gente — prosseguiu ela —, antes de terminarmos a aula de hoje, quero adverti-los também a tomarem cuidado com as aparências. Se você namora alguém com a intenção de se casar, examine suas motivações. Você ama aquela pessoa, quer se casar com ela por suas virtudes, seu caráter, sua essência, pelo que ela realmente é, ou o fator mais importante é a aparência, condição financeira ou *status* que ela possui? Lembrem-se de que coisas materiais, como a beleza e o dinheiro, podem acabar um dia. E nosso corpo está sujeito a sofrer diversas alterações! Quando eu vivi em Nova York, conheci Grace e Tommy, um casal de velhinhos que morava no mesmo bairro que eu. Certa vez, em uma das poucas conversas que tivemos, quando Grace levava o deformado Tommy em sua cadeira de rodas para um passeio matinal, Grace me contou que ela e Tommy eram recém-casados quando estourou a Segunda Guerra Mundial. Seu marido foi para a guerra, deixando a jovem esposa em casa. Durante um combate, ele foi atingido por uma bomba, que explodiu ao lado dele, deixando-o à beira da morte. Milagrosamente Tommy sobreviveu, mas não queria mais voltar para a sua esposa. Ele, que antes era um jovem forte e atraente, agora se achava completamente desfigurado. Perdera as duas pernas, um braço, a visão de um olho, e seu rosto encontrava-se irreconhecível devido aos estilhaços que o atingiram. Quando Tommy olhava-se no espelho, via um monstro. Outro fator que pesava contra Tommy é que ele tinha origens humildes, enquanto sua esposa viera de uma família muito rica. Depois de algum tempo, ele acabou sendo levado para casa, e sua bela e jovem esposa, por mais incrível que pareça, não se importou com a aparência de Tommy. Estava feliz simplesmente por ele estar vivo, e ficou com ele, sendo-lhe fiel durante toda a sua vida. Isso sim é amor!

Amin já estava há nove dias no Uruguai. A igreja o hospedara em um hotel próximo ao local da cruzada evangelística, e naquele momento ele se encontrava jantando com outros pastores. Uma moça loira de 28 anos, chamada Bianca, traduzia a conversa para ele, pois Amin não entendia absolutamente nada de espanhol. Bianca era brasileira, e mudara-se para o Uruguai após se casar com um pastor uruguaio. Quando seu marido faleceu, ela resolveu continuar morando naquele país.

Sentada de frente para Amin, Bianca o analisava, com um sorriso sedutor nos lábios vermelhos. Amin olhou para o decote na blusa dela e desviou o olhar. *Será que não dava para essa mulher ter colocado uma blusa mais decente?*, Amin pensou. Pelo jeito que ela o olhava, parecia que ainda não havia desistido de conquistá-lo. Um dia, Bianca ligou para Amin e convidou-o para ir até seu quarto. É claro que ele não foi. Mas sentiu-se muito tentado a isso. Ele encontrava-se fora de casa havia mais de um mês, (pois antes de ir para o Uruguai pregara em outros estados do Brasil), e sentia-se muito solitário.

Depois do jantar, já em seu quarto, Amin lutava para afastar Bianca da sua mente. Não estava apaixonado por ela. Não sentia por aquela mulher nada além de uma forte atração física. Orou por mais de uma hora, leu alguns capítulos de Provérbios e deitou-se. Virava-se de um lado para o outro, e nada de o sono aparecer. Por mais que lutasse contra seus pensamentos, sua mente insistia em fantasiar momentos com Bianca. *Por que essa tentação, meu Deus?*, Amin pensou, lembrando-se de que há muitos anos não sofria uma tentação tão forte assim. Ligou a televisão, pensando em se distrair, mas ao ver o filme censurável que passava naquele canal, sua carne ficou imensamente feliz. Puxou o fio de luz da TV com força e arrancou-o fora do aparelho, para não correr o risco de voltar a ligá-lo. Aflito, ficou recitando 1 Coríntios 10.13 em voz alta, enquanto tentava pensar em Juliana, que não quisera acompanhá-lo naquela viagem. *"Não veio sobre vós tentação, senão humana; mas fiel é Deus, que vos não deixará tentar acima do que podeis; antes, com a tentação dará também o escape, para que a possais suportar. Não veio sobre vós tentação, senão humana; mas fiel é Deus, que..."*.

Enquanto lutava para afastar o desejo de ligar para Bianca (que também estava hospedada naquele hotel) para que se encontrassem em seu quarto, Amin lembrou-se repentinamente de Provérbios 22.14: *"Cova profunda é a boca das mulheres estranhas; aquele contra quem o Senhor se irar cairá nela".*

Poderia Deus estar irado comigo? Enquanto relembrava cada um de seus pecados (já perdoados), em meio a uma terrível batalha interior, Amin ouviu uma batida na porta. *Quem poderá ser a essa hora?*, pensou.

Amin dirigiu-se até a porta, esperou alguns segundos e então a abriu. Ao deparar-se com a bela mulher de vestido vermelho que o olhava sedutoramente, Amin não conseguiu raciocinar direito. Abraçou-a intensamente e a beijou, conduzindo-a para dentro do quarto.

Duas camareiras, a empurrar um carrinho com produtos de limpeza, passavam pelo corredor do quarto de Amin justamente na hora em que a mulher loira de vestido vermelho entrava em seu quarto.

— *Era la traductora del pastor Amin?*[3] — perguntou a camareira à sua colega.

— *Sí, era ella!* — disse a outra mulher. — *Que tristeza... Más uno que predica una cosa y vive otra!*[4]

Em mais uma aula da Escola Dominical na igreja evangélica de Redenção, Helena conversava com seus alunos:

— Pessoal — disse Helena —, daqui a dois meses, no dia 12 de outubro, pretendo levar vocês para um retiro, na cidade de Lomba Grande. Ficaremos quatro dias em uma fazenda, estudando a Bíblia. Vocês estão de acordo?

Os jovens concordaram, animados.

— Professora — disse Suzana –, posso levar um amigo?

— Pode sim, Suzi. Pessoal! Silêncio um momento! — bradou Helena na tentativa de controlar os alunos, que conversavam alto sobre o passeio. — Antes de terminar a aula, quero fazer um desafio a vocês. Quantos aqui nesta sala já leram toda a Bíblia?

Ninguém levantou a mão.

— Então eu quero que a partir de hoje, todos aqueles que desejam conhecer mais a Deus, que comecem a ler a Bíblia e a estudá-la intimamente. Minha dica é que leiam anualmente toda a Bíblia. Se vocês lerem cinco capítulos no domingo, e três nos demais dias, ao término de um ano terão lido toda ela. Procurem intercalar capítulos do Novo com os do Antigo Testamento. Eu garanto a vocês que nessa jornada de leitura

---

[3] *Era a tradutora do pastor Amin?"*

[4] *"Sim, era ela! Que tristeza... Mais um que prega uma coisa e vive outra!"*

e meditação viverão aventuras incríveis. E ao terminarem de ler todos os livros que compõem as Sagradas Escrituras, já não serão mais os mesmos.

Suzana já tinha tido o seu momento de louvor a Deus, já conversara com Ele, lera a Bíblia, mas mesmo assim sentia-se sozinha e carente. Deitou-se em sua cama, enquanto uma tristeza e uma angústia quase insuportáveis invadiam seu coração. *Já tenho 20 anos e nunca "fiquei" com ninguém... Vou acabar "ficando para titia", como dizem minhas primas... Ou pior ainda: Vou morrer virgem!*, pensava.

Suzana atirou-se de bruços na cama, colocou seu travesseiro em cima da cabeça e orou em pensamento: *Não aguento mais essa solidão... Não aguento mais! Deus... Manda logo o "meu", por favor, Paizinho! Minha vida está muito difícil assim!*

Para piorar ainda mais seu estado de espírito já abalado, Suzana lembrou-se do que sua vizinha lhe contara há duas semanas. Segundo ela, outras vizinhas andavam falando coisas feias a seu respeito. Suzana já havia sido caluniada outras vezes, simplesmente por ser diferente e nunca ter "ficado" com ninguém. Volta e meia aparecia uma fofoca descabida sobre ela. A última "historieta" inventada por suas vizinhas mexeriqueiras era a de que ela gostava de mulheres, e por isso nunca era vista com nenhum rapaz. Suzana foi dormir chorando de raiva durante uma semana inteira por causa daquela injustiça. No dia em que sua vizinha contou-lhe aquilo, desejou levar algum de seus pretendentes para casa, quando seus pais estivessem no trabalho, e "ficar" com ele, só para provar para todo o mundo a sua feminilidade. Mas como pediu para Deus ajudá-la a fazer sua vontade e a não agir por impulso, acabou perdoando aquelas pessoas. Abençoou-as em oração, e rogou a Deus pela salvação de suas pobres almas. Mesmo aquilo sendo injusto, ela pensava que Jesus, o próprio Filho de Deus, também foi caluniado muitas vezes.

Suzana jamais teve sequer um único pensamento pecaminoso com mulheres. Sentia nojo desse tipo de coisa! Já em relação aos homens, ela não podia dizer o mesmo. Sentia muita atração física pelos rapazes, e tinha que lutar para manter seus pensamentos puros em relação a eles. E era por isso que ela não "ficava". Suzana pensava que, se só de se imaginar beijando um rapaz, ela já tinha vontade de fazer outras coisas — mais avançadas — mesmo nunca tendo feito, então imagine se ela realmente decidisse "ficar" com um garoto de quem gostasse ou achasse atraente, o risco que ela estaria correndo de cair em pecado? Pensava que era melhor não brincar com o pecado, mas fugir dele, como Helena sempre ensinava na Escola Dominical.

Suzana ajoelhou-se mais uma vez e orou ao Senhor. Pediu a Ele que guardasse seu coração, e a ajudasse a vencer aquele momento de carência e solidão (e também todos os outros que viessem pela frente, pois, por experiência própria, Suzana sabia que eles viriam!). Sentiu vontade de orar por aquele que seria seu esposo, e fez isso, como já fazia há mais de três anos.

Depois de uma hora conversando com Deus, Suzana terminava sua oração: "... e Senhor, eu não me importo se as pessoas me difamarem, ou pensarem de mim menos do que eu realmente sou, contanto que diante de ti minha vida esteja correta e íntegra. Eu o amo mais do que tudo, Jesus! Obrigada pela preciosa salvação. Amém".

Após extravasar seus sentimentos na presença do Senhor, Suzana teve seu coração confortado. Foi até a escrivaninha, e começou a escrever uma carta para seu futuro esposo, expressando nela tudo o que sentia naquele momento.

Era uma manhã fria no Uruguai. Amin dirigiu-se ao restaurante do hotel, pois seu estômago roncava de fome. Ao entrar no restaurante, notou que os pastores que ali faziam o desjejum murmuravam alguma coisa uns com os outros e olhavam-no de forma estranha. O pastor responsável pelo evento evangelístico levantou-se, parecendo furioso, e caminhou até Amin. Apontou o dedo no nariz de Amin e disse:

— *Usted es un legalista hipócrita! Recoge tus cosas y vuelve para lo Brasil!*[5]

Amin só compreendeu que o pastor o chamou de hipócrita e falou qualquer coisa relacionada ao Brasil. Desejou que Bianca estivesse ali naquele momento para ajudá-lo com o espanhol.

— Eu não compreendo, pastor Walter! Outros pastores se aproximaram deles e olhavam acusadoramente para Amin.

— *Usted adulteró con la Bianca! Yo debería tener sospechado de los miradas!*[6]

---

[5] *"Você é um legalista hipócrita! Pegue suas coisas e volte para o Brasil!"*

[6] *"Você adulterou com a Bianca! Eu deveria ter desconfiado daqueles olhares!"*

Amin compreendeu a parte mais relevante daquela frase. Enquanto Amin olhava assustado para o pastor Walter, os outros pastores chamavam-no de hipócrita, adúltero e devasso.

— Eu não sei do que vocês estão falando, pastores!

— *Sabemos que usted pasó la noche con la traductora viuda!*[7]

— Isso é impossível — disse uma doce voz feminina —, pois eu passei a noite com ele.

Todos se viraram para ver quem falava.

— Pastores, esta é Juliana, minha amada esposa. — Juliana aproximou-se de Amin e enganchou seu braço no dele. — Desfrutei de uma noite esplêndida ao lado dessa bela mulher ou, para ser mais específico, com ela — disse Amin, enquanto olhava sorrindo para Juliana. O pastor Walter arregalou os olhos. — E penso que isso não deveria ser alvo de reprimenda, já que somos casados. — Juliana, enrubescida, abaixou a cabeça, sorrindo. — Vocês acreditam que ela veio do Brasil até aqui, só para me contar que daqui a seis meses eu serei papai?

Amin pregou naquela noite, mas o estádio estava quase vazio. Provavelmente as pessoas já tinham escutado que o pastor Amin "caíra em adultério". Fazer uma calúnia era muito fácil; desfazê-la é que era o problema!

Enquanto se dirigiam à rodoviária, Amin, Juliana e Helena conversavam.

— Helena pagou minha passagem, amor — disse Juliana.

— Obrigado, Helena. Sinceramente, obrigado — disse Amin, apoiando a mão no ombro de Helena.

— Não tem de que, pastor! — ela lhe respondeu.

— Ainda pretende continuar pregando em outras cidades, estados e países, ó, grande conferencista Amin? — gracejou Juliana.

— Você tinha razão, *'habibi.* Meu lugar é em Redenção, com você e o nosso bebê. Vou voltar a evangelizar nas praças e nas ruas, como fazia antes. Compreendi que ser um pregador e ganhador de almas sem reconhecimento das pessoas, mas exclusivamente dEle, sempre foi o seu desejo para a minha vida.

---

[7] *"Sabemos que você passou a noite com a tradutora viúva!"*

16

Capítulo

Silvia levou Suzana e Arthur de carro à fazenda Felicidade Plena, na cidade de Lomba Grande, pois não havia mais lugar no micro-ônibus que Helena alugara.

— Comportem-se, hein? — disse Silvia depois que Suzana e Arthur saíram do carro.

— Não se preocupe com isso, mãe. Você me conhece bem para saber que pode confiar em mim.

Uma mulher veio recebê-los, e Silvia partiu.

— Olá! Meu nome é Madalena. Vamos entrando! Podem deixar as malas dentro da casa. Parece que vocês vão armar barracas pela fazenda, é verdade?

— É essa a ideia — disse Arthur.

— Você é a dona da fazenda? — perguntou Suzana.

— Não, eu e meu marido somos apenas os caseiros. Minha casa fica a uns cinco quilômetros daqui. Os donos da fazenda moram em outra cidade, e só vêm aqui para passar algum feriado ou fim de semana.

O telefone de Suzana tocou. Após alguns minutos falando com alguém, Suzana disse, parecendo frustrada:

— O ônibus quebrou. Helena disse que vai demorar umas duas horas para ser consertado.

— O retiro será cancelado? — perguntou Arthur.

— Não. Eles vão esperar em uma lanchonete até o ônibus ser consertado.

O celular de Madalena tocou.

— Alô! Sim... Ah, não. Tudo bem. Já estou indo.

— Queridos... Preciso ir para minha casa. Meu filho é epilético, e acabou de sofrer uma crise.

A mulher correu até um Del Rey cinza que estava estacionado perto da casa e entrou nele. Quando já estava saindo pelo portão, abriu a janela e disse:

— Não se preocupem. Vocês ficarão bem. Esse local é seguro!

— Ai... Mas que programa de índio! — reclamou Suzana.

— Calma, Suzi, vamos explorar o local! E a minha companhia não é tão ruim assim.

Percorreram uma trilha no meio de uma plantação de milho, até que chegaram a um lago, com um gramado verde ao redor e cercado de árvores frutíferas. Mais adiante havia um portão que dava acesso para a estrada. Enquanto Arthur e Suzana conversavam, sentados à beira do lago, escutavam o zunido de um veículo passando na estrada de tempos em tempos.

Suzana se levantou e caminhou até uma árvore carregada de peras. Pulou, tentando pegar uma delas, mas não conseguiu alcançá-la.

— Eu apanho para você — disse Arthur aproximando-se de Suzana.

Arthur pegou a fruta sem ao menos ter que levantar os pés. Quando ele lhe entregou a pera, seus dedos se tocaram. Os olhos de Arthur perscrutaram os de Suzana por um momento, e ele suspirou fundo, tentando se controlar.

Ao olhar para Arthur naquele momento, Suzana viu-o por outro ângulo; não como um amigo, mas como homem.

O Arthur é tão bonito! Como é que eu não percebi isso antes?, pensou Suzana.

Ela baixou a cabeça, e voltou-a, percorrendo o corpo de Arthur do tórax ao rosto. Ele tinha um abdômen firme, ombros largos, uma boca beijável, olhos grandes e cabelos castanhos, lisos e sedosos. Naquele momento, Suzana se deu conta de que já o amava há um bom tempo, porém, sem nunca ter permitido que aquele sentimento aflorasse.

— Suzi, acho melhor... — ela o interrompeu com um beijo, segurando firme em seus braços.

Ao experimentar pela primeira vez na vida o sabor de um beijo, o deleitável toque quente e úmido dos lábios de uma mulher junto aos seus, Arthur sentiu-se envolvido por emoções tão intensas que teve dificuldade em raciocinar a respeito do que estava acontecendo. Desejou tomar aquela menina que ele já amava em seus braços, beijá-la com todo o seu ardor, acariciá-la dizendo-lhe o que sentia e fazer tudo o que seu corpo há tanto tempo estava lhe impondo (especialmente quando se encontrava com ela) sem que ele lhe desse ouvidos.

Arthur segurou sua cintura e puxou-a amorosamente para junto de si. Sentiu que ela estremeceu. Assumiu o comando e beijou-a, cada vez com mais intensidade, enquanto ela lhe retribuía desejosamente. De súbito, sua mente ficou vazia. Tudo o que importava naquele momento era ele e Suzana. Quanto mais a acariciava, mais ela sucumbia a ele. Em seus pensamentos, num piscar de olhos, já não havia mais regras, não havia mais Deus, nem mundo. Nada com o que se preocupar. Somente ele e Suzana.

Suas mãos percorriam o corpo de Suzana, quando de repente, com uma leve fagulha de racionalidade, do mais profundo do seu intelecto, em um instante de juízo Arthur conseguiu pensar, e sentiu um remorso prematuro, uma estranha culpa, e pôde refletir no que eles estavam prestes a fazer. Mas a paixão e o desejo eram muito mais fortes do que ele e de qualquer consequência que ele teria que arcar. Lembrou-se da figura nítida de Jesus agonizando na cruz, mas parecia que aquilo já não tinha tanta importância. O que ele estava sentindo era muito mais intenso e profundo, e ele queria aquela satisfação mais do que qualquer outra coisa.

"Lute, Arthur. Lute!", uma voz insistia dentro dele.

Arthur sentiu como se o seu destino e o de Suzana estivesse em suas mãos. Era como se duas opções estivessem ao seu dispor, dois futuros alternativos, e caberia a ele decidir, naquele momento, qual deles seria.

— Não! — exclamou Arthur enquanto empurrava Suzana com força, afastando-a de seu corpo.

Arthur colocou as mãos na cabeça, completamente atordoado. Agora tudo estava claro! *Meu Deus, o que nós iríamos fazer?*, pensou Arthur. *Suzi!*, lembrou-se ele. Olhou para baixo e deparou-se com Suzana caída no chão, olhando-o assustada. Ele a empurrara com tanta força que ela perdera o equilíbrio.

— Suzi — disse Arthur, estendendo-lhe a mão —, eu sinto muito pelo que aconteceu, mas nós precisamos ter uma conversa séria...

Suzana levantou-se em um salto e saiu correndo, aos prantos.

— Suzi, por favor! — Arthur não sabia o que fazer, nem o real motivo de ela estar chorando.

Arthur correu atrás dela, mas Suzana era muito ágil, e ele não conseguiu acompanhá-la. Ela saiu pelo portão e entrou em um ônibus, que tivera a infeliz coincidência de passar pela estrada naquele exato momento. Por mais que corresse e gritasse, Arthur não conseguiu alcançar a viatura. Ligou para o celular de Suzana, mas ninguém atendeu.

Arthur, seu tolo! É óbvio que o celular dela ficou na bolsa, dentro da casa da fazenda!, ele pensou consigo mesmo. E agora, o que fazer? Ele estava sozinho naquele lugar, não havia nenhum vizinho por perto, nenhum veículo que ele pudesse usar. E ele não fazia ideia de onde Madalena morava. Tinha apenas o número do seu telefone. Sua primeira opção naquele momento era ligar para Madalena avisando-a de que teria que ir embora, devido a uma emergência, e depois pegar o próximo ônibus até a rodoviária. Mas o que realmente o preocupava era Suzana. Contudo, pensou que ela ficaria bem, pois com certeza ela também desceria na rodoviária e pegaria um táxi até sua casa ou ligaria para seus pais virem buscá-la. De qualquer forma, sua situação é que era péssima, e ele estava encrencado.

— A senhora vai sair? — perguntou Arthur, que estranhou ver Silvia produzida e perfumada em um sábado de manhã.

— Não. Vou ficar em casa com João.

Mesmo achando estranho aquilo (pois nunca tinha visto ninguém que se arrumasse para ficar em casa), não quis fazer nenhum comentário ou saber mais a respeito. Sua atenção estava direcionada em Suzana. Mas de repente lembrou-se de que Suzana lhe dissera uma vez que sua mãe se arrumava para ficar em casa com seu pai. Para as outras pessoas, ela se arrumava de forma normal, para João, ela gostava sempre de caprichar e estar parecendo uma "diva", principalmente nos seus dias de descanso.

— Silvia, eu preciso falar com ela! — disse Arthur na sala de estar da casa de João e Silvia.

— Ela está muito magoada, Arthur, e não quer falar com você.

— Olha, a senhora precisa acreditar em mim. Eu não fiz nada que pudesse prejudicá-la! Se ela está magoada, os motivos não estão muito claros.

— Arthur, eu já sei o que aconteceu. Suzi me contou.

— Sério?

— Não temos segredos. Suzana me conta tudo o que acontece na sua vida. Arthur — Silvia colocou a mão no ombro do jovem e sorriu para ele —, você foi um grande cavalheiro ao respeitá-la. Não desista dela!

Caminhando pelo *campus* da UFRGS, Arthur avistou Suzana vindo em sua direção. Quando ela o viu, deu meia volta.

— Suzi, espere, espere! — gritou Arthur. Suzana apressou ainda mais o passo. — Por favor, vamos conversar!

Arthur correu e conseguiu alcançá-la. Sem perceber, segurou-a pelo braço.

— Vai me empurrar de novo? — disse ela com rancor. — Se você não gostava de mim, era só ter dito!

— Suzana, eu gosto de você mais do que imagina, e precisamos conversar sobre isso!

Mesmo contra a sua vontade, Suzana concordou que conversassem. Caminharam até sua árvore favorita (onde Suzana puxou assunto pela primeira vez com Arthur), que ficava em um cantinho mais afastado dos olhares alheios. Arthur notou que ela tinha os olhos vermelhos e úmidos.

— Arthur, desculpe ter fugido daquele jeito... — Suzana não o olhava nos olhos. — Você deve me achar feia... Não gosta de mim, por isso me rejeitou...

— Essa é a maior bobagem que eu já ouvi! Você é uma linda mulher, Suzi. Mas aquele dia na fazenda nós iríamos cometer um erro terrível! Erro esse que poderia ter dado um rumo indesejado ao nosso futuro.

— Mas foi só um beijo!

— Não, Suzi. Não foi apenas um beijo.

Arthur sabia que se não tivesse parado a tempo, os dois teriam ido muito além daquele beijo, e ele imaginava que ela também soubesse disso. Ele queria que o seu primeiro beijo fosse com sua futura esposa, e havia feito uma prova com Deus, anos atrás, de que só casaria se a sua futura esposa fosse virgem como ele. Já fazia alguns meses que Arthur descobriu que amava Suzana, mas tinha medo de não ser ela aquela que Deus tinha guardado para ele. Arthur pensava que ela já tinha "passado pela mão" de outros rapazes. Quando ele puxava esse assunto, querendo saber se ela já namorara ou "ficara", Suzana dizia simplesmente que estava comprometida, e deixava claro que não queria falar sobre aquilo.

— Suzi, eu jamais cometeria nenhum ato que pudesse desonrá-la. Desculpe a minha sinceridade, mas se os caras com quem você saía faziam o que queriam com você... Sinto muito, mas eu não sou assim! Pode dizer que sou doido por pensar diferente, me chamar de esquisitão por eu ter esses princípios, mas...

— Arthur, seu bobo... — Suzana interrompeu-o sorrindo timidamente. — Aquele também foi o meu primeiro beijo! Jesus é a pessoa com quem eu sempre dizia estar comprometida!

Arthur sentiu como se tivesse acabado de receber a notícia de que ganhara na loteria.

— Eu te amo, Suzana. — Arthur segurou as mãos dela e olhou em seus olhos. — Quer namorar comigo? Com a intenção de nos conhecermos melhor, para depois noivarmos e casarmos?

— Sim, Arthur. Eu também te amo!

Ainda naquele dia Arthur pediu Suzana em namoro para João e Silvia, e o casal de namorados combinou que seu próximo beijo de amor seria somente no dia do casamento, após o pastor tê-los declarado marido e mulher diante dos convidados — e principalmente diante de Deus.

— Professora, eu assisti no jornal o resultado de uma pesquisa que dizia que os jovens são os que mais morrem no mundo. Por que isso? — perguntou uma moça na Escola Dominical.

— Alguém sabe a resposta? — indagou Helena.

— Por causa da desobediência e rebeldia aos pais — respondeu Suzana, que se esforçava para dominar sua personalidade antissocial. Aos poucos ela estava começando a interagir mais com os outros jovens, e também já participava verbalmente da Escola Dominical com frequência.

— Muito bem, Suzi! — disse Helena. — De todas as mortes que ocorrem no mundo, o maior número delas é de jovens. Efésios 6.2 diz: *"Honra a teu pai e a tua mãe, que é o primeiro mandamento com promessa..."* e em Deuteronômio 5.16 diz: *"Honra a teu pai e a tua mãe, como o Senhor teu Deus te ordenou, para que se prolonguem os teus dias e para que te vá bem na terra que te dá o Senhor, teu Deus"*.

— E em Êxodo 21.17 — disse Suzana, abrindo sua Bíblia — está escrito: *"E quem amaldiçoar a seu pai ou a sua mãe certamente morrerá"*.

— Pessoal, antes de terminarmos a aula de hoje — disse Helena —, quero suplicar a vocês que se esforcem para agradar a Deus. Lutem por uma vida santa e digna diante dEle. Em 1 Pedro 1.15 está escrito: *"Mas, como é santo aquele que vos chamou, sede vós também santos em toda a vossa maneira de viver"*. Evitem olhar para os erros dos outros cristãos e para os escândalos que estão acontecendo dentro da igreja. Isso só contribuirá para o esfriamento da sua fé e do seu amor por Jesus! Olhem mais para como estão suas próprias vidas diante de Deus. O Senhor conhece as falhas de vocês. Não pensem que Ele está indiferente em relação às muitas tentativas frustradas que vocês têm feito para agradá-lo. Ele sabe o quanto vocês têm batalhado para vencer a carne, o pecado, o mundo e o Diabo. Mas continuem lutando! Ele vê a sinceridade de seus corações, e se vocês persistirem, Ele vai ajudá-los! A santificação não ocorre de forma automática. É um longo processo, meus queridos! Processo este que só estará terminado quando tivermos nossos corpos glorificados, conforme o corpo glorificado do Senhor. E se está difícil ser um cristão fiel nesse mundo corrompido, lembrem-se de que vocês encontram-se no mundo, mas não são do mundo, como Jesus falou em João 17.14-16. Procurem decorar Romanos 12.1,2 e apliquem-no em suas vidas. Na minha "Bíblia Viva" está escrito: *"E assim, queridos irmãos, eu apelo que vocês deem seus corpos a Deus. Que eles sejam um sacrifício vivo, santo — o tipo de sacrifício que Ele pode aceitar. Quando vocês pensam naquilo que Ele fez por vocês, isto será pedir muita coisa? Não imitem a conduta e os costumes deste mundo, mas seja, cada um, uma pessoa nova e diferente, mostrando uma sadia renovação em tudo quanto faz e pensa. E assim vocês aprenderão, de experiência própria, como os caminhos de Deus realmente satisfazem a vocês"*. Suzi, vou lhe pedir que leia na minha "Bíblia Viva" alguns versículos, ok?

Helena alcançou sua Bíblia para Suzana. Ela costumava utilizar três Bíblias diferentes na Escola Dominical: A "Almeida Revista e Corrigida", a "Bíblia Viva" e uma Bíblia de estudo, pois assim conseguia trabalhar melhor com a explicação da Palavra de Deus para os jovens.

— Suzana, leia então Mateus 24.3-13, Mateus 24.24-27, e por último Mateus 24.32, 33, 35, 37, 38, 39 e 42.

— *"Quando é que vai acontecer isso?" perguntaram-lhe os discípulos mais tarde, quando Ele se sentou nas encostas do Monte das Oliveiras. "Que acontecimentos marcarão a sua volta, e o fim do mundo?" Jesus disse-lhes: "Não deixem que ninguém engane vocês. Porque muitos virão dizendo que são o Messias, porque querem desviar a muitas pessoas. Quando vocês ouvirem de guerras que começam, isto não é sinal da minha volta; elas devem vir, mas ainda não é o fim. As nações e os reinos da terra se levantarão uns contra os outros; haverá fome e terremotos em muitos lugares. Mas tudo isso será apenas o princípio dos horrores futuros. Então vocês serão torturados e mortos, e odiados no mundo todo porque são meus. E muitos de vocês cairão novamente no pecado, e trairão e odiarão uns aos outros. E aparecerão falsos profetas, que desviarão a muitos. O pecado andará solto por toda parte e esfriará o amor de muitos. Mas aqueles que ficarem firmes até o fim serão salvos. Porque se levantarão falsos Cristos, e falsos profetas que farão milagres maravilhosos, de tal maneira que, se possível, até os escolhidos de Deus seriam enganados. Vejam que eu lhes avisei. Portanto, se alguém lhes disser que o Messias voltou e está lá no deserto, não se deem ao trabalho de ir ver. Ou que Ele está escon-*

dido em certo lugar, não creiam nisso! Porque assim como o relâmpago brilha pelo céu de leste a oeste, assim será minha vinda quando Eu, o Messias, voltar. Agora aprendam uma lição da figueira. Quando o ramo dela está novo e as folhas começam a brotar, vocês sabem que o verão está chegando. Da mesma forma, quando vocês puderem ver todas estas coisas começando a acontecer, podem saber que a minha volta está bem próxima. O céu e a terra desaparecerão, porém as minhas palavras ficarão para sempre. O mundo estará distraído em banquetes, festas e casamentos — tal como foi no tempo de Noé, antes da vinda repentina do dilúvio; o povo não queria acreditar no que estava para acontecer, até que o dilúvio realmente veio e os levou a todos. Assim será na minha vinda. Portanto, estejam preparados, porque vocês não sabem em que dia o seu Senhor vem".

— Jovens — disse Helena —, eu acredito que Jesus está mais perto de voltar do que jamais esteve! Todos os sinais descritos em Mateus já se cumpriram. Só falta mesmo Jesus voltar!

Arthur e Suzana conversavam em baixo da sua árvore favorita no *campus* da UFRGS, pouco antes de começar a aula do turno da noite. Os dois quase nunca conseguiam se matricular nas mesmas disciplinas, pois Arthur estava mais adiantado nos estudos que Suzana (pois começara a faculdade antes dela).

— Arthur, obrigada por aquele dia na fazenda você ter me respeitado acima de mim mesma — disse Suzana enquanto segurava uma carta. — Eu escrevi essa cartinha há algum tempo, e até poucos meses atrás, admito que jamais imaginei que seria para você que eu a entregaria.

Suzana deu um beijo no rosto de Arthur e saiu dali, dirigindo-se à sala onde teria aula.

Arthur abriu a carta e começou sua leitura:

Oi, amor!

Sinto imensa saudade de você! Essa afirmação pode parecer estranha, pois ainda não nos conhecemos (quem sabe nos vimos por aí alguma vez), mas já o amo com todas as minhas forças e sou totalmente fiel a você, desde agora.

Já tenho 20 anos, e admito que está um pouco — ou melhor, muito difícil — suportar a solidão, as tentações e a vontade de ter alguém (Cada rapaz que aparece no meu caminho... Misericórdia!) e essa longa espera. Mas estou me mantendo — com a ajuda e a bendita graça de Deus — pura somente para você.

Eu sei que Deus está guardando-o para mim, e que Ele já tem tudo planejado, portanto, só tenho que esperar com muita paciência no Senhor.

Minha vida não está sendo fácil sem a sua companhia, pois como se não bastasse o que disse anteriormente ter que suportar, algumas pessoas ficam me pressionando psicologicamente por eu ter essa idade e nunca ter "ficado" ou namorado ninguém. Pensam que eu tenho algum problema, pois não compreendem a perfeita vontade de Deus para a minha vida.

Como eu não quero mentir e nem dizer a verdade, pois não entenderiam (e eu tenho sentido a direção de Deus de não "lançar as pérolas aos porcos"), dou alguma desculpa. Digo que é a falta de tempo devido à faculdade ou outra coisa, mas continuam me perturbando.

O fato é que eu sou diferente. Deus me guardou de uma maneira tão especial e sobrenatural, que nem eu compreendo.

Como qualquer mulher em suas plenas e perfeitas funções biológicas, tenho vontade de ter alguém, ao menos para passar o tempo até conhecer aquele que Deus preparou para mim. Mas uma parte do meu ser, bem mais forte que qualquer desejo carnal, me faz almejar namorar, noivar e casar com o mesmo homem.

Não quero ter relacionamentos para experimentar se dará certo ou simplesmente para passar o tempo. Meu sonho é que, não somente o meu hímen, mas também todo o meu corpo, meus beijos, meus afagos, minha alma e minha honra sejam para um homem exclusivamente: O meu amado e esperado esposo.

Eu quero e vou ser mulher de um só homem, em nome de Jesus!

Sei que quando você aparecer em meu caminho, Deus confirmará a nós dois, e vai valer a pena cada segundo da nossa longa vida juntos.

Faz algum tempo que o Senhor tem me impulsionado a orar por você, e tenho feito isso insistentemente. Orei especificamente por você na madrugada passada. Pedi ao Pai Celeste para protegê-lo com todo carinho, abençoá-lo em todas as áreas da sua vida, para livrá-lo e dar-lhe forças para vencer as tentações e as paixões deste mundo. Enfim, pedi para Ele continuar guardando-o somente para mim. Estou fazendo o mesmo por você.

Amo-te!

"O amor tudo sofre, tudo crê, tudo espera, tudo suporta" (1 Coríntios 13.7).

"Vem depressa, amado meu, e faze-te semelhante ao gamo ou ao filho dos corços sobre os montes dos aromas" (Cantares 8.14).

Sempre sua
Suzana Goulart de Azevedo.

— Uau! — proferiu Arthur quase sem fôlego, olhando para a carta e com o coração queimando. — Uau!

Tomando chimarrão na varanda da sua casa, Helena lia uma revista que estampava na capa o casamento de uma ex-modelo famosa (que havia sido sua colega na agência de Nova York) com um jogador de futebol italiano. Não sentiu ciúmes ou inveja. Ela amava a nova vida que Deus lhe dera, amava ser solteira e viver para Ele. Mas estava passando por um daqueles momentos solitários difíceis de suportar. De tempos em tempos esses períodos de carência e solidão apareciam, mas com a ajuda de Jesus, ela sempre conseguia sobreviver a todos eles.

Naquela sexta-feira, ela deveria estar em jejum em favor dos muçulmanos, mas só conseguiu jejuar até certa hora da tarde, pois sua pressão baixou muito e ela quase desmaiou. (Helena jejuava todas as sextas-feiras pela libertação e salvação dos muçulmanos, e aos domingos pela igreja em geral.)

Dirigiu-se ao seu quarto para orar, pois Lorenzo lhe dissera certa vez que ela deveria aproveitar a vida de solteira para interceder pela igreja, pelos desviados, pela paz em Israel e pelos missionários ao redor do mundo. Ela sentiu que era a oração intercessória que faltava para completar seu ministério. Sua vida já era bastante ocupada com a administração das suas lojas, e também como professora dos jovens da igreja (cargo que requeria um grande esforço da sua parte, muita oração e dedicação). Helena já possuía vinte lojas de confecção espalhadas por São Paulo e também pelo Rio Grande do Sul. Não precisava de muito para viver. Procurava ter uma vida modesta, sempre se lembrando de Mateus 6.20,21, que diz: *"Mas ajuntai tesouros no céu, onde nem a traça nem a ferrugem consomem, e onde os ladrões não minam, nem roubam. Porque onde estiver o vosso tesouro, aí estará também o vosso coração"*. Pensando assim, parte majoritária do lucro obtido com as lojas, Helena enviava para seu irmão em Angola.

Ajoelhada aos pés da cama, Helena massageava o dedo mínimo inativo da mão direita (resultado da sua tentativa frustrada de suicídio em Nova York) e pensava em como teria sido sua vida, caso ela não tivesse cedido à tentação com Rafael. *Se eu tivesse rejeitado Rafael, se tivesse me mantido firme no pacto de santidade com Juliana, com quem estaria casada agora? Qual seria a minha profissão? De quantos filhos eu seria mãe?* Lembrou-se de que tentara adotar uma criança algumas vezes, mas o juiz sempre a declarava como inapta à adoção, devido ao seu passado conturbado (drogas, aborto, tentativa de suicídio, insanidade mental...). Procurou afastar aqueles pensamentos da sua mente e começou a orar. Quando intercedia pelo próximo, Helena sentia-se amparada e confortada por Deus, e esquecia-se da sua própria vida e de seus anseios. Helena orava especificamente por cada item da sua lista de oração:

- ✔ *Família (Eduardo e mamãe);*
- ✔ *Parentes;*
- ✔ *Igreja de Redenção;*
- ✔ *Famílias cristãs (especialmente para o fortalecimento dos laços matrimoniais e proteção dos ataques do Inimigo);*
- ✔ *Desviados;*
- ✔ *Vizinhos;*
- ✔ *Alunos da Escola Dominical;*
- ✔ *Futuros suicidas (que eles encontrem a salvação em Jesus Cristo a tempo, e não tirem suas próprias vidas, indo para o inferno);*
- ✔ *Governo brasileiro;*
- ✔ *Paz em Israel;*
- ✔ *Salvação dos não cristãos, dos incrédulos e também dos cristãos equivocados;*
- ✔ *Pessoas sinceras ao redor do mundo que estão em busca de respostas, em busca de Deus, mas ainda não o encontraram;*
- ✔ *Missionários ao redor do mundo;*
- ✔ *Cristãos "secretos" em países onde o evangelho é proibido;*
- ✔ *Países intolerantes ao evangelho (que as portas sejam abertas para a pregação do evangelho nos países da janela "10/40", onde os cristãos são cruelmente perseguidos): Coreia do Norte, Irã, Afeganistão, Arábia Saudita, Somália, Maldivas, Iêmen, Iraque, Uzbequistão, Laos, Paquistão, Eritreia, Mauritânia, Butão, Turcomenistão, China, Catar, Vietnã, Egito, Chechênia, Comores, Argélia, Nigéria (norte do*

país), Azerbaijão, Líbia, Omã, Mianmar, Kuwait, Brunei, Turquia, Marrocos, Índia, Tadjiquistão, Emirados Árabes Unidos, Sudão (norte do país), Zanzibar (ilha da Tanzânia), Tunísia, Síria, Djibuti, Jordânia, Cuba, Belarus, Etiópia, Palestina, Barein, Quirguistão, Bangladesh, Indonésia, Malásia, Rússia;[1]

✔ *Pastores e pregadores defensores da teologia da prosperidade e de outras heresias e aberrações (que Deus abra os olhos principalmente dos grandes e influentes pregadores desvirtuados da atualidade, para que mudem o foco da sua pregação, usem sua popularidade em prol do verdadeiro evangelho de Cristo e comecem a proclamar a verdade, com base na sã doutrina).*

Arthur e Suzana estavam namorando com o intuito de noivar e casar logo após Arthur terminar a faculdade. Combinaram que não haveria falsidade entre eles. Cada qual saberia totalmente com quem estaria se casando, para não correrem o risco de ter seu castelo de sonhos desfeito depois de um algum tempo, como acontecia com a maioria dos casais.

— Suzi, além de nos amarmos, estamos apaixonados. Então, só vemos qualidades um no outro. Sei que a realidade é bem diferente. Principalmente depois da análise que fiz do casamento dos meus pais, percebi que ambos se casaram com uma pessoa que não existia! Cada qual, na tentativa de conquistar o outro, criou uma imagem perfeita de si mesmo. E quando a verdade apareceu... Você já sabe a tragédia que foi aquele casamento.

— E o que você sugere que façamos para não cometermos esse erro? — perguntou Suzana, sentada ao lado de Arthur na sala da sua casa, enquanto um CD do Gaither Vocal Band tocava no aparelho de som.

— Vamos fazer assim: Tanto eu como você faremos três listas. Na primeira, escreveremos todos os nossos defeitos, mesmo aqueles que teríamos vergonha de contar, pois afinal, depois que casarmos, querendo ou não, esses defeitos vão aparecer; na segunda, colocaremos todas as coisas que não suportaríamos no cônjuge; e na última, nossas expectativas para com o mesmo.

— Como assim, coisas que não suportaríamos no cônjuge?

---

[1] Lista dos países onde cristãos sofrem mais perseguição ao redor do mundo, em relatório emitido em 2011 pela agência internacional de missões Portas Abertas. Disponível em: http://www.portasabertas.org.br.

— Veja bem, eu farei uma lista das coisas que não suportaria em você, ou melhor, que eu não espero de você como esposa, e você igualmente em relação a mim, como seu marido. Desse modo, depois que casarmos vou me esforçar para não cometê-las e vice-versa. E na lista de expectativas, colocaremos tudo o que esperamos um do outro como futuros cônjuges.

Depois que Arthur foi embora, Suzana fazia a sua lista de defeitos (defeitos que há tempos ela lutava para mudar!):

- ✔ *Sou preguiçosa e desorganizada;*
- ✔ *Tenho a mania de deixar "tudo para a última hora";*
- ✔ *Detesto fazer o serviço da casa;*
- ✔ *Roo as unhas (de tempos em tempos, principalmente quando estou muito ansiosa);*
- ✔ *Não sou sempre assim tão calminha como você me conhece. Sofro de TPM, e quando estou "naqueles dias" é melhor me deixar um pouco de lado e não me irritar, pois dependendo do meu estado de espírito, fico furiosa (muito mesmo!) ou mal-humorada e não costumo conversar com ninguém;*
- ✔ *Sou um pouco antissocial; não gosto de estar visitando os parentes o tempo todo, nem de muito ajuntamento na minha casa (penso que nossa casa tem que ser nosso refúgio, nosso cantinho protegido, e não um local para constantes reuniões);*
- ✔ *Sou extremamente franca (às vezes magoo as pessoas por dizer a verdade na cara, sem fazer nenhum rodeio para chegara até ela);*
- ✔ *Sou um pouco egoísta, e às vezes tenho dificuldade de abrir mão de algo a meu favor, em prol do benefício do outro.*

Quando já tinha acabado o rascunho da sua lista de defeitos, começou a lista das coisas que não suportaria no cônjuge:

- ✔ *Infiel;*
- ✔ *Que olhe de modo lascivo para outras mulheres, mesmo quando não estiver comigo;*
- ✔ *Relaxado (falta de higiene pessoal, falta de modos na mesa, etc.);*
- ✔ *Falso, mentiroso (depois de Jesus, eu tenho que ser a sua melhor amiga!);*
- ✔ *Fofoqueiro (nossa vida pessoal, nossos segredos devem pertencer somente a nós!);*

- ✔ *Hipócrita (nunca se esqueça de uma hierarquia importante: Em primeiro lugar Deus na sua vida, em segundo lugar eu, em terceiro nossos filhos e depois os parentes, a igreja e os amigos!);*
- ✔ *Irado, estúpido (não suporto homem bravo, rude e nervoso);*
- ✔ *Não sou feminista (sei que isso é pecado, coisa do Inimigo). Serei submissa a você; você será o sacerdote do nosso lar, a última palavra será sempre a sua, mas não tolero autoritarismo (serei sua mulher, sua adjutora, e não sua escrava!);*
- ✔ *Irresponsável, imaturo;*
- ✔ *Excessivamente dependente (não vou alcançar as meias nas suas mãos todos os dias!);*
- ✔ *Orgulhoso, soberbo, com necessidade de aparecer diante dos outros;*
- ✔ *Personalidade muito complexa (com manias desagradáveis);*
- ✔ *Covarde, injusto, desonesto;*
- ✔ *Debochado e racista;*
- ✔ *Indeciso, chato e irritante;*
- ✔ *Cínico e sarcástico.*

— Senhor, dê-me coragem para entregar essas listas ao Arthur... E me ajude também a mudar meus defeitos! — orou Suzana, sentindo-se envergonhada em ter que expor coisas tão desagradáveis de si mesma ao homem que amava. Faltava fazer a lista de expectativas, e ela sabia que ainda teria que acrescentar algumas coisas na sua lista de defeitos. Mas faria outro dia, pois já não se aguentava mais de sono.

— Amin, minha bolsa estourou! — gritou Juliana enquanto sentava no sofá, contorcendo-se de dor.

— Ai, meu Deus! O que eu faço?!

Atrapalhado, Amin correu até ela, sentando-se do seu lado.

— Pegue logo o carro! — Juliana berrou, retraindo-se toda devido às fortes contrações.

Amin correu para a rua e ligou o motor do Fusca rosa, o único veículo que possuía (e que normalmente era conduzido por Juliana, que já tinha sua carteira de habilitação).

Após um almoço de domingo na casa de João e Silvia, Arthur e Suzana trocavam suas listas. Ao passar os olhos pela lista de defeitos de

Arthur e deparar-se com um item constrangedor, Suzana disse bastante séria:

— Arthur, eu não vou aceitar pornografia no nosso relacionamento. Se você pensa que eu poderei não ser suficiente a você, então é melhor nem se casar comigo!

— Suzana, eu fui viciado em pornografia na minha adolescência! Mas leia o restante do que escrevi. Eu já fui liberto! Faz alguns anos que não caio nesse pecado. Sinto nojo de pornografia! Só queria que você soubesse tudo a meu respeito, inclusive as coisas indecorosas. — Arthur olhou para a lista de Suzana e disse: — Você não gosta de fazer serviços domésticos?

— Não é que eu não goste... — disse Suzana, envergonhada. — Sim, eu não gosto, é verdade. Mas me esforço para ajudar minha mãe com as tarefas da casa. Só que às vezes estou com preguiça, e não faço nada mesmo! Arthur, eu preciso lhe mostrar uma coisa no meu quarto.

Suzana puxou-o pela mão.

Ah, não! No quarto?, pensou Arthur. *Será que vou ter que lutar de novo com essa garota?*

Quando Suzana abriu a porta e Arthur olhou para dentro do aposento onde sua namorada dormia, ficou com os cabelos em pé. Parecia que o "Katrina" havia passado ali dentro!

— Já que estamos sendo transparentes... Bom, é assim que meu quarto fica às vezes. Ou melhor... Arrumado é que ele quase nunca fica! — Suzana deu uma risadinha de constrangimento. Olhou para Arthur e percebeu que ele estava assustado. — Não sou relaxada, Arthur. Eu gosto de capricho. Mas sou muito preguiçosa, e a preguiça me leva à negligência...

— Vamos ter que resolver isso, Suzi, pois eu quero minha casa sempre limpa! Nem que para isso eu tenha que ajudá-la com as tarefas!

— Não será preciso. Vou me esforçar para mudar.

Voltaram para a sala de estar.

— Outra coisa que você precisa saber a meu respeito, Suzi, e que também está na lista, é que eu possuo uma tendência horrível para engordar.

— É mesmo? — disse Suzana olhando-o de alto a baixo. — Não parece! Não consigo te imaginar gordo, Arthur.

— Durante toda a minha infância e adolescência eu fui gordinho. Pouco antes de entrar para a faculdade, fiz uma reeducação alimentar e emagreci bastante. Porém, quando estou triste, ansioso ou com algum problema, tenho que lutar muito para não descontar na comida.

— Deixe-me ver alguma foto de você gordinho?

— Não, Suzi.

— Ah, por favor! Por favorzinho!

Sabendo que sua namorada continuaria insistindo até que ele lhe mostrasse a dita fotografia, Arthur tirou um documento de dentro da carteira (que continha uma foto da sua adolescência) e entregou-a a Suzana.

— Ah, você até que era bonitinho!

— Suzi, desde que eu a conheci, tenho me esforçado para manter o peso ideal. Porém, já que seremos marido e mulher, queria que você tivesse conhecimento disso. Certamente você já sabe que quem foi gordo uma vez, sempre correrá o risco de engordar novamente.

— Arthur, eu o conheci como você está agora, e gosto muito de você assim. Mas eu não me importaria se um dia você ganhasse uns quilinhos. Deve ser bom abraçar um fofinho! — Já que eles estavam sendo sinceros um com o outro, ela resolveu dizer mais uma coisinha: — Só não fique pançudo!

— Vou procurar me lembrar disso — disse Arthur rindo.

Arthur acreditava que o seu sobrepeso na adolescência o havia ajudado a se guardar sexualmente. Além de ser gordinho, ele era muito tímido na escola (o típico CDF da turma), e nenhuma garota se interessava por ele — ou tinha coragem de se aproximar dele, caso estivesse interessada.

Arthur teve uma infância e uma adolescência muito difíceis. Sofrera de compulsão alimentar, e costumava afogar seus problemas nos doces. Seu refúgio quando os pais discutiam e as coisas não estavam bem em casa era encher uma bandeja com doces de todos os tipos, e subir para a laje da sua casa à noite. Depois de devorar aquelas guloseimas, deitava-se no piso morno, ficava olhando as estrelas e conversando com Deus. Ele gostava de contar as estrelas cadentes (ou meteoros, como diziam os astrônomos) que riscavam o céu. No ano mais difícil da sua vida, Arthur contou 34 estrelas cadentes.

No mais novo hospital público de Redenção, Amin desembarcava do carro com Juliana.

— Minha esposa está em trabalho de parto! — gritou Amin ao avistar um enfermeiro.

O enfermeiro entrou rapidamente no hospital e voltou com uma cadeira de rodas. Gritando muito, Juliana sentou-se na cadeira, e o enfermeiro levou-a às pressas para dentro do prédio.

Em uma pequena sala o médico examinava Juliana.

— Você se encontra em trabalho de parto, mas está com pouca dilatação. O parto pode demorar.

— Mas doutor, ela já está tendo contrações terríveis há mais de meia hora! — disse Amin preocupado. Ele não sabia muito bem como lidar com aquela situação, pois estava trabalhando quando sua primeira esposa ganhou Jamilah. A vizinha que levou Maymunah ao hospital lhe dissera que Maymunah tivera sorte, pois seu parto fora muito fácil e rápido.

— Não posso fazer nada — disse o médico. — Ela vai ter que esperar. Temos mais de 20 mulheres internadas neste hospital, na mesma condição da sua esposa. E no momento, sou o único plantonista.

— Então vou transferi-la para outro hospital! — vociferou Amin.

— Eu não o aconselho a fazer isso. Nos hospitais das outras cidades, as maternidades também estão lotadas. E a remoção para outro local, no estado em que a paciente se encontra, pode ser prejudicial para ela, e principalmente para o bebê.

— E o que eu faço, doutor? — perguntou Amin angustiado, gesticulando com as mãos.

— Vá até a recepção, faça a baixa da sua esposa e aguarde — disse o médico com a maior calma do mundo. — Isso é tudo que o senhor pode fazer por ela.

Antes de lidar com a parte burocrática da internação de Juliana, Amin acompanhou-a juntamente com uma enfermeira até uma enorme sala branca, onde outras mulheres grávidas encontravam-se deitadas em suas camas, aguardando a hora do parto.

— Amin, por favor, não me deixe aqui! Fique comigo! — suplicou Juliana com lágrimas nos olhos. — Estou com muito medo!

— Calma, amor, vai dar tudo certo! Estou com você!

Amin segurou firmemente a mão de Juliana, pensando que em breve aquela bela e delicada mulher lhe daria um filho.

— Esta é a sala de pré-parto, e o senhor não pode ficar aqui — disse uma enfermeira.

— Por favor, deixe-o ficar comigo! — implorou Juliana.

A enfermeira olhou para ela e, com um sorriso sarcástico nos lábios, disse-lhe:

— Querida, ele só participou até aqui. Daqui em diante é com você!

Antes que a enfermeira fechasse a porta, separando Amin da esposa, ele olhou-a pela última vez e disse que a amava.

Juliana deitou-se na cama de lençóis muito brancos, e teve que se conformar com a situação. Sabia que em breve voltaria para Amin, com o seu desejado bebê nos braços.

Três horas depois, Amin ainda aguardava no corredor. De tempos em tempos pedia informações para alguma enfermeira que saía do quarto, mas a resposta era sempre a mesma: "Não se preocupe, está tudo bem com sua esposa. Só que ainda não chegou a hora. O senhor precisa aguardar".

Enquanto isso, dentro do quarto, Juliana sofria contrações a cada cinco minutos. Desesperada de dor, ela pediu que a enfermeira chamasse o médico.

— Ele não está no momento — disse a enfermeira rispidamente. — E o outro médico só virá pela manhã!

— Mas não me sinto bem! — disse Juliana. — Acho que há algo errado comigo...

A enfermeira riu.

— Todas dizem a mesma coisa! Mas quando isso acabar, você verá que seu bebê compensará qualquer sofrimento.

Muitas horas já haviam se passado desde a internação de Juliana, e Amin aguardou durante todo esse tempo sentado em um banco desconfortável no corredor, alternando pequenos cochilos com orações.

Os primeiros raios de sol começavam a aparecer, quando um médico passou por Amin.

— Doutor, como está a minha esposa? — Amin pulou do banco.

— Eu acabei de chegar. Mas já irei atendê-la juntamente com as outras pacientes.

Quando o médico abriu a porta, Amin tentou espiar dentro do quarto, mas não conseguiu ver Juliana.

Na sala de pré-parto o médico parava em cada leito, verificando a situação das futuras mamães. Algumas mulheres gritavam muito, e ele logo ficou nervoso, solicitando que duas enfermeiras o auxiliassem na análise. Ao chegar até o leito de Juliana, o médico examinou-a.

— Doutor, a que horas terei meu bebê? — perguntou ela. — Não aguento mais esperar!

— Em breve. Aguente mais um pouquinho.

O médico avisou à enfermeira-chefe que voltaria logo, e saiu da sala.

No corredor, Amin não se aguentava mais de ansiedade. Queria muito estar ao lado de Juliana naquele momento. Ligou para Helena, pedindo que viesse fazer-lhe companhia.

Quase duas horas depois, o médico retornou. Durante esse período, várias mulheres foram levadas à sala de parto e ganharam seus bebês.

Deitada na sua cama Juliana chorava baixinho, pedindo a Jesus que a ajudasse. Quando o médico aproximou-se dela e novamente a examinou, constatou que agora, apesar de ela encontrar-se com dilatação suficiente e pronta para o parto, algo estava fora dos padrões normais conhecidos por ele.

— Juliana — disse o médico —, há quanto tempo você está em trabalho de parto?

— Desde a tarde de ontem — respondeu Juliana com uma voz débil.

— E o que o outro médico disse? — indagou ele, olhando para o prontuário de Juliana e não encontrando nenhuma observação a seu respeito.

— Ele disse que eu estava bem, e que iria ter um lindo parto normal. Mas não me sinto bem, doutor. Há algo errado comigo.

O médico mediu a pressão de Juliana, constatando que estava muito alta. Não conseguiu detectar as batidas do coração do feto, e naquele momento ele se preocupou.

— Rápido! — disse ele a uma enfermeira. — Leve-a para a sala de parto! O caso dessa mulher é de cesariana urgente! O bebê está em sofrimento fetal.

Dois enfermeiros levaram Juliana às pressas para a sala de parto.

Na sala de espera do hospital, Amin e Helena conversavam, quando o médico interrompeu-os.

— Senhor, sua esposa teve eclampsia, e a situação em que ela e o feto se encontram é bastante delicada.

Amin e Helena perderam a fala diante daquela notícia.

— Mas ela está bem? O que vocês estão fazendo por minha esposa? — perguntou Amin com a voz trêmula.

— Está tudo ok. Os cuidados necessários já foram tomados. Ela se encontra na mesa cirúrgica neste momento, mas está muito agitada e se recusa a fazer a cesárea antes de falar com o senhor.

Amin acompanhou o médico até a sala onde estava Juliana. Alguns minutos depois ele retornou, com os olhos molhados. Parecia estar com raiva. Passou por Helena e topou em seu ombro.

— Ela quer falar com você — disse Amin rispidamente, sem olhar para Helena.

Um minuto depois, Helena retornou da sala onde estava sua amiga e sentou-se longe de Amin, cruzando os braços. Os dois aguardaram em silêncio, evitando olhar um para o outro.

Quarenta minutos depois o médico finalmente reapareceu. Amin e Helena levantaram-se rapidamente e se aproximaram dele.

— Amin, o senhor teve um lindo menino de três quilos e meio. Seu filho precisará ficar na UTI infantil por alguns dias, apenas para observação, mas ele está bem. — Ao ouvir aquela notícia, Amin sorriu aliviado. — Mas sinto muito — prosseguiu ele. — Sua esposa não resistiu ao parto e veio a óbito.

Helena desandou-se a chorar, sentando pesadamente no banco da sala de espera, com o rosto entre as pernas e as mãos na cabeça.

— Não! — Amin gritou, com os olhos arregalados. — Você está mentindo para mim!

— Senhor, eu sinto muito...

— Mentiroso! Mentiroso! — Amin gritou, sacudindo o médico com seus braços fortes.

Após ver o corpo da esposa, Amin saiu do quarto e atravessou o hospital, proferindo frases ininteligíveis (para quem não compreendia a língua árabe). Saiu porta afora, parecendo desvairado.

Meu Deus! Se ele enlouqueceu quando Maymunah e Jamilah morreram, o que poderá acontecer agora?!, pensou Helena ao ver Amin saindo pela porta do hospital. Correu atrás dele, mas ele entrou no Fusca que era de Juliana e partiu em alta velocidade.

Helena entrou em seu carro decidida a procurá-lo. Ligou para o celular de João e pediu-lhe que a ajudasse, orando por Amin.

Helena ligou para o celular de Amin, mas ele não atendeu. Foi até as dependências da igreja, mas não o achou em parte alguma. *Aonde ele poderia ter ido?*, Helena pensava, preocupada.

— Senhor, me ajude a achá-lo! Helena orou. — E por favor, não permita que ele faça nenhuma loucura!

De súbito, em um estalo ela lembrou-se da praça de Redenção. Juliana lhe dissera certa vez que aquele lugar era muito importante para os dois. Foi lá que eles se conheceram e que ele a pedira em casamento. Helena dirigiu-se à praça da cidade, e dito e feito: o Fusca rosa se encontrava estacionado nas proximidades da praça.

Helena caminhou pela praça, até que ouviu um lamento alto no meio das árvores. Encontrou Amin ajoelhado no chão, perto de um banco, com o corpo pendido para trás. Ele tinha os olhos fechados, a cabeça voltada para o céu e chorava em um lamento profundo.

— Senhor, eu sei que não a merecia! — Amin soluçava. — O Senhor sempre foi o *Perfeito e Eterno Amor* dela, não eu! Estou sofrendo muito, meu coração está despedaçado, mas ainda confio em ti. Não compreendo por que o Senhor decidiu levá-la... — Amin gemeu alto e soluçou — ... tirando-a de mim... Mas eu continuo te amando, Senhor. Tudo foi feito pelo Senhor, tudo o que existe é teu... Inclusive Juliana... Glórias a ti para sempre, meu Deus!

Amin deitou-se de lado, em posição fetal, gemendo e chorando profundamente. Ele estava tão cansado que depois de algum tempo pegou no sono, sem se dar conta de que Helena o observava. Helena aproximou-se de Amin, ajoelhou-se ao seu lado e orou por ele, enquanto suas próprias lágrimas de luto pingavam na camisa do seu amigo e pastor.

17 Capítulo

Dois anos depois

Arthur e Suzana estavam noivos havia alguns meses, e já planejavam a data do casamento. Mesmo em meio a muitas adversidades e tentações, conseguiram conservar-se em pureza, vivendo em santidade e vencendo a si mesmos, o pecado, o mundo e o Diabo — dia após dia — por amor a Jesus. Porém, o destino que suas vidas teriam depois de casados era motivo para algumas discussões: Arthur desejava ir para o campo missionário (e já tinha a bênção do seu pastor, que queria enviá-lo para a Índia), mas Suzana era contrária a essa ideia. Arthur chegou a ficar em dúvida a respeito de casar-se com Suzana, e estava orando e pedindo a Deus que lhe confirmasse sua vontade.

Arthur e Suzana conversavam embaixo da "sua árvore", no *campus* da universidade.

— Suzi, você sabe que assim que nos formarmos minha intenção é irmos para a missão, para onde Deus nos mandar. Só que eu preciso saber de uma vez por todas se eu poderei contar com você!

Suzana virou o rosto para o lado. *Teremos que debater esse assunto outra vez?*, ela pensou, aborrecida. Estava disposta a casar-se com Arthur, mesmo depois de ter ficado sabendo de todos os seus defeitos (através da "lista de defeitos"). Mas aquele amor disparatado que Arthur nutria por missões acabava com a sua paz!

— Por que você quer ser missionário, Arthur? Por que isso é tão importante para você?

— Por que eu penso que não vale a pena viver a vida se não for para ajudar outras pessoas! Não vejo motivos para continuar vivendo se eu não puder ser útil para Deus, e levar os perdidos ao conhecimento da verdade. Enquanto conversamos, milhares de pessoas morrem ao redor do mundo. Elas vão direto para o inferno, Suzi! Não posso ficar parado sem fazer nada a respeito. E para falar a verdade... — Arthur desviou os olhos de sua noiva — ... todos os meus sonhos se resumem em ir para o céu e levar o maior número de pessoas comigo.

— Mas será que não poderíamos ser um casal normal de cristãos que evangeliza em seu próprio país? — disse Suzana irritada. Ela amava seu noivo, mas não estava contente com o futuro que poderia ter como missionária.

— Suzi, quase todos os brasileiros já estão evangelizados. Rejeitam a Cristo porque seus corações estão endurecidos! Mas a maior parte das pessoas dentro dos países da janela 10/40 sequer ouviu falar de Cristo e do plano da salvação uma única vez! E é por elas que meu coração queima!

— Acho que não tenho chamada para a missão, Arthur. É claro que eu amo as almas que estão se perdendo, e gostaria que conhecessem a Cristo e fossem salvas. Mas admito que talvez não as ame tanto a ponto de ir para um país completamente desconhecido, abrindo mão dos meus sonhos e de tudo o que eu conquistei até aqui. E além do mais, eu já evangelizo! Sempre carrego uma pilha de folhetos comigo e os entrego às pessoas que cruzam o meu caminho.

Ficaram em silêncio por alguns minutos, apenas pensando nas suas divergências.

— Suzi, posso contar a você como foi que o desejo por missões entrou em meu coração? — Arthur estava com o rosto vermelho. Ele sentia que ainda teria que acabar escolhendo entre Suzana e o seu ministério.

— Conte-me, Arthur — disse ela.

— Eu tinha 17 anos quando me converti. Como você sabe, nasci em um lar cristão, mas entreguei-me de forma completa a Cristo somente aos 17 anos, em um culto evangelístico da minha igreja. A partir da noite em que minha real conversão aconteceu, Gálatas 2.20 se fez real em minha vida. Eu sentia Cristo verdadeiramente vivendo em mim! Decidi que queria servir a Cristo de todo o meu coração, pois já não era mais o mesmo. E eu precisava partilhar aquilo que sentia com o restante do mundo! — Os olhos de Arthur brilhavam enquanto ele falava. — Então, eu era alguém que tivera a vida transformada por Deus. Não sabia o que fazer por mim mesmo para agradar o meu Senhor e agradecer-lhe pela nova vida que Ele tinha me dado. Queria louvá-lo, exaltá-lo, agradá-lo, mas parecia que vinte e quatro horas do meu dia não eram suficientes para isso. Porém, eu sentia que poderia fazer mais, Suzi. Muito mais! Colocar-me na posição de servo, deixar a preguiça e o egoísmo de lado, e entregar-me completamente a Ele. Queria servi-lo com alegria, fazer a sua vontade, obedecer à sua Palavra... Eu ansiava por agradá-lo, deixá-lo feliz e satisfeito comigo. Mas aos meus olhos parecia impossível! Quanto mais eu tentava, menos eu conseguia. Era um servo tão obstinado e indolente, e sabia que merecia os açoites destinados àquela categoria serviçal. Mas mesmo assim o meu Senhor continuava sendo tão bom, tão amoroso, que me perdoava, me dava novas oportunidades de fazer a sua vontade, e ainda por cima me abençoava! Que Senhor era aquele que não se enfadava de conceder novas chances aos seus servos, mesmo quando estes não mereciam possuir sequer o privilégio de serem chamados seus servos?

— Este Senhor é aquele que ama os que Lhe pertencem com um amor incondicional, incompreensível à mente humana — respondeu Suzana com um olhar abatido. Ela não queria atrapalhar a chamada missionária de Arthur, mas também não queria perdê-lo.

— Exatamente, Suzi! Percebi naquele tempo que eu precisava dedicar minha vida à missão. Era essa a única forma de ser verdadeiramente útil para Ele. E eu queria isso mais do que qualquer outra coisa! Amava as almas e ansiava para que fossem salvas muito mais do que o próprio ar que eu respirava. E esse sentimento só aumentou com o passar dos anos.

Suzana sabia que o desejo de Arthur por missões era autêntico. Desde que o conheceu, ele jamais perdia a oportunidade de falar do plano da salvação e do amor de Jesus para quem quer que fosse (desde um mendigo até seu professor ateu de genética molecular, que possuía mais de um Ph.D.).

— Juliano, quer mais sopinha? — perguntou Helena.

— Não, mamãe.

— Meu amor, eu já lhe disse que não sou sua mãe. Sua mamãe se chamava Juliana, e ela está... Onde agora?

— No céu com Jesus.

— Exatamente! Então me chame de tia Helena, ok?

— Tá bom, mamãe.

— Pelo visto, ele vai continuar insistindo — disse Amin ao aproximar-se.

— Ah... Oi, Amin! Pois é... Por mais que eu tente ensiná-lo, ele não aprende.

— Papai! — disse o menino estendendo os bracinhos ao ver que Amin viera buscá-lo.

Amin pegou-o no colo e ergueu-o para cima, rodopiando com ele pela sala.

— Cadê o garotão do papai, hein? — Amin colocou Juliano nas costas, e procurava-o, fazendo de conta que não conseguia achá-lo.

— Tô aqui, papai! — Juliano ria. — *Atás* de você!

Após um momento de brincadeiras, Amin colocou Juliano no chão.

— Sabe quem vem nos visitar nesse final de semana? — perguntou Amin. Juliano balançou a cabecinha repleta de cachos loiros, chupando o polegar. — O vovô Lorenzo!

— Oba! Vovô *Lolenzo*!

Amin e Helena riram.

— Helena, amanhã eu o trago às 8:00, ok?

— Pode ser.

— Não sei o que eu faria sem você. Você tem me ajudado muito.

— É um prazer cuidar dele. Não se preocupe com isso.

— Pedi para meus superiores colocarem outro pastor em meu lugar.

— Por quê, Amin? Você fez e continua fazendo um excelente trabalho em Redenção!

— Já estou cansado. E quero estar mais presente na vida do Juliano. — Quando Amin olhou para o lado, não viu mais o menino. Ele corria em direção a uma cadeira, e certamente tencionava subir em cima da mesa. — Juliano, volte aqui! Não suba aí que é perigoso, filho!

Ao dirigir-se até Juliano, que escalava a cadeira, Amin encostou-se sem querer em Helena.

— Desculpe — disse ele meio sem jeito.

— Não se preocupe.

Ao dirigirem-se para a porta, Helena colocou a mão na maçaneta, e Amin colocou a sua em cima da mão dela, sem perceber, pois estava distraído com Juliano no colo. Não quis se desculpar (mais uma vez), mas notou que ficou um clima estranho entre eles.

— Amanhã eu volto, *mami* — disse Juliano, abraçando e beijando Helena.

— É tia Helena, Juliano! Tia, certo, meu bem?

Quando Amin e Juliano foram embora, Helena fechou a porta e encostou-se nela. Suspirou fundo e pensou: *Calma, Helena! Sossega esse coração!*

Amin conversava com João, que lhe fizera uma visita.

— João, o que você acha da possibilidade de eu me casar novamente?

— Não vejo nenhum impedimento, Amin. Você é viúvo, e já vivenciou dois anos de luto por sua esposa.

— Mas ainda não esqueci Juliana. Para falar a verdade, nem Maymunah. — Amin ficou pensativo, parecendo distante em suas lembranças. — Às vezes eu penso na ironia que foi minha vida... — Amin riu, olhando para o chão. — Na cultura e religião em que eu nasci, um homem pode casar-se com até quatro mulheres. E eu casei-me com duas, uma de cada vez, e já estou pensando em casar-me com a terceira! — João não disse nada. Apenas ouvia seu amigo, pois percebeu que ele precisava desabafar. — Sabe João, eu amei cada uma das minhas duas esposas com um amor intenso, muito além da minha própria vida.

Amin encheu os olhos de lágrimas e embargou a voz.

— Eu sei, Amin, eu sei — disse João, colocando a mão no ombro do pastor.

— Juliana continua viva em minha alma e em meu coração, mas estou muito sozinho. Eu preciso de alguém, João! Não sei se você me entende...

— É claro que eu entendo, Amin. Você ainda é novo, e não deve viver sozinho. O Juliano vai precisar de uma mãe. E quanto à Juliana, lembre-se de que no céu não há casamento, pois lá as pessoas são como os anjos do Senhor.[1] Ela não vai sentir ciúmes de você, Amin. No céu ela só tem olhos para Jesus.

Amin começou a chorar. Depois que se recompôs, ele disse:

— Antes de Juliana entrar para a mesa cirúrgica e ser submetida à cesárea do nosso filho, ela pediu-me que, se ela morresse, eu me casasse com Helena.

Suzana estava dentro do trem, voltando da universidade. Seu ônibus enguiçou, e ela teve que optar pelos serviços do metrô.

Sentada em um dos bancos, ela observava as pessoas à sua volta e pensava em Arthur. Não queria ir para a missão. Seu sonho sempre fora

[1] Mateus 22.30.

fazer um excelente casamento e ser uma pediatra conceituada. Não se considerava materialista, mas também não conseguia se imaginar vivendo em um lugar inóspito, onde talvez nem água potável houvesse. Fechou os olhos e orou: *Senhor, se é a tua vontade que eu vá para o campo missionário com Arthur, coloca em mim o mesmo desejo e amor pelas almas que ele possui! E que seja feita a tua vontade, Pai".*

Quando abriu os olhos, Suzana deparou-se com uma família que acabara de entrar, composta por um homem, uma mulher, uma menina e um bebê. Como não havia lugar nos bancos, sentaram-se no chão. Estavam com algumas malas ao redor, sujas e rasgadas. O casal, magro e mal vestido, parecia cansado. A mulher segurava o bebê no colo, enquanto conversava com o homem ao lado, provavelmente seu marido. Suzana olhou para a menina (que aparentava ter uns dez anos), sentada no chão à sua frente, e notou que ela possuía um colar no pescoço, feito de contas de vidro e miçangas coloridas. Suzana calculou que fosse um colar "sagrado" (típico das religiões afro-brasileiras, em que cada cor representa um orixá). A tristeza e o vazio que havia nos olhos daquela menina comoveram-na. De repente, Suzana sentiu um amor indescritível pela alma daquela menina. Jamais em sua vida experimentara algo assim! Ela precisava falar do amor de Jesus para a garotinha. Sentiu que a angústia e o aperto no peito que quase a sufocavam naquele momento só sairiam depois que apresentasse a verdade para a menina.

Quando Suzana pensou em levantar-se para falar com ela, a mulher que segurava o bebê entregou-o à menina, tirou algumas rapaduras de dentro de uma mala e percorreu os corredores do trem, oferecendo-as por um preço irrisório. Quando Suzana olhou novamente para a garota, viu que ela dava de mamar para o bebê, no seu próprio peito. Suzana ficou abismada com aquela cena. *Meu Deus! Ela é a mãe do bebê! Aquela criança é a mãe do bebê!* Quando a mulher se aproximou dela, oferecendo uma rapadura, Suzana comprou duas para ajudá-la. Já tinha que descer na próxima estação, então escreveu rapidamente em um papel: *"Menina, Jesus te ama muito! Só Ele pode dar a paz que você tanto procura"*. Enrolou aquele papel em uma nota de 10 reais (o único dinheiro que possuía fora a passagem), colocou-o dentro do Novo Testamento que sempre carregava na bolsa, e antes de descer na sua estação, entregou-o à menina. Foi chorando até sua casa, sem compreender muito bem o motivo.

Suzana chegou de mansinho por trás de Arthur, que estava sentado embaixo da sua árvore favorita. Ele parecia estar orando e chorando. Suzana Ficou em silêncio atrás dele, esperando-o terminar a oração.

— ... Eu quero agradar-te, meu Senhor! Quero fazer a tua vontade, servir-te e adorar-te, e te louvar com todo o amor que mereces. Sou tão indigno, Senhor, sou o opróbrio dos homens! — Arthur colocou as mãos no rosto e curvou a cabeça. — Mostra-me a tua vontade, meu Senhor! Eu quero andar nos teus caminhos, eu quero o que Tu queres para mim! Mostra-me a tua vontade, Pai, e não me deixe agir pelo meu próprio querer. Se for o que o Senhor quer, eu abro mão da Suzi por amor à missão e pelas almas que estão se perdendo. Esteja sempre ao meu lado e me ajude a amar-te como mereces, meu Senhor, meu Pai, meu Deus.

Suzana aproximou-se dele e sentou-se ao seu lado. Ao vê-la, Arthur se assustou. Não esperava encontrá-la naquela hora, pois ela deveria estar em aula.

— Arthur, eu quero ir para o campo missionário com você!

— Sério mesmo? — disse Arthur surpreso, enquanto limpava as lágrimas do rosto com as mãos e fungava.

O que a fez mudar de ideia?

— Deus colocou em meu coração um amor imensurável pelas almas, Arthur! Acho que finalmente estou sentindo o que você sente. — Suzana começou a chorar. — Eu vou com você para onde Deus nos mandar. Estou disposta a abdicar da minha própria vida por amor a Cristo e pelas preciosas almas. Algo mudou em meu coração, Arthur! De uma forma que nem eu consigo compreender, desapeguei-me de tudo que antes considerava importante!

— Obrigado, Pai! Obrigado! — disse Arthur olhando para o céu, enquanto abraçava a moça que amava.

Já eram 7:30 da manhã. Dali a pouco Amin chegaria com Juliano. Desde que Juliana falecera, todas as manhãs Amin deixava o pequeno Juliano aos cuidados de Helena, pois os compromissos com a igreja não permitiam que ele desse a atenção devida ao garoto. Geralmente ele buscava Juliano à tardinha, pouco antes de o sol se pôr.

Lendo o jornal daquela manhã, Helena pensava em tudo o que estava acontecendo no mundo: guerras, epidemias e misérias colossais, catástrofes jamais imaginadas antes e homicídios por toda parte. Ficava cada vez mais difícil ser um cristão verdadeiro no velho planeta azul. O amor pelo próximo — e principalmente o amor por Jesus — estava se esfriando de tal modo que coisas absurdas aconteciam dentro da igreja e muitos apostatavam da fé, abandonando o primeiro amor. Falsos profetas faziam festa no meio de algumas congregações, levando os menos preparados a cair nos seus engodos. No meio evangélico, já não se sabia quem era quem. Escândalo precedia outro escândalo! E junto a isso, o mundo inteiro estava contra Israel, tramando a sua aniquilação. Ameaçavam lançar aquela pequena nação pelos ares, e até o Brasil se unira nessa conspiração diabólica! Helena sabia que Israel só continuava em pé, firme e constante, por causa do cuidado de Deus. O mundo inteiro poderia se lançar contra Israel que seria inútil. Israel estava protegido pela mão do Todo Poderoso. Já estava profetizado o seu triunfo.

Helena sentia algo diferente no ar. O ambiente parecia estranhamente pesado! Pensava que Jesus estava mais perto de voltar do que jamais estivera. Acreditava (e desejava com todas as suas forças) que Jesus voltaria ainda na sua geração.

Ela largou o jornal e pegou sua Bíblia. Abriu-a em 1 Coríntios 15.51-57: *"Eis aqui vos digo um mistério: Na verdade, nem todos dormiremos, mas todos seremos transformados, num momento, num abrir e fechar de olhos, ante a última trombeta; porque a trombeta soará, e os mortos ressuscitarão incorruptíveis, e nós seremos transformados. Porque convém que isto que é corruptível se revista da incorruptibilidade e que isto que é mortal se revista da imortalidade. E, quando isto que é corruptível se revestir da incorruptibilidade, e isto que é mortal se revestir da imortalidade, então, cumprir-se-á a palavra que está escrita: Tragada foi a morte na vitória. Onde está, ó morte, o teu aguilhão? Onde está, ó inferno, a tua vitória? Ora, o aguilhão da morte é o pecado, e a força do pecado é a lei. Mas graças a Deus, que nos dá a vitória por nosso Senhor Jesus Cristo."*.

Ao terminar a leitura Helena sentiu uma alegria, um gozo e uma vontade de que Jesus voltasse logo para levá-la para junto dEle! Sentia inveja de Juliana e do lugar em que ela estava agora. Como sua amiga era sortuda! Enquanto ela tinha que aguentar os fardos e pesares dessa vida, sua amiga aguardava a ressurreição dos santos no Paraíso.

— Ora vem, Senhor Jesus! — exclamou Helena, com lágrimas nos olhos e sentindo uma imensa saudade do Amado Noivo. Foi interrompida de suas lembranças por uma batida na porta. Imaginou que fosse Amin e Juliano.

— Oi, Amin... — Juliano, que estava no colo do pai, pulou no pescoço de Helena. — Oi,meu amor! — disse Helena para o menino.

— Oi, *mami*!

— Juliano, o que eu já lhe disse sobre isso?

— Deixe-o, Helena. Estou certo de que Juliana não se importaria — disse Amin. — Helena, antes de partir, quero dizer que eu gostaria que você pensasse... — Amin olhou para baixo, parecendo estar buscando as palavras certas — ... pensasse na possibilidade de um relacionamento entre nós.

Ele olhou para ela.

— Você está delirando, Amin? Eu jamais macularia a imagem da minha amiga!

— Penso que essa era a vontade dela. E acredito que antes de morrer, Juliana tenha dito a você o mesmo que disse a mim.

— Não importa o que ela disse. A resposta é não! E nunca mais toque nesse assunto!

Depois que Amin saiu, Helena brincava com Juliano e pensava nas palavras do seu pastor.

— Juliano, o que eu faço? Eu realmente gosto do seu papai.

— Então *caja* com ele! — respondeu o menino de olhos castanhos como os do pai, e cabelos loiros encaracolados, como eram os de sua mãe.

— Casar-me com ele... — Helena pensou por um momento. — Isso não me parece certo!

Helena já amava Amin. E se assustava com aquilo, pois jamais em sua vida imaginou nenhuma possibilidade de um romance com ele. Vira-o sempre como a um irmão. Mas agora, tudo parecia tão diferente! Lembrou-se de ter visto Amin, (quando Juliana ainda era viva) muitas vezes percorrendo os prados de Redenção, em busca de flores do campo — as preferidas de Juliana. Lembrou-se também de tê-lo visto algumas vezes dentro de um ônibus ou no centro da cidade (sem que ele soubesse que ela o observava) e quando passava uma linda mulher ao seu lado, ele nunca a olhava. Os outros homens quase quebravam o pescoço, mas ele não olhava para ela. Recordou-se que Juliana lhe dissera certa vez que Amin era ainda mais romântico e atencioso com ela depois que se casaram do que o era no tempo de namoro e noivado. Amin era tão diferente da maioria dos homens! Ele realmente era especial, um diamante lapidado. *Será que eu mereço um homem assim?*, Helena pensou.

Amin verificava a sua correspondência na caixinha de correio, quando teve sua atenção voltada para uma intimação. *Intimação?*, estranhou ele.

Ao verificar o remetente, percebeu que a intimação vinha de Helena. Abriu logo a carta, assustado e curioso ao mesmo tempo.

Intimação para o senhor Amin Hassan Zayid

CULPADO

A culpa é toda sua
Por eu não deixar de pensar em você
Por não conseguir conciliar meus pensamentos
E viver minha vida como antes
Quando você não fazia parte dela.
Você, com esse olhar tão meigo
E esse seu jeito maroto
Sorriu para mim pela primeira vez
Deixando-me completamente apaixonada.
Você foi o grande culpado
Por ter surgido no meu caminho
Assim deste modo tão cruel
Não me dando chance de me defender
Mas conquistando de uma só vez
O meu coração.
Você é o único culpado
Por me deixar sem ação
Diante desse seu jeito especial
De tratar, de agir, de falar.
Você não devia ter feito isso
Não devia ter me conquistado assim
Sem querer
Apenas sendo você mesmo
Fazendo meu coração se dobrar a seus pés.
Você é o réu
E está sendo julgado.
Eu sou a sua vítima
E o estou declarando:
Culpado!

Sua vítima: Helena Dahlin Santanna

Amin conversava com Helena em frente ao portão do seu sítio:

— Helena, antes de tudo, quero que você entenda que eu não tenho certeza se serei capaz de amar novamente. Eu a admiro, a amo com irmã em Cristo... Como homem, sinto atração por você, pois é uma linda mulher, mas...

— Amin, você não precisa me amar. Eu serei feliz ao seu lado se conseguir lhe fazer companhia, cuidar de você e do Juliano... Para mim, amá-lo é o suficiente!

Mesmo passando dos 50 anos, Amin continuava bonito, como sempre fora. Ainda era esbelto, forte, com alguns fios de cabelos brancos e poucas rugas ao redor dos olhos. Juliana havia cuidado muito bem da saúde do seu marido.

Um mês depois, Amin e Helena casaram-se e foram viver no sítio dela. Amin deixou a igreja evangélica de Redenção aos cuidados de um pastor mais jovem, e continuou fazendo o seu trabalho de evangelismo nas ruas da cidade.

Arthur e Suzana se casariam dali a dois meses. Morariam em um modesto apartamento até se formarem, e após a conclusão do curso de medicina, serviriam como missionários aonde Deus lhes mandasse.

Arthur pediu a Suzana para ele escolher a música com a qual ela entraria na igreja, pois queria lhe fazer uma surpresa. Ela concordou, sabendo que, depois que a conhecera, Arthur adquirira bom gosto musical.

Amin verificava seus e-mails, enquanto assistia ao noticiário pela internet. Juliano, sentado no chão, brincava com sua coleção de carrinhos. Helena tomava banho naquele momento.

"Mulher bomba se explode em um restaurante israelense, matando dezoito judeus e deixando muitos feridos. Crianças estão entre as vítimas. Um vídeo foi encontrado, no qual a palestina Luloah Hassan Zayid assumiu o atentado. Autoridades judaicas lamentam o ocorrido, mas não pretendem retaliar a chacina. O governo israelense está ciente de que uma revanche poderia ser o estopim para a terceira guerra mundial. Líderes mundiais buscam qualquer brecha para atacar Israel..."

— Não, meu Deus! Luloah, não! — Amin exclamou, com as mãos no rosto e os olhos arregalados de espanto.

Algumas horas depois, Amin e Helena conversavam em seu quarto, prontos para dormir.

— Helena, eu preciso voltar para a parte árabe de Israel, a Palestina... Preciso evangelizar meus parentes que ainda estão lá!

— Amin, você está maluco? Eu sei que seu coração está enlutado, e sente-se culpado pelo que aconteceu à sua irmã... Mas se você for para lá, eles vão matá-lo quando souberem que é um cristão!

— Não me importo com minha vida, Helena. Sinto fortemente que Deus quer que eu volte para a minha terra natal.

— Mas eu me importo, Amin! Não posso perdê-lo! E o Juliano? Esquece-se do seu filho?

— Eu sei que você cuidará bem dele. Helena, eu preciso ir para lá o quanto antes! Por favor, me ajude! Aceite minha decisão!

Helena virou-se para o lado e apagou a luz do abajur. Não queria conversar sobre aquilo. Não conseguia conceber a possibilidade de perder Amin. Ela já o amava como jamais amara um homem antes. Com Amin, compreendeu o que era realmente o verdadeiro amor entre um homem e uma mulher — e não uma reles paixão doentia, como o que vivenciara com Rafael.

— Helena... Por favor, não fique brava! — disse Amin.

Helena ignorou-o e levantou-se. Saiu do quarto e bateu a porta atrás de si. Amin estava muito cansado e não quis levantar-se para ir atrás dela. Orou, pedindo a Deus que fizesse a sua vontade, virou para o lado e dormiu.

Helena passou a noite na sala, orando ao Senhor e lutando contra o seu próprio querer.

Amin acordou e viu que Helena não se encontrava do seu lado. Provavelmente ela dormira no quarto de hóspedes, e ainda estava chateada.

Levantou-se e notou que havia uma carta em cima do criado mudo. Pegou-a e viu que era para ele. Ao abri-la, encontrou o seguinte "recado" de Helena:

Amin,

VAI

Vai, leva a paz
Vai, leva o perdão
É a luz que te conduz
A buscar os perdidos
Em meio à escuridão.
Não pare, insista
Eles clamam por ti
Estende a tua mão
São tantos
E poucos para ajudar.
É difícil, mas vai
A força do alto te sustentará
A jornada é pedregosa, e há espinhos
Que por certo te ferirão os pés.
Deixe a marca do teu sangue no caminho
Ele servirá de guia
Para outros que virão
Não te acovardes diante das dificuldades
Eles clamam por ti.
Vai, leva a paz
Vai, leva a salvação
É a luz que te conduz
A buscar os perdidos
Em meio à escuridão.
Não pare, insista
Eles esperam por ti!

Com amor, sua esposa Helena.

— Graças a Deus! — exclamou Amin.

Chegando à cozinha, ele encontrou Helena e Juliano fazendo o desjejum. Deu um beijo nos dois e juntou-se a eles.

— Você tem que prometer que voltará para nos visitar de vez em quando! — disse Helena.

— Prometo Helena — Amin segurou a mão da esposa.

— Mesmo mesmo, papai?
— Mesmo mesmo, filho!

Já haviam se passado quase dois meses desde que Amin viajara para Israel (mais especificamente para as regiões da faixa de Gaza, onde moravam seus tios e primos). Ele e Helena conversavam por telefone duas vezes por semana, e Amin informara a ela que muitos parentes seus aceitaram a Cristo como Senhor e Salvador de suas vidas. Sua fé tinha que ser mantida em segredo, pois se os extremistas muçulmanos descobrissem, seriam mortos. Mas Amin estava conseguindo alcançar seu objetivo.

Ao concordar com o fato de Amin voltar para sua terra natal (que se encontrava em intenso conflito, como jamais estivera antes, estando todos os países do mundo contra Israel), Helena sabia que estaria abrindo mão de alguém que se tornara muito importante para ela. Depois que se reconciliou com Deus e viveu solteira, tendo dedicado sua existência inteiramente a Ele, fora sempre feliz e tinha paz em sua alma. Mas agora, casada com Amin, ela era feliz de uma forma particularmente especial. Sentia-se mais viva! Sabia que havia um grande risco de Amin não voltar, então, em suas orações ela sempre suplicava a Deus que preservasse Amin com vida. "Se ele morrer, que proveito terá tido todo o seu sacrifício?", dizia ela em suas súplicas, tentando convencer Deus.

De frente para a penteadeira do seu quarto, enquanto se arrumava para o casamento de Arthur e Suzana (que ocorreria dali a duas horas), Helena orava a Deus suplicando em favor de seu esposo: "Senhor, mantenha a vida, a saúde e o bem-estar do Amin, pois dessa forma sua vida estará repercutindo na salvação de almas!"

— Com quem você tá falando, mami?
— Com o Papai do céu, filho.
— Está pedindo para Ele cuidar do papai Amin?
— Sim, meu anjo.
— Eu também quero orar.

Vestido de terninho e gravata borboleta, Juliano dobrou os joelhos e cruzou as mãozinhas sobre a cama, orando a Deus em favor do pai.

No salão de beleza, Suzana encontrava-se cercada de mulheres que a arrumavam, preparando-a para se encontrar com seu noivo. Ela já estava ataviada com suas vestes nupciais, e aguardava terminarem de produzi-la para então ser levada à igreja. Seu celular, que estava em cima do balcão, vibrou. Ela pegou-o e viu que era uma mensagem de Arthur, que dizia: *"Eis que és formosa, ó amiga minha, eis que és formosa; os teus olhos são como os das pombas. Jardim fechado és tu, irmã minha, esposa minha, manancial fechado, fonte selada. Tu és toda formosa, amiga minha, e em ti não há mancha. Levanta-te, amiga minha, formosa minha, e vem. Porque eis que passou o inverno: a chuva cessou e se foi. Aparecem as flores na terra, o tempo de cantar chega, e a voz da rola ouve-se em nossa terra. A figueira já deu os seus figuinhos, e as vides em flor exalam o seu aroma. Levanta-te, amiga minha, formosa minha, e vem".*[2]

Suzana agradeceu a Deus por ter um aplicativo com a Bíblia completa no seu celular. Procurou o livro de Cantares, selecionou alguns versículos, e enviou-os para o celular de Arthur. Sua mensagem dizia assim: *"Esta é a voz do meu amado; ei-lo aí, que já vem saltando sobre os montes, pulando sobre os outeiros. O meu amado é meu, e eu sou dele; ele apascenta o seu rebanho entre os lírios. O seu falar é muitíssimo suave; sim, ele é totalmente desejável. Tal é o meu amado, e tal o meu amigo, ó filhas de Jerusalém. As muitas águas não poderiam apagar esse amor nem os rios afogá-lo; Vem depressa, amado meu, e faze-te semelhante ao gamo ou ao filho dos corços sobre os montes dos aromas".*[3]

Suzana não se aguentava de ansiedade. Não via a hora de entrar na igreja e casar-se com o seu amado noivo!

Quando Suzana entrou no templo, começou a tocar a canção "I then shall live".[4] Arthur escolhera a versão preferida de sua noiva, em que Gaither Vocal Band e Ernie Haase & Signature Sound cantavam juntos. Suzana pensou naquele momento que Arthur não poderia ter escolhido canção melhor!

Enquanto Suzana caminhava pelo corredor da igreja, acompanhada do pai, todos os convidados olhavam para ela, admirados com sua beleza. Suas vestes eram brancas e adornadas. O véu que cobria sua cabeça caía em cascata, passando da porta de tão longo que era. Suzana possuía

[2] Cantares 1.15; 4.12; 4.7; 2.10-13.

[3] Cantares 2.8; 2.16; 5.16; 8.7; 8.14.

[4] *I then shall live* (Então eu viverei). Música do compositor finlandês Jean Sibelius, com letra de Glória Gaither, cantado em *Amazing Grace Album Version* por Gaither Vocal Band e Ernie Haase & Signature Sound.

o direito de usar aquela vestimenta alva, fina e pura. Ela se mantivera imaculada para seu amado noivo. Não adulterara com o mundo. Ela se guardara somente para ele, e era somente a ele que iria pertencer, para sempre.

Quarenta minutos depois de Suzana ter entrado no templo, o pastor da igreja de Arthur já havia terminado a cerimônia tradicional e declarado os noivos marido e mulher. Mas antes de despedir os noivos e os convidados para a festa, ele pediu para falar ainda mais uma coisa: "Arthur e Suzana, quero deixar-vos um último ensinamento, e peço que guardem minhas palavras para sempre em seus corações; e o mais importante, coloquem-nas em prática a partir de hoje. O casamento não é um 'mar de rosas', não é simples e fácil como mostram os filmes, novelas, livros e a mídia em geral. É uma árdua e sofrida jornada! Especialmente no presente século, cujo senhor, que é o Diabo, está em intensa guerra contra a Noiva e o Evangelho de Cristo. Conforme os anos forem passando, vocês confrontar-se-ão com diversas tribulações, e muitas vezes pensarão até mesmo em desistir de tudo. Mas vivam de tal modo a vida a dois, que o foco de vocês seja sempre Cristo, em todas as circunstâncias. Apaguem a palavra divórcio do seu pensamento e vocabulário. Não deem ao Diabo sequer a possibilidade de ter esse gostinho!

"Desde o momento em que vocês saírem por aquela porta — o pastor apontou para a entrada da igreja — o Inimigo começará a fazer de tudo para separá-los! Mas lembrem-se que vocês sempre poderão vencê-lo pelo poder da Palavra e pelo sangue do Cordeiro. Vivam por Cristo e sejam fiéis a Ele em todo o tempo. Pensem mais no bem do seu cônjuge do que no seu próprio bem. E neguem-se a si mesmos diariamente, quantas vezes for preciso! Perdoem, esqueçam as falhas alheias, não se atenham a elas! Batalhem pelo seu matrimônio, pelos filhos que um dia vocês terão... Sejam um exemplo perfeito para eles. Lutem pela família! Jamais pelejem um contra o outro, mas sim, contra o seu próprio ego, seu orgulho... Pelejem contra o Inimigo e seus ardis! Arthur, nunca se esqueça de que você é a cabeça da sua família. Quando a cabeça está enferma, o corpo inteiro — que é a sua esposa e futuros filhos — sofre as consequências. A maior responsabilidade na família é do homem e, portanto, sua, Arthur.

"Suzana, nunca fique contra seu esposo. Ame-o, honre-o e obedeça a ele no Senhor. É nobre e santo diante de Deus a mulher ser submissa ao esposo e dedicar-se ao lar. Não compartilhe das ideias do movimento feminista. O feminismo é criação de Satanás! Seja sempre uma âncora, um chão sólido e um bálsamo para Arthur, e jamais uma pedra de tropeço. A mulher virtuosa edifica seu lar. Arthur, enquanto Suzana viver, ela será a *única* mulher do planeta sobre a qual você terá direito. A *única*, Arthur! Contente-se com ela, alegre-se nela, seja feliz ao lado dela e, principalmente, faça-a feliz. Pois ela é *a* mulher que *lhe* pertence, é *a* mulher que Deus *lhe* deu. Suzana não pertence a nenhum outro homem. Ela é exclusivamente sua, Arthur! Se vocês compreendessem o quanto isso é lindo e precioso aos olhos de Deus! O Inimigo e o mundo querem destruir as famílias. Não permitam que isso aconteça com vocês. Lutem sempre! Vivam a vida a dois ajudando-se mutuamente a manterem-se firmes nos caminhos do Senhor. Sejam fiéis, respeitem-se e amem um ao outro, da mesma forma que Cristo ama a Noiva e a Noiva ama a Cristo. Sacrifiquem-se um pelo outro, mesmo quando as coisas não estiverem bem, lembrando que Cristo sacrificou-se pela Noiva, deu sua vida por amor a ela. É assim que tem que ser um casamento. O casamento é uma representação do relacionamento de Cristo com a igreja. Jamais se esqueçam disso!"

Grossas lágrimas começaram a rolar pelo rosto do velho pastor, que falava com a voz trêmula.

"Nosso Noivo amado breve vem nos buscar", continuou ele, abrindo a Bíblia. "E a nossa salvação é infinitamente mais importante do que nossa felicidade terrena, bem-estar ou qualquer sonho ou prazer que ambicionamos. Em 1 Tessalonicenses 4.16,17 diz: *'Porque o mesmo Senhor descerá do céu com alarido, e com voz de arcanjo, e com a trombeta de Deus; e os que morreram em Cristo ressuscitarão primeiro; depois, nós, os que ficarmos vivos, seremos arrebatados juntamente com eles nas nuvens, a encontrar o Senhor nos ares, e assim estaremos sempre com o Senhor'.* Louvado seja Deus...", o pastor fungou, emocionado, enquanto enxugava as lágrimas com um lenço. "Jesus Cristo logo vem, e o mundo passará, juntamente com seus encantos e pesares. Mas o amor de Cristo é eterno, e Ele é tudo o que realmente importa. Ele é a nossa única esperança. Ora vem, Senhor Jesus!"

O pastor pediu aos convidados que ficassem em pé, e juntos começaram a orar pelo casal.

Enquanto orava, de mãos dadas com Arthur, radiante, Suzana quase não conseguia conter-se de tanta alegria por ver seu sonho realizado, chegar pura ao altar, e casar-se com o grande amor da sua vida. Ela não havia fornicado. Ela pertenceria somente a ele! Tinha o direito de usar seu vestido de noiva, que simbolizava a sua pureza.

Por mais difícil que tenha sido vencer o mundo, o Diabo, o pecado — e principalmente a sua própria carne — ela conseguiu, perseverou até o fim! Fora fiel somente a ele!

Repentinamente Suzana começou a sentir um gozo inexplicável, uma alegria sobrenatural que jamais sentira antes. Olhou para o lado e percebeu que Arthur experimentava o mesmo. Seu rosto brilhava! De súbito, percebeu que estava levitando, saindo do chão. Olhou para baixo e notou espantada que seu vestido de noiva caía vazio, suavemente no assoalho. Contemplou seu próprio corpo e logo após se viu vestida com uma túnica branca, mas tão branca que fazia seu vestido de noiva parecer amarelado. Ela nunca vira um branco tão alvo assim! Sentiu como se todas as coisas carnais e terrenas tivessem desaparecido de seu coração. Continuou flutuando, enquanto só conseguia pensar em Jesus. Após algum tempo, lembrou-se mais uma vez de Arthur e olhou para o lado. Ele vivenciava o mesmo que ela! Levantaram as mãos para cima e atravessaram as nuvens, envolvidos por um amor imensurável e divinal.

Suzana observou uma multidão incontável de santos ascendendo aos céus. Muitos deles ela reconheceu. Viu também seus pais, Lorenzo, Helena, Juliano, subindo tão alegres quanto ela. De repente viu Beatriz e Eduardo subindo, e atrás deles centenas de africanos. Mesmo sem conhecê-los, naquela hora ela sabia que eram o irmão e a mãe de Helena. Mais adiante avistou Amin, acompanhado de dezenas de árabes. Então Suzana entendeu que os africanos que estavam atrás de Eduardo, eram aqueles que ele havia ganhado para Jesus na sua missão, e da mesma forma, os árabes que acompanhavam Amin.

Enquanto subiam, Giúlia, Maymunah, Jamilah, a vovozinha Vânia, Belinha, Jader, Ayanna, Chidima e Juliana encontravam-se com seus entes queridos, e após se abraçarem, em pleno gozo e alegria, subiam juntos, com as mãos voltadas para o céu. Suzana não conseguiu distinguir se haviam se passado horas ou segundos desde o arrebatamento, pois em seu corpo glorificado, tempo e espaço já não existiam mais.

Suzana olhou para uma menina da sua igreja, com quem nunca tivera muita afinidade, mas que mesmo assim a amara e orara por ela enquanto esteve na Terra, e sentiu como se sempre tivesse gostado e admirado aquela menina, que subia com ela. Era como se os sentimentos inferiores (as obras da carne, que ela tanto lutou para dominar), não mais existissem dentro dela. Só havia o fruto do Espírito.

Quando Suzana olhou novamente para o alto, lágrimas de regozijo e consolo começaram a verter de seus olhos. Viu um Ser de beleza, doçura e santidade extrema, que sorria e contemplava os salvos com um amor eternal. *"O cabelo dEle era branco como a lã ou a neve, e os olhos penetravam como labaredas de fogo. Os pés rebrilhavam como o bronze polido, e a voz ressoava como as ondas da praia. Ele segurava na mão direita sete estrelas e na boca uma afiada espada de dois gumes; e o rosto dele brilhava como a força do sol no esplendor sem nuvens".*[5] Era Jesus Cristo, o *Perfeito e Eterno Amor* que os esperava nos ares. Finalmente A Redenção havia chegado!

E os salvos redimidos pelo precioso sangue do Cordeiro verdadeiramente viveram felizes para sempre.

FIM

Ou seria o começo?

[5] Apocalipse 1.14-16.

Epílogo

Porque a graça de Deus se há manifestado, trazendo salvação a todos os homens, ensinando-nos que, renunciando à impiedade e às concupiscências mundanas, vivamos neste presente século sóbria, justa e piamente, aguardando a bem-aventurada esperança e o aparecimento da glória do grande Deus e nosso Senhor Jesus Cristo; o qual se deu a si mesmo por nós, para nos remir de toda iniquidade e purificar para si um povo seu especial, zeloso de boas obras. (Tito 2.11-14)

MAIS UMA CHANCE

Dê-me mais uma chance, meu Senhor
Vou fazer certo desta vez!
Eu sei que sou culpado!
O Inimigo tirou proveito da minha fraqueza
Colocou-me nesse cativeiro, sozinho em meio ao deserto.
Meus lábios estão secos, minha água acabou
Mal consigo abrir a boca para gritar por socorro.
Balbucio qualquer coisa sem sentido, num lamento de agonia
Ainda tenho esperança que alguém virá para me salvar
Desse cativeiro em que o Inimigo me deixou.
As horas passam depressa
E minha vida esvai-se, como a fumaça levada pelo vento
Sinto o gosto da areia em lugar de alimento

A noite é fria e minhas vestes estão esfarrapadas
Meus olhos já se acostumaram à escuridão
Estou fraco, quase desistindo
Não tenho mais forças nem para clamar por ajuda!
Enquanto pressinto que meu fim se aproxima
O Inimigo ri e escarnece a minha volta
Declarando-se vitorioso
Dizendo-me que não valeu a pena lutar
Que todas as minhas batalhas foram em vão.
Mas eis que de repente ouço uma voz: "Ele está vindo!"
Sinto um grande vigor se apoderando de mim
E um poder me colocando em pé
Vejo uma luz ofuscante
Mal consigo manter meus olhos abertos
Então me dou conta: "É Ele, é Ele!"
"Ele ouviu o meu gemido! Ele veio para me salvar!"
Repentinamente, vejo-me vestido
Com uma roupa alva e resplandecente
E subo aos céus, livre como uma águia
Voando nas asas do vento
Enquanto meus inimigos desmoronam
Rugindo, derrotados e envergonhados.
Agora estou diante do seu trono e de uma grande multidão
Ouço sua voz terna me dizendo
Em meio ao mais doce e sincero sorriso:
"Bem vindo a minha morada, servo amado!"
"Eu sempre lutei ao seu lado"
"Coloquei seus inimigos debaixo de meus pés!"
"A eternidade comigo e os santos nessas mansões douradas
"É o seu presente e futuro. Você nunca mais irá sofrer."
Penso que valeu a pena não desistir, ter sido fiel
Estou emocionado, não consigo me conter
E choro como uma criança
Vejo uma coroa sendo colocada em minha cabeça
— E lembro que Ele usou uma feita de espinhos
Para que eu pudesse ganhar a coroa da justiça —
Observo uma grande mesa adornada
E um aglomerado de irmãos alegres cantando
E num suspiro vejo-me dizendo:
"Finalmente estou aqui, para sempre no meu lar".

Sobre a Autora

As poesias "Obra-Prima", "Pobre e Rica", "Vejo", "O Dom do Sorriso", "Amo-te", "Pedaços", "Deixe tudo como Está", "Culpado" e "Vai" são de autoria da mãe de R. A. Nassber, e foram cedidas por ela para este livro (personagem Helena). A poesia "Mais uma Chance" e o esboço da pregação realizada pelo personagem Amin, nas páginas 229-233, foram feitos pelo irmão de R. A. Nassber e igualmente cedidos por ele para a presente obra.